Dr. Ulrike Koock

»FRAU DOKTOR, WO ICH SIE GERADE TREFFE...«

Warum ich mit Leib und Seele Landärztin bin

Besuchen Sie uns im Internet:
www.knaur.de

Aus Verantwortung für die Umwelt hat sich die Verlagsgruppe
Droemer Knaur zu einer nachhaltigen Buchproduktion verpflichtet.
Der bewusste Umgang mit unseren Ressourcen, der Schutz unseres Klimas
und der Natur gehören zu unseren obersten Unternehmenszielen.
Gemeinsam mit unseren Partnern und Lieferanten setzen wir uns für eine
klimaneutrale Buchproduktion ein, die den Erwerb von Klimazertifikaten
zur Kompensation des CO_2-Ausstoßes einschließt.
Weitere Informationen finden Sie unter:
www.klimaneutralerverlag.de

Originalausgabe Februar 2021
© 2021 Knaur Verlag
Ein Imprint der Verlagsgruppe
Droemer Knaur GmbH & Co. KG, München
Alle Rechte vorbehalten. Das Werk darf – auch teilweise – nur mit
Genehmigung des Verlags wiedergegeben werden.
Redaktion: Regina Carstensen
Covergestaltung: Isabella Materne, München
Coverabbildung: Franziska Finger
Collage aus Shutterstock-Motiven
Illustrationen im Innenteil: Visual Generation-2,
NuSiko (Shutterstock.com)
Satz: Adobe InDesign im Verlag
Druck und Bindung: CPI books GmbH, Leck
ISBN 978-3-426-79091-5

2   4   5   3   1

Für Karl und Ferdinand
Bis zum Ende des Universums und wieder zurück

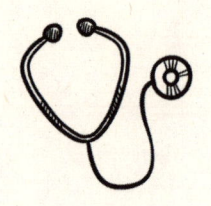

INHALT

ÜBER GROSSE HELDEN
11

Einleitung
LANDARZTROMANTIK IN GESTÄRKTEM WEISS
13

Marathonmontag
WEINEN, WÜTENDE MÜTTER UND WÜRMER

Eine Psychose am Morgen bringt Kummer und Sorgen 21

Ich hab doch nichts! Ich bin nur alt. 27

Nicht ohne meinen Hund. 31

Kinder sind wie Petrischalen 33

Urlaub auf Krankenschein 38

Ein großes Blutbild, bitte 42

Und jährlich grüßt die Grippe 46

Ach, dieses bisschen Vorhofflimmern 50

Achtung, Helicoptermom! 55

Guck mal, meine Hämorrhoiden 61

Diagnosendienstag
ZECKEN, ZICKEN UND ZORN

Es kreucht und fleucht 69
Mir kloppt's im Kopp 74
Ich gehe nur zum Herrn Doktor 77
Die kleine weiße Tablette und
die aus der rot-weißen Schachtel 82
Darf ich in mein Käsebrot beißen? 86
Die Motorsäge war's 90
Ich will ja aufhören, ehrlich! 92
Wir machen doch keine Fehler 98

Müder Mittwoch
SCHLAFEN, SCHMERZEN
UND SCHWURBEL

Q-Tip im Ohr 102
Es kann mir doch sowieso keiner helfen 105
Der Seismograf der Seele 110
Ich habe solche Schmerzen 114
Gibt es etwas ohne Zuzahlung? 120
Nur mal schnell den Leberfleck 122
Fleisch ist mein Gemüse 124
Nierensteine – die Wehen der (oft) jungen Männer 130
Ich muss das pendeln 132
Golfen war gestern, heute ist Notarztpraktikum 138

Dramatischer Donnerstag

KOMISCHE KOMPLIMENTE
UND KRAWALL

Zum Anbeißen lästig 145
Nichts Menschliches ist mir fremd 147
Darf ich Sie mal umarmen? 153
Sie kenne ich doch? 156
Summ dich glücklich 159
Aber er muss jetzt die Äpfel pflücken! 161
Ja, ihr reanimiert. Aber kann ich meine Spritze haben? . . . 164
Wir müssen leider draußen bleiben 168

Fisimatentenfreitag

KATHETER, KATER UND
KONTROLLEN

Das macht der Hausarzt 175
Schwerstarbeit für die Leber 178
Die lieben Haustierchen 184
Ich kann auf der Arbeit nicht fehlen! 189
Impfen macht erst recht krank 193
Ich bin net so de Aazdgänger 197
Ein Schluck Brühe 200
Einmal die Pille danach 202
Herzinfarkt vor Dienstende 207

Supersamstag
STUDENTENJOBS, SUPERMARKT UND SPITZENKARRIERE

Was war ich müde 212

Gelbwurstscheiben für Frau Doktor 216

Ich störe doch nicht etwa? 222

Wundversorgung am Küchentisch 226

Ein Hausbesuch am Wochenende 228

Arztdeutsch für Patienten 230

Ich, die Postbotin 232

Sentimentaler Sonntag
DANKBARKEIT, DEMUT UND DEFIS

Nicht nur gerührt, wenn Wunder geschehen 234

Demütig bei den Toten 237

Begegnung mit dem Sterben 244

Wie geht es Ihnen eigentlich? 246

Frische Eier gegen ärztlichen Rat 250

ÜBER KLEINE LANDARZTHELDEN
253

DANK
255

ÜBER GROSSE HELDEN

Wir Landärzte sind Helden. Nicht die großen, strahlenden Krankenhaushelden. Nein.

Wir stehen nicht auf dem Dach eines Krankenhauses und warten mit fliegenden Haaren und spannungsgeladener Musik im Hintergrund auf den herannahenden Helikopter, der uns den polytraumatisierten Patienten bringt. Wir stehen auch nicht in einem hochmodernen Herzkatheterlabor, allzeit bereit, den akuten Gefäßverschluss am Herzen mit kunstvoll eingeführten Metallröhrchen zu beseitigen und den Motor des Lebens zu erhalten. Erst recht rennen wir nicht mit wehenden weißen Kitteln über die Krankenhausflure und reanimieren dann einen leblosen Patienten, indem wir kunstvoll drei Mal pro Minute sanft auf die Brust drücken, etwas Luft in den Mund pusten und theatralisch »Bleib bei mir!« rufen. Und wir stehen auch nicht steril im Operationssaal und versuchen, einen zerbröselten Knochen zusammenzuflicken, während wir wie ein Rohrspatz fluchen und uns trotzdem jemand liebevoll den Schweiß von der Stirn tupft.

Nein. Wir Hausärzte sind keine großen Helden in Weiß, mit epischer Musik im Hintergrund und Pompons schwingenden Cheerleadern am Spielfeldrand. Wir sind die Alltagshelden auf dem Land, die sich sonntags gegen frische Hühnereier einen ärztlichen Rat aus den Rippen leiern lassen und sich diebisch darüber freuen.

Einleitung

LANDARZTROMANTIK IN GESTÄRKTEM WEISS

Landärztin zu sein ist eine Lebensaufgabe. Ein ganz besonderes, erfüllendes Gefühl und irgendwie auch ein Schicksal. Es ist wie eine Ehe mit all ihren guten und ihren schlechten Seiten. Manchmal ist man genervt oder erschöpft, aber grundsätzlich liebt man, wen man geheiratet hat, und kann und will sich kein Leben ohne den anderen vorstellen. Und man ist nie einsam. Nie.

Du gehst in den Supermarkt und wirst beim Einkaufen wahlweise mit den neuesten Befundergebnissen vom Proktologen oder den Leidensgeschichten der Schwiegermutter konfrontiert. Der Bekannte steht mit einer Schnittwunde vor deiner Haustür, die Freundin bittet samstäglich um einen Hausbesuch, und in der Apotheke erhältst du Rabatt auf die Nasentropfen für deine Kinder. Als Landärztin wirst du geliebt und kritisch beäugt, bist Dorfgespräch und Z-Sternchen. An das Gefühl, eine kleine (wörtlich und sprichwörtlich) Prominenz zu sein, musste ich mich erst gewöhnen.

Warum ich vor fünfunddreißig Jahren meiner Mutter am Rockzipfel zupfte und meinen Beschluss verkündete, Ärztin werden zu wollen, lag sicherlich zum einen an meinem schon damals ausgeprägten Interesse für Medizin und die Vorgänge im Körper. *Es war einmal … das Leben* war meine heiligste Kinderserie im Fernsehen. Sprechende Blutkörperchen, schnell heranrasende Körperpolizisten, böse aussehende bakterielle Burschen und eine Kommandozentrale im Gehirn – niemand brauchte mir zu erzählen, dass es in Wirklichkeit anders wäre. Genau wie in der Serie musste es sein. Ganz bestimmt.

Zum anderen war dafür Professor Brinkmann verantwortlich. *Die Schwarzwaldklinik* war meine Kindheit. Mein kitschiger Traum in gestärktem Weiß.

Das schwäbische Städtchen, in dem ich einige junge und schöne Jahre meines Lebens verbrachte, befindet sich in der Nähe des Bodensees, hat mehrere Kirchen (eine davon mit einem großen Kirchplatz und einem für die Region typischen Zwiebelturm), ein Schlösschen, eine gute Infrastruktur und ist umgeben von Natur, Wäldern, Landschaften und geizigen Schwaben, die an Fasching (Fasnet, wie man dort sagt) großzügig über sich hinauswachsen, drei Bonbons (Guezele) in die Menge schmeißen und den sogenannten Katzendreck backen – eine himmlische, schokoladenüberzogene Kuchenspezialität in Form eines Katzenhäufchens. Zum Schnurren köstlich.

Zu dem schwäbischen Dorf gehörte natürlich auch ein Arzt. Der Herr Doktor. Das Haus des heiligen Herrn Doktor stand mitten im Dorf an einer großen Straße und war mit Holz beschlagen und sah beinahe so aus wie die kleinere Schwester der Schwarzwaldklinik. In dieser Praxis wurde alles behandelt, was das Medizinstudium hergibt: von Zeckenstich bis Hundebiss, von Ausschlag bis Warzenentfernung, von Allergie bis Onkologie. Dass der Herr Doktor nicht selbst aufwendiger operierte und Herzkatheter schob, lag sicherlich nur an der Sparsamkeit der schwäbischen Patienten, die auf ein Angebot »Herzkatheter – heute zwei Stents zum Preis von einem« warteten. Es brauchte eigentlich keinen anderen Arzt, denn der Herr Doktor konnte selbstredend alles, und praktischerweise hatte er auch noch einen Gynäkologen mit im Praxisgefüge, sodass seine Räumlichkeiten bereits vor dreißig Jahren ein Medizinisches Versorgungszentrum (MVZ) waren, als von Landarztmangel noch nicht die Rede war.

Als Mädchen saß ich also Woche für Woche sehnsuchtsvoll vor dem Röhrenfernseher, sah mir *Die Schwarzwaldklinik* an und wollte irgendwann einmal eine Praxis haben, die vor Landarztromantik nur so triefte. Meine kindliche Vorstellung hat sich natürlich inzwischen ein wenig gewandelt, gerade auf die hochtoupierten Haare der Achtzigerjahre würde ich verzichten. Aber diese Heile-Welt-Bilder, die ich damals im Kopf hatte, wünsche ich mir immer noch.

Im Studium entschied ich mich – trotz kindlicher Landarztträume – dafür, dass ich zukünftig keinen Kontakt zu Patienten haben möchte – ich liebäugelte mit Fachrichtungen wie Pathologie, Pharmakologie oder der Forschung. »Du hast dich eben getäuscht«, sagte ich mir. »Nicht jeder, der mal Prinzessin oder Astronaut werden wollte, erfüllt sich diesen Traum.«

Und jetzt? Heute arbeite ich in dem Beruf mit dem meisten Patientenkontakt und kann mir nicht mehr vorstellen, je wieder eine andere Ärztin zu sein. Ich steuere nun sogar nach meiner Facharztprüfung die Niederlassung als Allgemeinmedizinerin an. Manchmal ist es anstrengend, eine solche zu sein, aber es ist dennoch der schönste Beruf der Welt.

Als ich in den letzten Jahren meine Erfahrungen als Ärztin in allerlei Sparten machte, fehlte mir stets etwas. Es interessierte mich immer alles, ich hätte gerne einen allumfassenden medizinischen Beruf gehabt, und gleichzeitig merkte ich, dass ich nicht wie andere Kollegen mit großer Vorliebe invasiv arbeitete. Nadeln in Menschen zu stechen ist okay, das gehört dazu. Mal eine Wunde zu nähen ist nett. Wundverbände mache ich bevorzugt, das hat so was von Pickel quetschen, etwas degoutant Befriedigendes. Aber alles, was damit verbunden war, lange Schläuche, Nadeln oder Drainagen in Menschen zu platzieren, das war nichts für mich. Das sollten lieber andere tun. Was ich jedoch immer gut konnte, war Reden und Zuhören. Vielleicht hätte ich Psychotherapie erlernen sollen, aber das war mir dann wieder zu wenig medizinisch. Hach, es war ein Graus mit mir.

Trotz aller Stech-Unlust fand ich die Chirurgie faszinierend, weil die Arbeit im OP eine spannende mit einer ganz besonderen Atmosphäre ist. Und da die Patienten glücklicherweise von den Anästhesisten friedlich ins Schlummerland geschickt wurden, machte mir das Geschnibbel auch nichts aus. Es störte mich nie, Blut oder Organe zu sehen. Im Gegenteil, höchst interessant fand ich das. Aber ich konnte nicht ertragen, jemandem Schmerzen zuzufügen, und daher entschied ich mich nach Erlangen der Approbation, der Zulassung als Ärztin, mit Toten zu arbeiten. Die Pathologie – oder auch Kaltchirurgie genannt – vereint Medizin, Wissenschaft und Geschnibbel. Sie war meine große Leidenschaft, und für ganze achtzehn Monate bastelte ich an meinem Karriereweg. Um dann schwanger zu werden und damit dieser Phase in meinem Leben ein Ende zu setzen. Offiziell aus Gründen der besseren Weiterbildung versetzte man mich in ein achtzig Kilometer entferntes Institut, was mit Säugling nicht zu vereinbaren war. Es hätte einen Umzug bedeutet. Machbar war dies nicht, schließlich waren wir gerade in das Haus auf dem Land gezogen.

Abhaken, weiter geht's. Der Hesse sagt dann: »Als weida, mir wern aach ned jünger.« So isses. Also ging ich in die Onkologie, um jedoch nach zwei Jahren wieder schwanger zu werden. Der laute Ruf meines Uterus (»Ich will ein Kind von dir!«) war stärker als meine Karriereambitionen. Als ich aber nach der zweiten kurzen Elternzeit schließlich komplett patientenfern in der Pharmabranche landete, fühlte ich mich völlig fehl am Platze – und wandte mich endlich erneut den Menschen zu.

In der Inneren Medizin eines kleinen Krankenhauses machte ich mit dreiunddreißig Jahren einen Neustart und begann die Ausbildung zur Allgemeinmedizinerin. Eine weitere Kerbe in meinem beruflichen Bettpfosten sollte mir Wissen und Erfahrung einbringen. Sich sehenden Auges in die Knechtschaft zu begeben mag angesichts der aktuell herrschenden Arbeitsumstände und der Probleme im Gesundheitswesen töricht erscheinen, doch andererseits kann man bei Erwartungen weit im Minusbereich nur positiv überrascht werden. Und so markierte dieser Schritt eine Zeit, die mal schmerzhaft und mal aufreibend, aber auch voller Humor, schmutziger Witze und viel Lehre war. So manche Dinge sind mir aus der Zeit geblieben: Erinnerungen an liebenswerte Patienten mit Pralinen, an überbesorgte Helikoptermütter bei knapp fünfzigjährigen Söhnen, an sterbenskranke Menschen auf ihrem letzten Weg und an Arme in Gedärmen. Dort absolvierte ich einen Teil meiner stationären Facharztweiterbildung und registrierte: So schlimm sind die Lebenden eigentlich nicht. Vielleicht sogar ganz nett.

Die Zeit voller Mühen, Nachtdienste und Überstunden hat mein ärztliches Dasein geprägt. Hier wurde ich Ärztin. Die Zeit war nämlich trotz reichlich Leid zugleich voller schöner Erfahrungen mit tollen Kollegen, einem intensiven Zusammenhalt, permanentem Lernen und viel Lachen und Weinen.

Leider prägte die Zeit mit zwei kleinen Kindern und der Arbeitsbelastung mein Leben auch gesundheitlich. Nach mehreren anstrengenden Wochen mit Magenschmerzen, Kopfschmerzen und Herzrhythmusstörungen wurde mir ein Defibrillator implantiert. Drei Wochen später ging ich wieder arbeiten. Und drei Monate später kehrte ich der Klinik den Rücken zu und wurde Hausärztin.

Dort fand ich meine Nische, denn als Allgemeinmediziner hat man alle Fachrichtungen zu bedienen, Menschen von jung bis alt, man kann ein bisschen schnibbeln und viel reden.

Aktuell lebe ich geschieden mit meinen beiden Kindern in einer Wohnung auf dem Land, nicht weit von meiner Arbeitsstelle entfernt, die ich als angestellte Ärztin in einer großen Praxis habe. Mit wunderbaren Chefs und vielen lieben MFAs

(Medizinischen Fachangestellten) bearbeiten wir als eine klassische Landarztpraxis das gesamte Spektrum der Allgemeinmedizin. Mein Leben kommt dem Landarzttraum schon recht nahe: Ich habe trotz Mietwohnung einen großen Garten, in dem ich passioniert mein Gemüse züchte, viel Platz und durch Feldrandlage unmittelbaren Zugang zu Feld und Wald. Wenn ich träumen könnte, hätte ich irgendwann mal ein altes, renoviertes Bauernhaus, natürlich auch mit großem Gemüsegarten, viel Platz für meine Kinder und mit Praxisräumen im Erdgeschoss, damit ich Arbeit und Kinder wunderbar unter einen Hut beziehungsweise ein Dach bringen kann.

Denn wenn man die schwierigen Bedingungen, die derzeit herrschen, mal außen vor lässt, ist dieser Beruf wunderschön. Die Allgemeinmedizin vereint so viele Disziplinen unter sich, dass man von Langeweile nicht sprechen kann. Man arbeitet theoretisch, praktisch, psychosomatisch. Man betreut seine Patienten über Jahre hinweg, begleitet ganze Familien im Verbund, sieht Kinder aufwachsen und hat durch den engen Kontakt viel Bestätigung in seinem Tun. Man ist erster Ansprechpartner, offenes Ohr, Vertrauensperson und manchmal auch Lebenshilfe. Praktischerweise bekommt man gerade hier auf dem Land zudem so viele Lebensmittel geschenkt, dass ich die Weinflaschen und Pralinenpackungen an Weihnachten, die Gurken und Tomaten im Sommer, die Äpfel im Herbst und die Kuchen das ganze Jahr über kaum noch zählen kann. Und da es kaum etwas Besseres gibt als Essbares und ich gerne und viel koche (und esse), liebe ich diese Art der Anerkennung.

Mein Buch nimmt Sie eine Woche lang mit in den Alltag einer Landärztin. Angefangen bei einem Montagmorgen in der Praxis mit »überfülltem U-Bahn-Gefühl«, über Wartezeiten auf Facharzttermine und weiter zu den privat geführten Hausbesuchen, weil die Oma der besten Freundin im Dorf am Wochenende keine Luft bekommt. Ich möchte Ihnen zeigen, dass Landärzte nicht nur Austeiler von gelben Zetteln und Rezepten sind, sondern Allrounder, die in der Bevölkerung die medizinische Versorgung sichern.

Gleichzeitig ist das Buch eine Liebeserklärung an den schönsten Beruf der Welt mit seinen vielen unterschiedlichen Menschen und Schicksalen. Die medizinischen Geschichten dahinter sind echt, die Namen, die Umstände und die Bedingungen verfälscht, denn keiner meiner Patienten und Patientinnen soll sich hier wiederfinden. Es tut auch nichts zur Sache, ob Herr Meier oder Frau Müller eine Psychose oder einen Herzinfarkt hatte, denn es geht mir mehr darum, das Landarztleben zu beschreiben. Manche Dinge habe ich weggelassen, einige ausgeschmückt. Frau Müller und Herr Meier sind Patientenhybride, vielleicht waren Männer in diesem Buch im wahren Leben auch eine Frau und Frauen ein Mann. Ich habe realen Fällen einen fiktiven Rahmen gegeben. Ähnlichkeiten sind rein zufällig.

Während ich dies zu Papier brachte, befand ich mich in Elternzeit, die ich während meiner Klinikzeit nur zu Bruchteilen eingelöst hatte. Jetzt war die richtige Zeit dafür. Oft traf ich Patienten auf der Straße oder erhielt Nachrichten über soziale Medien: »Wir vermissen Sie. Kommen Sie bald wieder!« Wo kriegt man so viel Wärme entgegengebracht?

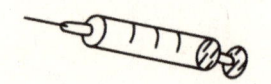

Marathonmontag

WEINEN, WÜTENDE MÜTTER UND WÜRMER

Eine Psychose am Morgen
bringt Kummer und Sorgen

Die Woche beginnt an einem Montag. Damit erzähle ich sicher keine bahnbrechende Erkenntnis, aber zu Klinikzeiten wusste ich manchmal nicht, welchen Wochentag wir gerade hatten oder ob das Wochenende schon hinter uns lag. Denn ein Vierundzwanzig-Stunden-Dienst am Wochenende bedeutete, am Sonntag nicht mehr zu wissen, wer du bist und wie du nach Hause kamst.

Jetzt sind meine Arbeitszeiten geregelt, und ich sitze noch einige Minuten mit meinem Kaffee im Personalzimmer, bevor wir in den Arbeitstag starten. Es ist die Ruhe vor dem Sturm. Denn wie gesagt: Es ist Montagmorgen, kurz vor 8:00 Uhr. Außerdem ist Quartalsbeginn, und es ist Erkältungszeit, denn der Oktober lässt keinen Zweifel daran, dass der Sommer vorbei ist. Obwohl er so golden daherkommt, sind die Stunden ohne Sonne schon empfindlich kalt.

Vor der Tür stehen bereits viele Patienten und warten auf Einlass – wir können es locker mit dem Bahnsteig einer japanischen U-Bahn aufnehmen, nur dass die Praxis natürlich nicht ganz so riesig ist. Aber mehrere Behandlungszimmer mit Blick auf den Garten, ein großer Anmeldebereich und ein langer Flur mit Bildern einer alteingesessenen Malerin lassen Platz für viele

21

Menschen. Bloß dass wir keine Zugschaffner haben, die unsere Patienten brachial in die Praxis befördern. Das ist gut und schlecht zugleich, denn zum einen passten mehr Menschen auf engen Raum, zum anderen aber möchte nun wirklich niemand von Praxisschubsern unfreundlich in die Zimmer befördert werden. Sie kennen die Bilder von japanischen Metrostationen? Einer der Schaffner hält die Türen geöffnet, ein anderer drückt und schiebt, die Hände dabei ohne Hintergedanken auf allen Körperteilen der Passagiere, die man noch ein wenig weiter in den Zug hineinbefördern könnte. Ob der Arm, das Bein oder die rechte Brust dann eventuell zwei Meter weiter links landet, stört hier niemanden. Hauptsache, U-Bahn. Hauptsache, Praxis. Das ist in Zeiten des Landärztemangels manchmal nicht viel anders.

Wir werden heute alle Hände voll zu tun haben. Wir werden viele Patienten behandeln, wegen Husten, Schnupfen, Heiserkeit, wir werden krankmelden, Blut abnehmen, Termine machen, Rezepte und Überweisungen ausstellen, Wunden verbinden, Lungen abhören und Tränen trocknen.

Die Computer sind hochgefahren, die Türen inzwischen geöffnet, und die Sprechstunde kann mit einigen geplanten Terminen beginnen. So war jedenfalls der Plan. Pläne sind bekanntermaßen dafür da, durchkreuzt zu werden. Und zwar durch lautes Weinen vor der Tür. Wie auf Kommando stehen wir alle gleichzeitig auf, weil lautes Weinen selten ein gutes Zeichen ist – solange hier nicht jemand spontan vor den offiziellen Praxisöffnungszeiten ein Baby entbunden hat oder einen Heiratsantrag bekam. (Gerade in Deutschland sind Gefühlsäußerungen ja eher verpönt: »Du weinst? Wein leiser!«, »Es geht dir nicht gut? Wir haben doch alle unsere Probleme!«) Wir stürmen auf den Flur.

Dort steht die junge Frau Zeidler, gestützt von ihren Eltern, weil sie sich vor Weinkrämpfen kaum auf den Beinen halten kann. Ich kenne die Mutter schon länger, sie kommt in unregelmäßigen Abständen wegen der ganz normalen Krankheiten älter werdender Menschen zu mir. Von Problemen mit der Tochter wusste ich bisher nichts.

Der ganze zierliche Körper der Tochter bebt, sie hält sich eine Brechschale vor das Gesicht, und ihre Mutter sieht mich verzweifelt an. Wir lotsen die Familie in das nächste Behandlungszimmer, damit sie vor den Blicken anderer Patienten geschützt ist, und die junge Frau legt sich unmittelbar in Embryonalstellung auf die Behandlungsliege. Dabei weint sie unablässig, laut und verzweifelt. Die Kleidung der Zwanzigjährigen besteht aus einer verwaschenen Jogginghose, darüber trägt sie ein langes, viel zu großes Shirt. Die Haare hängen ihr strähnig ins Gesicht, ihre Lippen sind trocken. Als habe sie sich weder gewaschen noch gegessen oder getrunken. Es kommt mir vor, als habe ihr jede Kraft gefehlt, sich um essenzielle Grundbedürfnisse zu kümmern, was ein starker Hinweis auf eine psychische Ausnahmesituation ist.

Ich werfe einen Blick in die von der Mutter mitgebrachte Krankenakte und hoffe auf Hinweise in Form von bestehenden Diagnosen oder Arztbriefen – und werde fündig. Frau Zeidler war bereits in jungen Jahren mit einer Psychose auf einer psychiatrischen Station behandelt worden. Nun hat sie einen Rückfall, wie es scheint. Mir ist klar, dass mein Terminplan schon gesprengt ist, bevor der Tag überhaupt begonnen hat, aber das ist ein Notfall. Notfälle definieren sich immer anders, und selbst zwischen Patienten und medizinischem Personal gibt es zuweilen Diskrepanzen, wie ein Notfall auszusehen hat, weil jeder Mensch eine andere Leidensfähigkeit und ein anderes Angstlevel besitzt.

Aber eine akute Psychose ist nicht nur subjektiv, sondern auch objektiv ein echter Notfall, ein seelisches Gewitter. Eine

Katastrophe für die Betroffenen, die man ernst nehmen muss, weil ihre Welt aus den Angeln gehoben wurde. Die Situation hat sich ohne Termin angekündigt und Frau Zeidlers Familie das gesamte Wochenende auf Trab gehalten. Alle haben seit Tagen nicht geschlafen, und jetzt besteht die große Gefahr, dass die Lage kippt. Menschen in einer akuten Psychose fühlen sich häufig bedroht und können sich oder anderen Menschen nicht ungefährlich werden.

»Ich mache immer nur Probleme«, weint Frau Zeidler und erbricht sich schwallartig in die Nierenschale. Der Körper krümmt sich vor Schmerzen und Würgen, dann sinkt sie wieder zitternd in sich zusammen. »Ich bin das Böse«, höre ich sie flüstern.

Die körperlichen Symptome wie Übelkeit, Erbrechen und Herzrasen können zu einer akuten Psychose als Begleitsymptomatik dazugehören. Und im Grunde ist sie kein eigenes Krankheitsbild, sondern ein Symptomenkomplex, der aufgrund verschiedener Krankheiten auftreten kann. Eine Psychose kann »primär« entstehen, also durch eine zugrunde liegende psychiatrische Erkrankung, oder »sekundär« aufgrund von Schädelverletzungen, einer schwierigen Sozialisation in der Kindheit, Rauschmittelkonsum oder kindlichen Infektionen. Ich muss Frau Zeidler dringend in eine Klinik einweisen, damit wir die Ursache für ihren quälenden Zustand herausfinden.

Die junge Patientin drückt ihrer Mutter, die in sich zusammengesunken auf dem Stuhl neben der Liege sitzt, die Brechschale in die Hand. Die kurzhaarige Frau mit den gutmütigen braunen Augen schaut mich erschöpft an, und ich nehme behandschuht die Schale entgegen und werfe sie in den Mülleimer. Die Handschuhe fliegen hinterher, und ich setze mich auf meinen kleinen Rollhocker neben der Liege. Nicht zu nahe an die Patientin, denn ich will sie nicht beängstigen. Aber auch nicht zu weit weg, denn übermäßige Distanz und dominierendes »Arzt-Verhalten« wären fehl am Platze. Ist es generell immer, wie ich finde, aber das nur am Rande.

Wir unterhalten uns lange, und durch die Eltern erfahre ich, dass es Frau Zeidler jahrelang gut ging, daher wurden die Neuroleptika (die Medikamente zur Behandlung der Psychose) wieder abgesetzt. Die Tatsache, dass Frau Zeidler in der Klinik als Patientin vorbekannt ist, macht eine Einweisung leichter. Dennoch brauche ich ihr Einverständnis, und das wird nicht einfach zu bekommen sein. Denn wer möchte schon freiwillig in die Psychiatrie gehen? Doch trotz einer akuten Psychose kann ich sie nicht ohne Einverständnis einweisen. Die Unterbringung in einer Psychiatrie kann gegen den Willen eines Patienten nur dann erfolgen, wenn eine Eigen- oder Fremdgefährdung besteht. Würde also Frau Zeidler beispielsweise glaubhaft damit drohen, sich das Leben zu nehmen oder jemandem etwas anzutun.

Als ich noch in der Klinik in der Notaufnahme gearbeitet hatte, mussten wir unter polizeilicher Begleitung einen jungen Mann in die geschlossene Psychiatrie einweisen lassen. Grundlage dafür ist das PsychKG, das Psychisch-Kranken-Gesetz. Dieses Landesgesetz regelt die freiheitsentziehende Unterbringung von Patienten, die eine akute Eigen- oder Fremdgefährdung darstellen.

Der junge Mann in der Notaufnahme randalierte unter Drogeneinfluss, er war ein sogenannter Polytoxikomane. Ich liebe dieses Wort. Es klingt so hochtrabend, heißt aber nur: Er war süchtig nach mehreren, verschiedenen Rauschmitteln, die meistens parallel konsumiert wurden. Auch an diesem Tag hatte er seine diversen Rauschmittel reichlich konsumiert, was dazu führte, dass er wütete.

Alkohol und Drogen sind in Notaufnahmen häufige Aufnahmegründe, und man kann wunderbar seinen vulgären Wortschatz erweitern, wenn man ganz genau den lallenden

Sätzen lauscht. Die Polizei kam also angerückt, und sie kam mit sechs Personen, denn sie musste den Patienten auf einem Spineboard festschnallen. Das ist eine Trage, auf der man üblicherweise Verunfallte mit Wirbelsäulenverletzungen reglos fixiert, um weitere Bewegungen und damit Folgeschäden zu vermeiden. Der Patient hatte in seinem Zustand aber derartige Kräfte entwickelt, dass man ihn leider sehr nachdrücklich an einer weiteren Ausübung seiner Kraft hindern musste. Ich war damals überrascht, dass die Kollegen der Polizei mit so vielen Menschen auftauchten, doch es war nicht anders möglich. Patienten in seelischen Ausnahmezuständen entwickeln zum Teil übermenschliche Kräfte.

Aber als nun Frau Zeidler inzwischen vor mir sitzt, weint und schreit und sich dabei immer wieder erbricht, frage ich mich auch, wie ich die Situation am besten regeln kann. Also rede ich immer wieder sanft auf sie ein, versuche sie zu beruhigen und sie von dem Aufenthalt im Krankenhaus zu überzeugen. Es dauert lange. Minute um Minute reden wir, drehen uns im Kreis, schweigen, warten auf Zustimmung. Die junge Frau spricht ganz leise und zitternd, die verquollenen Augen zeigen ihr Leid. »Okay. Gehen wir. Ich belaste ja sowieso nur alle Menschen.« Sie nickt matt, auch die Mutter nickt beinahe unmerklich. Ich verlasse das Behandlungszimmer, um in Ruhe mit dem Krankenhaus zu telefonieren und den Rettungsdienst zu alarmieren. Denn ohne Begleitung lasse ich die junge Frau nicht fahren, auch nicht in der der Eltern. Ab jetzt muss alles in geregelten und kontrollierten Bahnen ablaufen, und man sollte die hilfsbedürftige Patientin nicht alleine lassen. Sollte die Situation kippen, benötigt sie Medikamente und geschultes Personal.

Die Notfallsanitäter sind dann glücklicherweise auch rasch vor Ort und überzeugen sich vorsichtig ebenfalls von der Freiwilligkeit der Einweisung. Am Ende laufen sie alle gemeinsam zum Krankenwagen, und ich bin sehr dankbar, dass Frau Zeidler hinter den Kollegen vom Rettungsdienst hertrottet und alle sehr sanft und lieb mit ihr umgehen. Sie ist verzweifelt genug. Unverständnis und Hektik wären jetzt fehl am Platz.

Ich hab doch nichts! Ich bin nur alt

Wir verteufeln alle das Älterwerden, aber alt wollen wir alle werden. Und dabei möglichst jung bleiben. Dass diese Zerreißprobe nicht funktionieren kann, wissen wir. Manche Menschen haben nicht das Glück, alt zu werden, und manche haben nicht das Glück, im Alter glücklich zu sein.

Meine zweite Patientin an diesem Tag sitzt bereits vor meiner Tür zum Sprechzimmer und musste geduldig auf ihren Termin warten, denn mein psychiatrischer Notfall im Vorfeld hat viel Zeit gekostet und ich konnte den Terminplan nicht einhalten. Ich hätte in dieser Situation auch nicht schneller arbeiten wollen. Wenn man Patienten fragt, was ihnen bei einem Arztbesuch wichtig ist, sagen die meisten: »Man muss mir zuhören und nicht nach zwei Minuten schon wieder auf die Uhr schauen.«

Ich stehe in der Tür und schaue sie an, wir verstehen uns ohne Worte. Sie hat geduldig gewartet und lächelt mich nun freudig an, als sie an der Reihe ist. »Ich hab doch Zeit«, winkt sie ab, als ich mich für die lange Wartezeit entschuldige. Von der Geduld und Herzenswärme können sich manche Menschen eine Scheibe abschneiden. Wir alle kennen die ungeduldigen Menschen an der Supermarktkasse, die im Sekundentakt Luft durch die Lippen pusten, auf die imaginäre Armbanduhr schauen und nervös mit den Füßen klappern. Zeit ist ein rares

Gut, ich weiß. Aber auch für uns Hausärzte. Manchmal können wir nicht schneller arbeiten, weil sonst jemand anderes leiden würde.

Frau Yost ist achtzig und eine herzensgute, freundliche Dame. Ihre Lebensinhalte waren ihre Familie und die Landwirtschaft, die sie mit ihrem Mann gemeinsam bestellte. »Die Landwirtschaft, die war uns wichtig. Die Tiere, die Natur! Es hätte nicht schöner sein können«, erzählte sie mir schon mehrfach, und ihre Augen leuchten dabei. Ihr einziger Sohn wohnt inzwischen weit weg und sie alleine, denn den Hof wollte er nach dem Tod seines Vaters nicht übernehmen. Dennoch strahlt Frau Yost eine tiefe Gelassenheit und Dankbarkeit aus. Sie kommt recht regelmäßig zu mir, auch wenn ich meist nicht genau weiß, warum. Sie hat »nichts«. Jedenfalls nichts, das ich akut behandeln müsste. Ein bisschen Herz, ein bisschen Blutdruck, ein bisschen Bronchien, viel Einsamkeit.

Jetzt trippelt die grauhaarige Frau mit ihrem Gehstock langsam in mein Sprechzimmer und kramt noch im Stehen aus ihrer beigefarbenen, akkurat gebügelten Bundfaltenhose ein Sammelsurium an Zetteln heraus und sucht die abgeschnittenen Laschen ihrer Medikamentenschachteln, die sie mir allesamt auf den Tisch legt. Ab einem gewissen Alter tun das alle älteren Menschen. Sie schneiden meist schon Wochen im Voraus die Laschen ihrer Tablettenpackungen ab und ordern sie in der Praxis, damit sie immer einen Vorrat an Medikamenten zu Hause haben. Oft stecken die Laschen dann in den Tiefen des Geldbeutels, der wiederum in den Tiefen der Handtasche verschwunden ist und erst einmal gefunden werden muss. So viel zum Thema Zeit. Sie hat geduldig auf mich gewartet, jetzt warte ich geduldig, bis sie so weit ist.

Allerdings dürfen wir keine Rezepte schon Wochen im Voraus abgeben. Dann bekämen wir von den Kassenärztlichen Vereinigungen einen auf den Deckel, denn die Medizin für gesetzlich versicherte Patienten muss wirtschaftlich, zweckmäßig und ausreichend sein. Verständlich, weil es ein solidarisch geführtes Krankenkassensystem ist und nicht jeder alles und sofort bekommen kann. Frau Yost kennt die Regelungen bereits und liegt optimal in ihrem Verordnungsplan. Ich beginne also, die Rezepte auszustellen, während sie erzählt.

»Ich hab's ein bisschen mit der Luft«, sagt sie. »Und nächstes Wochenende kommt der Sohn zu Besuch. Endlich. Der wohnt in Köln, Sie wissen ja. Seitdem er den Job da hat, ist er sehr ausgelastet. Aber als Mutter bin ich ja froh, dass aus dem Jungen was geworden ist.«

Während ich so vor mich hin tippe und die richtigen Medikamente aus der langen Liste heraussuche, frage ich nach: »Ach, haben Sie was Schönes vor?«

Multitasking at its best und ein wenig Small Talk. Landarztleben eben.

»Ach, ich würde ja gern, aber es geht halt alles nicht mehr so.«

Ich wende mich ihr zu und bitte sie, sich frei zu machen, damit ich sie abhören kann. Das Stethoskop ist eines meiner wichtigsten Arbeitsutensilien, auch in Zeiten der apparativen Medizin. Währenddessen reden wir weiter.

»Wollen wir mal über eine Pflegestufe sprechen?«, frage ich sie und höre durch das Stethoskop, wie sie scharf die Luft einzieht. Oh, oh, ich habe wohl einen wunden Punkt getroffen.

Sie hat mit immer größeren Einschränkungen zu kämpfen, wie sie auch an den Vorbereitungen für den Besuch des Sohnes merkt. Das Putzen fällt ihr schwer, etwas kochen geht auch nicht gut, und einkaufen kann sie nur mithilfe der Nachbarin. Selbst das Richten ihrer Medikamente macht zunehmend Mühe, ebenso das Waschen und Anziehen.

Bei meinem Vorschlag protestiert sie jedoch vehement. »Frau

Doktor, ich hab doch nichts. Ich bin nur alt. Andere brauchen mehr Hilfe. Sagen Sie mir lieber, was mit der Luft ist!« Sie giemt ein wenig über den Bronchien. Das heißt, die Bronchien sind ein wenig verengt, und man hört ein leises Pfeifen. Also exerzieren wir noch gemeinsam die Inhalationstechnik für ihr Asthmaspray durch.

Ich bewundere diese starke Frau, aber würde ihr auch gerne helfen. Sie möchte keine fremden Menschen in ihrem Haushalt haben, was ich verstehen kann, denn Eigenständigkeit und Privatsphäre wünschen wir uns ja alle bis ins hohe Alter hinein. Der Schritt, sein Zuhause für fremde Menschen zu öffnen, fällt den meisten Menschen schwer. Dennoch kann ein Pflegegrad vielen Menschen Erleichterung bringen. Mit einem Pflegegrad würde sie Zuschüsse aus der Pflegeversicherung beantragen können, um beispielsweise die Wohnung altersgerecht umbauen zu können. Auch können Leistungen aus der Pflegeversicherung verwendet werden, um eine Haushaltshilfe einzustellen oder eine Person, die für sie oder mit ihr einkaufen geht. Es bedeutet nicht, dass nun rund um die Uhr eine Pflegekraft vor Ort ist, was in den heutigen Zeiten eines Fachkräftemangels in der Pflege und einer durchökonomisierten Gesundheitslandschaft auch nicht machbar wäre.

Aber Frau Yost lässt sich nicht umstimmen. »Ich mache alles noch, solange es geht«, tadelt sie mich spielerisch mit erhobenem Zeigefinger, und ich akzeptiere ihre Entscheidung natürlich. Ich hoffe aber, dass sie auf mich zukommen wird, wenn es nicht mehr geht.

Ich wünsche mir, dass ich irgendwann einmal eine alte, zufriedene Dame wie Frau Yost werde. Aber vielleicht bin ich eher die, die in ihrem Gemüsegarten mit Kittelschürze das Unkraut jätet und die Nachbarskinder anmault, weil sie mal wieder zu laut Fußball spielen und meine Bohnen umknicken. Wer meine Bohnen umknickt, bekommt allerdings jetzt schon einen Rüffel. Oder ich werde eine alte Dame, die auf einem Kissen am Fenstersims hängt, um kluge Ratschläge an Spaziergänger mit Hunden zu übermitteln.

Frau Yost ist nicht so. Sie ist irgendwie immer zufrieden und freundlich, und ich versuche, mir davon ein Scheibchen abzuschneiden.

Nicht ohne meinen Hund

Morgens, halb zehn in Deutschland. Zeit für ein Frühstück – oder die nächsten Patienten. Nachdem der Tag etwas turbulent startete, geht nun alles seinen üblichen Gang. Eine übliche Sprechstunde an einem üblichen Tag. Menschen, wohin das Auge nur blickt. Gemurmel, Gerüche, Telefonklingeln, das Rattern des Druckers, Schniefen, Husten. Hundebellen. Ähm. Bellen?

Eine mir unbekannte Frau steht an der Anmeldung und trägt einen Handtaschenhund im Arm. Ich habe sie bisher noch nie in der Praxis gesehen, womöglich ist sie zu Besuch aus der großen Stadt. Ihre auftoupierten Haare, der schöne Hosenanzug und das aufwendige Make-up jedenfalls wirken, als sei sie eben von einer After-Work-Party gekommen. Dagegen spricht jedoch der Handtaschenhund. Es gibt eher wenige kleine Hunde in dieser Gegend, denn Platz für große Tiere ist ausreichend vorhanden. Man muss sich beim Spazierengehen an den Hoftüren oft die Ohren zuhalten, weil die Vierbeiner lautstark ihr Revier verteidigen.

Der Hund der Dame verteidigt gerade auch sein Handtaschenrevier und bellt unablässig, was die Business-Dame nicht zu stören scheint. Sie habe Ohrenschmerzen (womöglich

durch die permanente bellende Geräuschbelastung?) und wollte »Prinzessin« nicht alleine zu Hause lassen, vernehme ich mit
einem Ohr, während ich aus meinem Zimmer komme.

»Ihr Hund kann leider nicht mit in die Praxis kommen«,
sagt unsere MFA Tanja an der Anmeldung freundlich. Tanja ist
etwa in meinem Alter und immer gut gelaunt und freundlich,
aber bestimmt. Die Dame mit Hund steht vor dem Anmelde-
tresen, bekommt hektische Flecken und findet es offensichtlich
übertrieben. Sie reagiert nicht so freundlich. »Ich lasse sie auf
dem Arm, und niemand fasst sie an! Dann geht das bestimmt!«,
antwortet sie gereizt. Nein. Geht es leider nicht. Aber wie geht
man jetzt damit um? Es gibt keine Gesetzesnorm, die den Aufenthalt von Hunden in Arztpraxen verbietet. Der Praxisin-
haber entscheidet, ob jemand einen Hund mitbringen darf oder
nicht.

Noch bin ich keine Praxisinhaberin, aber von hygienischer
Seite halte ich es für bedenklich, Hunde mitzubringen, denn
Hunde haaren und sabbern und haben manchmal auch Erkrankungen oder Parasiten. Wobei so mancher Patient wahrscheinlich ungewaschener und ungepflegter ist als viele Hunde
von verantwortungsbewussten Hundehaltern. Ich denke da an
lange Zehennägel, die wie Chipsletten aussehen. Oder an lange
künstliche Fingernägel, unter denen die Reste des Abendessens
vom Vortag hängen. Und an Kopfbehaarung, die als Lage-
rungsstätte für Margarine herhalten könnte. Es gibt Untersuchungen, die im Bart von Vollbartträgern mehr Keime fanden
als in so manchem Hundefell.

Dennoch muss man eine Grenze ziehen: Wenn »Prinzessin«
dabei sein darf, möchte die Katzenfrau (jedes Dorf hat eine
Katzenfrau) vielleicht ihre Lieblingskatze mitbringen und
Leon-Pascal sein Meerschweinchen.

Anders verhält es sich mit Blindenhunden. Sie sind in einer
Praxis vertretbar, weil sie ausgebildete Führhunde sind. Im

Vorfeld ist es natürlich wichtig zu eruieren, ob das Tier alle gängigen Impfungen hat und frei von Parasiten ist. Ein Führhund darf auch das Sprechzimmer betreten, nicht jedoch die Reinräume. Und er sollte nicht von Patienten und Personal gestreichelt werden.

»Prinzessin« ist kein Führhund. Im Gegenteil, man muss eher aufpassen, dass man nicht auf sie tritt, wenn sie ihr Handtaschenhabitat verlässt. Sie ist ein bellender Handtaschenhund und muss leider draußen bleiben, auch wenn sie nicht durch die Praxis läuft und ihre Prinzessinnenhaare verteilt.

Inzwischen stehe ich neben Tanja und versuche, die hektische Business-Dame etwas zu versöhnen.

»Sie können doch gerne mit Ihrem Hund vorne im Eingangsbereich warten, wir rufen Sie dann, wenn Sie an der Reihe sind? Den Hund können Sie vor dem Haus anbinden«, schlage ich ihr vor, aber sie macht wütend auf dem Absatz kehrt und verlässt ohne Worte die Praxis.

Meine Kollegin und ich sehen uns an, und Tanja zuckt mit den Schultern. »Ich habe ihr auch einen neuen Termin angeboten, aber sie wollte nicht.«

Wir sind ja immer bemüht, Lösungen zu finden. Aber manchmal ist es vergebene Liebesmühe.

Kinder sind wie Petrischalen

In der Landarztmedizin wechseln im Minutentakt die Patienten und die Krankheitsbilder. Herr Adam betritt mit seinem Sohn auf dem Arm mein Zimmer. Entgegen der gängigen Vorstellung, dass auf dem Land rein tradierte Rollenbilder herrschen, erlebe ich viele sehr gleichberechtigt lebende Paare, die sich die Kinderbetreuung teilen. Und so kommen auch regelmäßig Väter mit ihren Kindern in die Praxis, wenn die Kleinen krank sind. Die nächsten Kinderärzte in der Region sind entweder zwanzig Kilometer entfernt oder sie nehmen keine Patienten mehr an, sodass wir als Hausärzte auch sehr viele Kinder betreuen.

Ich registriere schon beim Reinkommen, dass der kleine Junge ziemlich krank aussieht. Seine braunen Locken hängen ihm wild ins Gesicht, er hat einen kleinen Stoffelefanten im Arm und eine Jogginghose mit aufgedruckten Dinosauriern an. Blass und mit glasigen Augen klammert er sich an seinen Papa und gräbt schließlich das Gesicht in seine Halsbeuge.

Herr Adam, ein großer, junger Mann in Jeans und Fleecepulli, auf dem der Name eines Handwerksbetriebs gestickt ist, nimmt auf der Behandlungsliege Platz, und sein Sohn sitzt auf seinem Schoß.

»Max hat seit gestern einen Ausschlag an den Händen«, erzählt der Vater und nimmt die Hände seines Sohnes, um sie mir zu zeigen.

An den Handflächen und den Fingern sind sie übersät mit kleinen Bläschen. Ich bitte Herrn Adam, seinen Sohn einmal bis auf die Unterwäsche auszuziehen, damit ich nichts übersehe. Die normale, so unspektakulär wirkende körperliche Untersuchung ist ungemein wichtig und nicht so banal, wie man in Zeiten der modernen Gerätemedizin meinen möchte. Apparatemedizin ist eine tolle Sache und ein Segen, aber schon mit den bloßen Händen und Augen kann man viele Diagnosen klinisch stellen, ohne seine Patienten durch die halbe Weltgeschichte und von Facharzt zu Facharzt zu jagen, zumal diese ja ebenfalls meist heillos überlaufen sind. Achtzehn Arztkontakte im niedergelassenen Bereich hat ein Patient in Deutschland pro Jahr. Das sind viel zu viele, und daher können viele Menschen nicht umfassend versorgt werden. Zudem gibt es zu wenige

Generalisten, sprich Allgemeinmediziner, weil Spezialisten mit ihrer Arbeit mehr Geld verdienen. Apparatemedizin bringt Geld, körperliche Basismedizin und sprechende Medizin nicht.

Max sitzt unsicher auf der Liege und hält Papas Hand, er scheint nicht fit zu sein und ist ängstlich. Der erste Eindruck, den man von einem Kind hat, ist ungemein wichtig. Ein Kind kann in einer Sekunde sehr krank sein und sich die Seele aus dem Leib brechen, um danach Unmengen an Essen zu verschlingen und wieder munter zu spielen. Kinder sagen außerdem selten, was sie wirklich haben. »Mama, ich denke, ich brüte eine Erkältung aus, denn mir tun die Glieder weh und ich fühle mich schlapp«, ist noch nicht in ihrem Wortschatz vorhanden. Kindern tut der Bauch weh oder der Kopf. Sie wirken blass oder grau, essen oder trinken nicht und liegen nur auf Mamas oder Papas Arm.

Auch Max wirkt erschöpft und will sich nicht so recht untersuchen lassen. Aber mit Papas Hilfe und auf seinem Schoß kann ich ihn mir ansehen. Sein Körper ist warm, er hat etwas Temperatur, und ich schaue mir seine Haut am Rumpf an, an den Beinen, in den Leisten und an den Fußsohlen. Der Körper ist frei von Ausschlag, aber an den Fußsohlen finde ich auch wieder kleine Blasen. Ich höre ihn ab, schaue in die Ohren und in den Mund, aber dort sehe ich bis auf einen leicht geröteten Rachen nichts Auffälliges.

Seine Symptome sprechen für die Hand-Fuß-Mund-Krankheit, die bei Junior eben ohne »Mund« aufgetreten ist. Zum Glück für ihn, denn die Bläschen im Mund entwickeln sich zu schmerzhaften kleinen Geschwüren, die das Essen sehr einschränken. Und zum Glück für die Eltern, denn die Kinder sind aufgrund der Schmerzen im Mund extrem unleidlich. Ich weiß, wovon ich spreche. Zweimal durfte ich diese Seuche bei meinen Kindern mit ansehen, sie mithilfe eines Strohhalms füttern und am Sonntag einen befreundeten Kinderarzt anrufen, weil ich als Mutter eben auch keine unbefangene Ärztin bin. Elternsorgen behindern zuweilen rationales Denken.

Gefährlich ist die Erkrankung in der Regel nicht, blöderweise kann sie mehrfach auftreten, weil verschiedene Viren sie auslösen. Dann tritt sie seuchenartig vor allem in Kindergärten auf.

»Max hat die Hand-Mund-Fuß-Krankheit«, erkläre ich Max' Vater.

»Hm, stimmt«, sagt der Papa und nickt andächtig. »Im Kindergarten haben das gerade mehrere Kinder.« Volltreffer. Der Hinweis wäre an früherer Stelle zwar hilfreich gewesen, aber andererseits ist die Diagnose auch ohne den Tipp offensichtlich. Vielleicht hätte ich auch einfach nur genauer nachfragen müssen.

Dass Kindergartenkinder mit allerlei seuchenartigen Widerlichkeiten in Kontakt kommen, können sicher alle Eltern bestätigen. Zettel mit der Aufschrift »Im Kindergarten gibt es Magen-Darm« (oder Scharlach oder Läuse) haben etwas von einer Seuchen-Lotterie. Wer hat noch nicht, wer will noch mal? Manchmal wird man verschont, aber die Wahrscheinlichkeit ist doch recht gering.

Magen-Darm-Grippe ist Standard. Jedes Kind muss sie mal gehabt haben, damit Eltern mitreden können. »Mensch, der Noah hat drei Tage durchgebrochen!« – »Das ist ja noch gar nichts. Der Emil musste Infusionen im Krankenhaus kriegen.« Habe ich eigentlich schon erzählt, dass mein Sohn mal zweiundzwanzig Stunden lang halbstündlich gebrochen hat? Viel schlimmer als Noah und Emil, ich sag's Ihnen.

Scharlach-Ausbrüche sind in Kitas auch keine Seltenheit. Halsschmerzen, hohes Fieber und Ausschlag kennzeichnen die Erkrankung, und wird sie nicht adäquat behandelt, können Herz- und Nierenschäden auftreten. Glücklicherweise kommt das dank Penicillin nicht mehr häufig vor. Nichtsdestotrotz sind die Kinder krank und gehören nach Hause und geschont. Viele Eltern stehen jedoch unter einem hohen beruflichen Leistungsdruck, auch in dieser ländlichen Region. Pendler müssen ihre Kinder sehr früh in die Kita bringen, damit sie den Zug bekommen oder vor der Rushhour auf der Autobahn sind. Hiesige Arbeitnehmer arbeiten häufig in lokalen Zweimannbetrieben, die ohne ihre Mitarbeiter nicht funktionieren. Also bringen auch hier manche ihren Sohn oder ihre Tochter mit Fieber in den Kindergarten. Schnell wird mal ein Fieberzäpfchen gegeben und gehofft, dass das Kind bis zum Abholen durchhält.

Das aber sorgt zum einen für mehr kranke Kinder und die Verbreitung der Krankheitserreger. Zum anderen: Wer von uns würde krank eine Einrichtung mit vielen Menschen, Krach und Action besuchen wollen? Lassen wir kranke Kinder sich zu Hause erholen. Wer krank ist, braucht Ruhe. Auch Erzieher haben nicht die Kapazitäten, sich ausgiebig um kranke Kinder zu kümmern.

Für meinen kleinen Patienten kann ich nicht viel tun, außer etwas »Fiebersaft« zu rezeptieren und den Vater »kindkrank« zu schreiben, denn der Sohn kann mit der Erkrankung nicht in den Kindergarten gehen. Die Hand-Fuß-Mund-Krankheit ist hochansteckend. Sobald die Bläschen eingetrocknet sind, darf Max wieder mit den anderen Kindern spielen, auch wenn sich die Haut oder die Nägel an Händen und Füßen schälen sollte – das kann bei dieser Krankheit passieren.

Mit einem Mal ist Max ganz munter und steht an der Tür, mit der Türklinke in der Hand. Er ist offenbar froh, dass er wieder nach Hause gehen kann. Vorher drücke ich ihm noch ein Tütchen Gummibärchen in die Hand, und Junior kann plötzlich doch ein ganz klein wenig lachen. Herr Adam verabschiedet sich, und ich desinfiziere die Türklinke. Vielleicht erfindet mal jemand eine sich selbst reinigende Türklinke, so, wie das mit den Klobrillen an Raststätten passiert. Ich hätte dann allerdings gerne eine Umsatzbeteiligung.

Urlaub auf Krankenschein

Herr Bender ist sehr jung, Schüler, aber auch schon irgendwie auf dem Weg zum Erwachsenwerden. Groß und schmal ist er, wie junge Männer in dem Alter oft sind, wenn das Wachstum schneller ist, als die benötigte Nahrungsaufnahme geschehen kann. Immer mit einem leichten Grinsen im Gesicht und einem wachen, intelligenten Blick.

Als er das Zimmer betritt, sind seine blonden kurzen Haare zerstrubbelt vom Motorradhelm, den er unter seinem Arm trägt. Er kommt immer mit dem Roller, und ich habe ihn schon häufig im Ort herumfahren sehen. Er ist ein gesunder, junger Mensch, taucht aber erstaunlich oft in der Praxis mit kleinen Wehwehchen auf. Mal ein Husten hier, dann ein Ausschlag da. Gerne auch Erbrechen und Durchfall, wie heute. Durchfall und Erbrechen sind als Diagnose recht beliebt, wenn man im Grunde nichts hat, aber gerne mal zu Hause bleiben möchte. Das kann man nämlich nicht so genau nachweisen. Jedenfalls nicht, wenn man nicht mit seinen Patienten auf die Toilette geht und sich ihren Stuhlgang live vorführen lässt. Das will ich trotz aller Offenheit nun wirklich nicht. Diese Diagnose zu verwenden ist jetzt allerdings kein Tipp, denn damit kommt man maximal einen Tag durch. Wenn nämlich Patienten frisch wie der junge Morgen vor mir sitzen, zweifle ich an der Glaubwürdigkeit.

Herr Bender erobert gerade großen Schrittes das Sprechzimmer und nimmt erhobenen Hauptes Platz. »Die Welt ist mein!«, strahlt es aus allen seinen Poren, und ich freue mich für sein jugendliches, selbstbewusstes Gemüt. Dann fällt ihm aber offensichtlich wieder ein, weswegen er bei mir ist, und sinkt gleich einem sterbenden Schwan in sich zusammen. Das Ende ist nahe.

Ich frage ihn also, was ich für ihn tun könne. Er habe die ganze Nacht gekotzt, erklärt er. Für diese eloquente Wortwahl reicht seine Energie scheinbar noch. Und nun brauche er eine Krankmeldung. Die ganze Woche, bitte, er sei schon sehr erschöpft, puh.

Wenn Menschen die ganze Nacht erbrechen, sehen sie in der Regel etwas malträtiert aus, blass und schlapp. Sie drücken sich langsam vom Stuhl im Wartezimmer hoch oder schlurfen ins Zimmer hinein.

Und wenn der sterbende Schwan leibhaftig vor einem sitzt, ist es oft recht schwer auszumachen, ob er wirklich die ganze Nacht gebrochen hat. Dennoch reagiere ich bei Wünschen nach einwöchiger Krankschreibung instinktiv sehr abwehrend. Zumal es bei einem einmaligen »Ich kotzte die ganze Nacht«-Erlebnis oft nicht mal für drei Tage Arbeitsunfähigkeit reicht (abhängig vom Beruf des Kranken).

Puh, wiederholt Herr Bender, ganz schlimm sei das gewesen, die ganze Nacht auf dem Klo. Er schmückt ein wenig aus, als er meine Zurückhaltung registriert.

»Sagten Sie nicht, Sie hätten erbrochen?«, hake ich nach.

»Ähm, ja, auch«, stottert er und weicht meinem Blick aus.

Ich lasse ihn nicht so schnell aus der Situation entkommen. Wenn es jemandem wirklich schlecht geht, insbesondere auch psychisch, dann habe ich keine Hemmungen, ihn oder sie aus belastenden Situationen herauszuziehen. Wenn mein Gefühl mir aber sagt, dass die Person nicht krank ist, lasse ich mich ungern veräppeln. Seiner Aussage von letzter Nacht habe ich dennoch nichts entgegenzusetzen, aber wenigstens mache ich es ihm nicht leicht und bitte ihn, auf der Liege Platz zu nehmen und den Bauch frei zu machen.

Ob er Fieber habe, frage ich.

Nein.

Schmerzen?

Nö.

»Na, das ist aber ungewöhnlich bei Magen-Darm-Grippe«, sage ich, während ich den Bauch abhorche. Bauchkrämpfe sind meist Teil des Ausscheidungsprozesses, weil der Darm mit Macht die Erreger ausscheiden möchte. Es erhöht sich die Peristaltik des Darms, es gluckert und rauscht und krampft.

»Also ja, doch schon Schmerzen. Insbesondere da. Autsch.« Er leidet nun ein wenig.

»Hm, da ist der Blinddarm.«

Er guckt mich verdattert an und denkt nun vielleicht, dass die Frau einfach keine Ahnung von Medizin hat. Schließlich hat er ja nichts. Aber ich sehe nicht ein, ihn mit dem Spielchen durchkommen zu lassen.

»Das müssen wir beobachten«, sage ich weiter. »Wenn es morgen nicht weg ist, kommen Sie bitte wieder.«

Innerlich verdreht er die Augen.

Dass er wegen eines Schultags so einen Aufriss macht, leuchtet mir erst ein, als er wieder angezogen vor mir steht. »Ich brauche noch eine Bescheinigung für eine Klausur morgen.«

Aha. Daher weht der Wind. Ob er nun wirklich die ganze Nacht im Bad verbracht hat, kann ich abschließend nicht beurteilen. Schwer krank ist er jedoch nicht. Ich gebe ihm für heute eine Bescheinigung, für den Folgetag jedoch nicht und erst recht nicht für die gesamte Woche.

Dass man montags nicht zur Schule oder zur Arbeit gehen will, das kann sicher jeder bestätigen. Montage gehören generell in die Mülltonne. Ich bin nur nicht sicher, ob sie recyclebar sind. Ein Montag bedeutet, das Wochenende hinter sich zu lassen und wieder in den Alltag zu starten. Und in einer Praxis heißt dies, die Erkrankten des Wochenendes, die akut Kranken und diejenigen, die sich vornehmen, diese Woche krank zu sein, zu verarzten. Denn wer am Wochenende krank wurde, sich den Rücken verdrehte, sich einsam fühlte oder aus dem Krankenhaus entlassen wurde, der geht am Montag »zum Doktor«. Das hat dann manchmal schon etwas von einem Dorfevent, bei dem man sich trifft, austauscht und den neuesten Klatsch und Tratsch erfährt: Die Hilde hat sich wieder mit der Nachbarin gestritten. Oha. Und der Walter ist mit dem Traktor betrunken aufs Feld gefahren. Sag bloß.

Manche Menschen sind froh, einen Grund zu haben, aus dem Haus zu kommen. Weil sich auch auf dem Land das Beziehungsgefüge verändert hat. Wo Menschen früher noch mit mehreren Generationen unter einem Dach wohnten, leben alte Leute inzwischen häufig einsam und junge Familien ohne Hilfe der Eltern oder Großeltern. Damit gehen wichtige Erfahrungen und auch Wissen verloren, das den Menschen helfen würde, mit kleineren Erkrankungen oder Wehwehchen umzugehen.

Junge Menschen können manchmal einen Mückenstich nicht von einer schweren, internistischen Erkrankung unterscheiden, auch wenn die Beule am Bein juckt und die Mücke ihnen unmittelbar vorher noch fröhlich zuwinkte. Die Unsicherheit wird durch soziale Medien befeuert, denn Unkundige tun in fragwürdigen Foren ihr Unwissen kund und berichten über schlimme Erkrankungen, Behandlungen mit unwirksamen Zuckerperlen namens Homöopathie und nicht erkannte, gefährliche Erkrankungen, sodass sich Patienten mit der Informationsfülle verständlicherweise nicht mehr zurechtfinden.

Und deshalb kommen auch heute viele Menschen mit Erkrankungen, die früher in Großmutters Handbuch vermerkt waren und bei denen Oma beim ersten Niesen des Kindes schon prophylaktisch die Wadenwickel schwang und den Zwiebelsaft anrührte. Einfach mal abwarten und nichts tun, das Aushalten, das will gelernt sein. Früher bekamen Eltern mehr Hilfe und heilende Hühnersuppe.

Und es kommen die Menschen, die gerne mal eine Woche zu Hause bleiben wollen.

Ein großes Blutbild, bitte

Etwas später sitzt scheinbar eingeschüchtert eine junge Frau vor mir. Wir begrüßen uns, sie lächelt freundlich, aber unsicher. Die schlanke Frau sieht müde aus, sorgenvoll. Sie streicht sich mit den Fingern durch ihre kinnlangen Haare und nestelt an den Knöpfen ihrer Strickjacke. Sie wolle sich mal testen lassen, sagt sie schließlich. »So auf alles.«

Jetzt ist hausärztliches Feingefühl gefragt. Was ist alles? Worum geht es eigentlich? Die Frau wirkt nervös, angespannt und schämt sich offenbar. Also gehe ich davon aus, dass es sich um eine sehr persönliche Angelegenheit handelt.

Manchmal kommen Patienten und sagen: »Ich hätte gerne mal ein großes Blutbild«, weil sie gehört und gelesen haben, dass man sich regelmäßig mal auf *alles* testen lassen soll. Auch bei körperlichem Wohlbefinden und ohne Beschwerden.

Dieses ominöse große Blutbild beinhaltet dann aus Patientensicht das kleine Blutbild – also weiße und rote Blutkörperchen, Blutplättchen und Hämoglobinwert, Gerinnung, Leber- und Nierenwerte, Bauchspeicheldrüse, Fette, Zucker, Entzündungswerte, Eisen, Ferritin, am besten auch noch Tumormarker und alle Rheumawerte. HIV vielleicht ebenfalls, je nach Risikoverhalten. Ach, und die Vitamine D, B_{12}, B_6. Und natürlich die

Spurenelemente Selen, Mangan und Phosphor. Ist ja nicht uninteressant. Ganz wichtig ist ebenso die Borreliose. Was wir Mediziner aber unter einem großen Blutbild verstehen: die Blutkörperchen, aufgedröselt von Weiß bis Rot, mit genauen prozentualen Anteilen der weißen Blutkörperchen inklusive möglicher Veränderungen, die Hinweise auf eine Bluterkrankung wie Leukämie oder eine Blutarmut ergeben könnten.

Wenn Google oder die Tante der Nachbarin des besten Freundes äußern, dass man doch unbedingt regelmäßig alles untersuchen lassen soll, weil die Spurenelemente und die Vitamine und das große Blutbild so viel über die Gesundheit aussagen, dann verunsichert dieses Halbwissen die Patienten, verstopft die Praxen und zieht weitere Untersuchungen nach sich, die wahrscheinlich nicht notwendig gewesen wären.

Natürlich kann man alles testen. Die Kassen zahlen es nur nicht. Es macht auch nicht viel Sinn, wenn man auf *alles* testet, denn auf welche Parameter es ankommt, wird erst im Gespräch deutlich. Entweder führen spezielle Symptome den Patienten in die Praxis, oder die zu testenden Laborwerte ergeben sich im Gespräch: Gab es Krebserkrankungen in der Familie, unklares Fieber, Infektionen, Alkoholkonsum, Gewichtsverlust oder Nachtschweiß, unklare Diarrhöen, bleierne Müdigkeit oder Schmerzen in den Gelenken? Tut es sonst irgendwo weh, oder kommt es zu Herzrasen, Schmerzen im Brustraum und Luftnot? Lag sexuelles Risikoverhalten vor? Nimmt der Patient Medikamente, die zu Veränderungen von Leber- und Nierenwerten führen können? Hat er oder sie vielleicht wochenlang das Schmerzmittel Ibuprofen geschluckt? Liegen Muskelschmerzen vor?

In der körperlichen Untersuchung finde ich dann Hinweise, ob etwas nicht stimmt: Ist die Haut gelb oder blass, wirkt der Patient schwach oder luftnötig, entdecke ich vergrößerte Lymphknoten, Gelenkschwellungen, Fieber, Petechien (punktförmige Blutungen), Hämatome? Oder fällt mir beim Abhören mit dem Stethoskop und der Tastuntersuchung etwas auf?

Dann teste ich natürlich, auch auf alles. Und ja, Prophylaxe ist wichtig. Aber viel mehr im Hinblick auf gesunde Lebensführung, Ernährung und Sport. Denn dieses Suchen nach *allem* im Labor ohne Hinweise auf eine Erkrankung ergibt in der Folge oft nur Unsicherheit und Überdiagnostik. Daher an dieser Stelle mein Plädoyer für die sprechende Medizin, denn ohne Sprechen ist Testen auf *alles* vollkommen sinnlos. Medizin ohne Gespräche kann nicht funktionieren.

Auch bei der jungen Frau, die vor mir sitzt, frage ich nun vorsichtig nach, was sie belastet. Ich sehe ihr an, dass sie sich große Sorgen macht, denn sie schaut mich kaum an und redet sehr leise. Sie habe vor drei Monaten einen »Ausrutscher« mit einem unbekannten Mann gehabt, berichtet sie. Wir kennen uns nicht, und ich schätze, dass sie aufgrund der Fragestellung lieber zu einem Arzt geht, der nicht an ihrem Wohnort ist. Manchmal ist diese persönliche Distanz nicht schlecht, wenn man als Patient oder Patientin etwas sehr Persönliches zu erzählen hat. Die Scham ist geringer.

»Ich bin Single und eigentlich nicht so«, fügt sie hinzu.

Am liebsten möchte ich ihr sagen, dass sie doch gerne »so sein kann«. Wo steht geschrieben, dass sie ihre Liebeswünsche nicht ausleben darf? Die Verhütung ist natürlich von großer Bedeutung, und sie gesteht, es an dem Abend außer Acht gelassen zu haben und dass sie sich nun auf HIV testen lassen möchte. Das Damoklesschwert. Ich kann es regelrecht spüren, wie es über ihr schwebt, und ich habe großen Respekt davor, dass sie sich ihren Ängsten stellt.

»Das ist kein Grund, sich zu schämen«, sage ich. Ich weiß, dass auf dem Land das Gerede größer wäre. Hier fühlt man sich nicht so frei wie in der Stadt, und die Menschen leben eher in festen Partnerschaften und Ehen, mit Haus und Kindern, Hof und Hund. Für Singles ist das nicht immer leicht, insbesondere ein Partnerwechsel macht schnell die Runde im Dorfgespräch.

»Dass Sie jetzt die Verantwortung für sich und die zukünftigen Partner übernehmen, zeigt doch, wie vernünftig Sie sind.« Wer ohne Sünde ist, werfe den ersten Stein. Sagt man das nicht so? Beinahe erleichtert sieht sie mich an. »Können wir das heute noch machen? Ich will es hinter mich bringen!«

Es ist wichtig, eine eventuelle HIV-Erkrankung so schnell wie möglich zu erkennen, da man bei rascher Therapie-Einleitung die Viren unter die Nachweisgrenze drücken und damit ein annähernd normales Leben führen kann. Mindestens sechs Wochen sollten seit dem Ausrutscher aber vergangen sein, damit eine verlässliche Diagnostik erfolgen kann.

Normalerweise brauchen Patienten einen Termin im Labor, wenn es kein Notfall ist. Mein Gegenüber ist aber so ängstlich, dass ich sie unmöglich warten lassen kann, also schieben wir es irgendwie dazwischen. Meine Medizinische Fachangestellte Paula macht es möglich. Sie ist sehr berufserfahren, flexibel, hilfsbereit und routiniert. Ich gehe schnell in das Personalzimmer, um meiner Kollegin einen Kaffee zu holen. Ein kleines Dankeschön für die Flexibilität und den Zusammenhalt, den ich tagtäglich erlebe.

Ein HIV-Test geht inzwischen sehr schnell. Bereits am Folgetag hat man die Ergebnisse vorliegen. An dieser Stelle nehme ich vorweg, dass ich der Patientin Entwarnung geben konnte und sie darüber mehr als erleichtert war. Glücklicherweise musste ich noch nie jemandem die Diagnose einer HIV-Erkrankung mitteilen, auch wenn die Prognose heutzutage gut ist. HIV ist kein Todesurteil mehr, und mit einer guten Betreuung ist eine normale Lebenserwartung möglich. Dennoch bedeutet es für die Betroffenen eine Stigmatisierung, in unseren ländlichen Gegenden sicherlich noch mehr als in großen Städten, in denen eine weniger konservative Lebensführung eher akzeptiert wird. Eine Umstellung des Lebens und oft belastende Gespräche mit Partnern und Angehörigen sind bei der Erkrankung aber immer Teil des Programms.

Und jährlich grüßt die Grippe

Das Wartezimmer platzt inzwischen aus allen Nähten, es ist Erkältungszeit. Das Händeschütteln zur Begrüßung mussten wir leider abschaffen. Nicht erst seit der Corona-Pandemie. Denn auch wenn ich mir nach jedem Patienten die Hände desinfiziere, die Sicherheit geht vor, da die meisten Krankheitserreger über die Hände weitergegeben werden. So oft fasst man sich unbemerkt ins Gesicht, und schon hat man den Salat beziehungsweise die Infektion. Während einer Erkältungs- oder Grippesaison desinfiziere ich auch mehrmals am Tag die Türklinken und schaue mich davor und danach beinahe verstohlen um, weil ich befürchte, man könnte mich für zwanghaft halten.

Aber man stelle sich das mal vor: Da sitzen zehn Patienten im Wartezimmer und husten sich in die Hände oder putzen sich die Nase am mehrfach benutzten Taschentuch. Sie verteilen damit die Krankheitserreger auf Stühlen, Türklinken oder sonst wo. Einige Menschen im Wartezimmer lesen mit den vollgehusteten Händen die *Bild der Frau* oder die *Neue Post,* womit die Zeitschriften folglich kontaminiert wären. Andere stehen an der Anmeldung und husten hemmungslos auf die Theke, wo der nächste Patient seine Krankenkassenkarte ablegt. Einmal einlesen bitte – Karte und Keime.

Manche sind umsichtiger und husten in die Übergangsjacke, pflichtbewusst in die Alltagsmaske oder Frauen in ihren überdimensionalen Schal, der von ihrem Kopf nur noch den Haarschopf frei lässt. So landen die Keime dann dankenswerterweise nicht in der Luft. Denn für einige Infektionskrankheiten müssen nur wenige Partikel in der Atemluft schwirren, um andere Menschen zu infizieren. Beim Norovirus ist das der Fall, auch bei dem neuartigen Coronavirus reicht es, kleinste Spucketröpfchen des Wartezimmernachbarn einzuatmen, wenn er dicht neben einem sitzt. Und bei der Influenza genügen ebenfalls wenige Partikel in der Atemluft. Sie wird nicht nur über Schnodder und Spucke übertragen, sondern manchmal bereits beim Atmen.

Es ist 10:05 Uhr, und ich gehe zum Wartezimmer, um mir die nächste Patientin zu rufen. Auf dem Weg unterschreibe ich noch ein paar Rezepte und spüre die erwartungsvollen Blicke der vielen Menschen auf mir, die aus Sitzplatzmangel stehen müssen. Und ich spüre die keimbelasteten Tröpfchen auf meiner Haut. Gut, dass ich gegen die Grippe geimpft bin.

An der Anmeldung klingelt das Telefon im Sekundentakt, und der Drucker rattert die Rezepte und Krankmeldungen heraus, bis er beinahe glüht.

»Frau Xaver?«, rufe ich ins Wartezimmer, aber meine Patientin hatte sich vor der Tür im überdachten Außenbereich aufgehalten und kommt geschwächt auf mich zugelaufen.

Sie ist eine bescheidene Frau in den mittleren Jahren, die etwas Unterstützung bei einem privaten Problem benötigte. Das Problem hat sich inzwischen erledigt, es geht ihr wieder gut. Und eigentlich war sie vor einigen Tagen nur in die Praxis gekommen, um mir das zu erzählen. Das ist das Schöne an meinem Beruf: Manchmal sieht man die Erfolge, die durch kleine Handlungen oder einfach allein durch das »Da-Sein« behoben werden können.

Nun ist sie also wieder da, drei Tage nach ihrem letzten Termin. Sie sitzt vor mir und sieht aus wie durch den Fleischwolf gedreht. Ihre langen braunen Haare hat sie notdürftig mit einer

Haarklammer gebändigt, sodass sich viele Strähnen um ihr Gesicht winden. Und was ich gar nicht von ihr kenne: Sie erscheint in Jogginghose und Gummilatschen. In der Regel trägt sie ihre Gartenkleidung, eine schwere Hose, eine Weste und feste Arbeitsschuhe, weil sie jede freie Minute auf einem Gestüt arbeitet. Als klassische Landfrau ist sie eigentlich nicht so leicht kleinzukriegen. Aber die Grippe macht ihr zu schaffen. Sie hat hohes Fieber, und jeder Knochen tut ihr weh. Kein Husten und keine Erkältungssymptome machen ihr zu schaffen, sodass ich sofort alarmiert bin und einen Abstrich auf Influenza mache.

»Es ist wie verhext. Ich habe letzte Woche nur zwei Minuten auf unseren Termin gewartet, ich war ja gleich an der Reihe. Und ich habe nichts angefasst!«, sagt sie matt. Ihre Augen glänzen, und das Gesicht ist gerötet. Sie ist wirklich krank. Und trotz ihrer Vorsicht und dem nur kurzen Aufenthalt in der Praxis hatte sie sich sofort angesteckt. Sie war richtiggehend sauer, auf die Erkrankung und auf sich selbst, dass sie zur Grippezeit zum Arzt gegangen war. Gesund rein, krank wieder aus. Influenza, wie sie leibt und lebt.

Es gibt einen guten, aber medizinisch nicht ganz ernst gemeinten Algorithmus zur Diagnose, bei dem man eine Grippe anhand des Gefühls, vom Zug überrollt worden zu sein, feststellt. Wenn sich ein Patient also fühlt, als sei er vom Zug überrollt worden, sollte man sich im Rahmen des Algorithmus davon überzeugen, ob dem Patienten nicht vielleicht doch ein Zug über den Leib fuhr. Man weiß ja nie. Falls dies nicht geschah, kann man von einer Influenza ausgehen.

Was so albern klingt, hat einen ernsten Kern. Den meisten Menschen geht es richtig dreckig, viele können das Bett vor Gliederschmerzen nicht verlassen, haben tagelang hohes Fieber, starke Kopfschmerzen, und es können lebensbedrohliche Folgen auftreten. Und anschließend benötigt der Körper fast zwei Wochen, bis er wieder ordentlich funktioniert. Bei abwehrgeschwächten Menschen kann eine Influenza auch ohne Fieber auftreten. Das Robert-Koch-Institut (RKI) schreibt, dass ein Drittel der Erkrankten sogar einen asymptomatischen Verlauf zeigt. Wer sich nicht krank fühlt, geht logischerweise nicht zum Arzt, kann die Viren aber dennoch weitergeben.

Frau Xaver geht mit einer Krankmeldung und einem Rezept für ein fiebersenkendes Medikament wieder nach Hause. Viel mehr kann ich nicht tun. Virusbekämpfende Medikamente machen nur Sinn, wenn die Erkrankung frisch ist, eine Schwangerschaft vorliegt und jemand sehr abwehrgeschwächt ist. Es gilt die Devise: ab ins Bett, viel trinken, hohes Fieber gegebenenfalls senken und aushalten.

Die Influenza wird nach wie vor teilweise verharmlost und jeder heftigere Atemwegsinfekt mit der Grippe gleichgesetzt: »Ich hab die Grippe« als gängiger Ausspruch bei Schnupfen und Rotz. Das ist aber, als würde man eine Schürfwunde mit einem offenen Beinbruch vergleichen. Eine Erkältung wird von anderen Viren, meist Rhinoviren, verursacht und verläuft selbst bei heftigem Verlauf mit milderen Symptomen. Wir erinnern uns: Die Influenza kommt wie ein Hammerschlag. Bäm! Kollision mit dem Zug. Krank. Aua. Kopfweh. Die Erkältung klopft an und sagt: »Entschuldigung? Ich würde mich hier jetzt mal breitmachen. So peu à peu.« Und dann hat man noch Zeit, diese ganzen frei verkäuflichen Medikamente zu besorgen, die oft sowieso nicht viel bringen, aber Rhino hat es sich schon bequem gemacht und kratzt im Hals und verschließt die Nase und lässt das Fieber langsam steigen.

Gerade während der Grippesaison grassieren häufig noch andere Erreger, die ein ähnliches Krankheitsbild verursachen können. RSV, Mykoplasmen, Adenoviren und humane Metapneumoviren können ebenfalls wie eine Grippe daherkommen, meist jedoch nicht mit dem hochakuten Beginn einer solchen. Und seit 2020 gibt es nun auch noch das neuartige Coronavirus.

Die definitive Unterscheidung ist im Labor durch einen Abstrich möglich, jedoch ist das klinische Bild einer Influenza oft so typisch, dass während der Grippesaison die Symptome ausreichen, um die Diagnose zu bestimmen. Jedenfalls war das bis zum Auftreten von SARS-CoV2 der Fall. Seitdem ist man deutlich großzügiger mit Abstrichen, um die Ausbreitung von COVID-19 zu verhindern.

Eine echte Influenza hingegen kann Leben kosten. Die Spanische Grippe im Jahr 1918 forderte zwanzig Millionen Todesopfer, und selbst wenn man in Betracht zieht, dass die Menschen ausgemergelt, erschöpft und kriegskrank waren, dann sieht man dennoch, was eine Influenza verursachen kann. Den Tod. Dass die Impfung nicht für die gesamte Bevölkerung empfohlen wird, ist für mich nicht verständlich, denn ich habe auch junge und gesunde Menschen richtig, richtig krank gesehen. Und selbst wenn sie es überleben, so geben sie es doch an andere Menschen weiter, die eben kein Immunsystem haben, welches eine Grippe überstehen kann. So zum Beispiel ältere Menschen über sechzig, Kleinkinder, Patienten mit chronischen Erkrankungen, Schwangere. Für diese Patientengruppen ist eine Impfung empfohlen, für den Rest heißt es: hoffen, dass man sich im Wartezimmer keine echte Grippe einfängt.

Ach, dieses bisschen Vorhofflimmern ...

Es gibt Ärzte, denen fehlt jegliche Empathie, damit wird man bereits im Studium konfrontiert. Diese Kollegen können hervorragende Operateure oder Forscher sein und finden dort ihr Glück. Und die Patienten mit ihnen, weil ein Pathologe nicht sehr empathisch sein muss, wenn er am Mikroskop sitzt, und ein Chirurg einfach gut operieren sollte. Und es gibt sehr mitfühlende Menschen, die können dann Hausarzt werden. Ich bin kein klassischer Arzt nach gängigem Klischee, denn ich trage keine weißen Poloshirts mit hochgestelltem Kragen, keine weiße Caprihose und kein Seidenhalstuch, habe keine teure Uhr am Handgelenk. Das Bild ist überzeichnet? Ja, natürlich. Dennoch findet sich doch immer ein Körnchen Wahrheit in den Klischees. Und manchmal wünschen sich Patienten auch einen »klassischen« Arzt, der Autorität ausstrahlt und zu dem man von unten aufblicken kann. So einer bin ich aber nicht.

Es steht mir fern, mich über den Menschen zu erheben, nur weil ich die Medizin kann. Schließlich können andere Menschen Dinge, die ich nicht kann. Das ist auch der Grund, warum ich manchmal mit meinen Patienten einen recht lockeren Umgangston habe und diese nicht selten sagen: »Mit Ihnen kann man ganz normal schwätzen!« Genau das möchte ich.

Ich versuche gerne, Entscheidungen mit den Patienten zu finden, weil ich ja nicht in ihren Körper schauen kann (gut, mit einem Röntgengerät oder einem EKG schon ein wenig), aber ihre Seele spricht eine eigene Sprache. Und das Sprechen braucht manchmal seine Zeit, weswegen mein Terminkalender mich schon wieder anschreit und wie ein kleiner nerviger Gnom auf meiner Schulter sitzt: »Mach doch endlich mal. Laber nicht so viel.« Denn in einer Hausarztpraxis behandelt man zwar das gesamte Spektrum der Erkrankungen, aber die Psyche spielt ebenfalls eine große Rolle. Manchmal müssen wir aber die Grenzen unseres Wissens anerkennen und zum Facharzt überweisen, was nicht immer ganz einfach ist. So wie bei Frau Walter, die ich jetzt aus dem Wartezimmer abholen will.

Kurzatmig kommt sie auf mich zu, und ich lasse sie vor mir ins Sprechzimmer gehen. Sie versucht ein nettes Lächeln, aber es geht ihr offenbar nicht gut. Schwer atmend lässt sie sich auf den Stuhl fallen. Ihr Brustkorb in der grauen Übergangsjacke hebt und senkt sich, und ihr stehen die Schweißtropfen auf der Stirn. Wir kennen uns schon lange, und sie ist eine bodenständige, herzensgute Frau in den Sechzigern, die ehrliche Worte ohne viel Schnickschnack am liebsten mag. Normale Kommunikation eben, kein ärztliches Gerede. Mit ihr kann ich auch mal Blödsinn machen, aber heute halte ich mich zurück.

»Was ist los?«, frage ich besorgt.

»Das müssen Sie mir sagen, Sie sind die Ärztin«, zwinkert sie mir zu und zieht nach Luft. Ihren Humor hat sie immerhin nicht verloren. »Ich hab es seit gestern so mit der Luft. Und schwindlig ist's mir, ich kann Ihnen sagen …«

Nach meiner mehrjährigen Klinikzeit, die obligatorisch für die Weiterbildung zur Allgemeinmedizinerin ist, rotierte ich als angestellte Ärztin in die Praxis. Und seitdem ich in der hier tätig bin, habe ich Frau Walter in mein Herz geschlossen. Sie ist eine Person, die nie jammern würde. Wenn es ihr schlecht geht, dann läuten bei mir die Alarmglocken.

Ich messe ihren Blutdruck, der für ihre Verhältnisse eher niedrig ist. Und fühle den Puls. Er ist sehr unregelmäßig und zu schnell. Nicht gut.

»Frau Walter, ich möchte mal einen Blick auf die Beine werfen.«

»Machen Sie, was Sie glücklich macht, ich bleib hier so lange sitzen.« Ich mag ihren Humor.

Vor ihr niederkniend, schiebe ich die Hosenbeine nach oben und sehe, dass die Beine auf beiden Seiten angeschwollen sind. Sie hat also viel Wasser eingelagert. Nachdem ich ihre Lunge abgehört habe, die glücklicherweise keinen Hinweis auf »Wasser in der Lunge« gibt, schicke ich sie zum EKG.

»Ihr Herzschlag ist sehr unregelmäßig, wir müssen mal ein EKG machen«, erkläre ich ihr. »Eventuell müssen wir Sie ins Krankenhaus einweisen.«

»Nee! Auf keinen Fall.« Sie ist entrüstet und drückt sich mit beiden Händen aus dem Stuhl auf, bis sie vor mir steht. »Sie wissen, dass ich die Männer zu Hause nicht alleine lassen kann!«

Ich kenne ihre Familie. Frau Walter ist das Oberhaupt, die gute Seele und der Familienkleister. Ich gebe ihr recht. Ohne sie ist es schwierig, denn der Ehemann ist alt und pflegebedürftig und ihr Sohn als Arbeiter häufig auf Montage. Wenn der Sohn nach Hause kommt, genießt er »Hotel Mama« und lässt sich umsorgen.

»Wir machen erst mal das EKG«, beruhige ich sie.

Sie hebt spielerisch tadelnd den Zeigefinder. »Ja, ja …«

Kurze Zeit später bestätigt das EKG meinen Verdacht: Frau Walter hat Vorhofflimmern. Das Vorhofflimmern ist eine spezielle Art von Herzrhythmusstörungen, die manchmal von den Patienten wahrgenommen werden und manchmal nicht. Problematisch können sie werden, wenn die Rhythmusstörungen zu schnell werden, zu lange dauern und damit das Herz schwächen. Und wenn sie zur Bildung von Blutklümpchen im Herzen führen, die – ausgeschwemmt in das Gehirn – Schlaganfälle verursachen. Um das zu vermeiden, sucht man nach der Ursache für das Vorhofflimmern, stabilisiert den Rhythmus entweder medikamentös oder elektrisch und verdünnt das Blut. Dafür müsste sie aber ins Krankenhaus gehen. Also rufe ich sie wieder zu mir, und sie schaut mich schon wieder so streng an, dass ich trotz der Situation ein wenig lachen muss. Ich erkläre ihr den Sachverhalt und die Dringlichkeit, ins Krankenhaus zu gehen, doch sie lässt sich nicht umstimmen.

»Ich lasse doch meine Familie nicht alleine, wie soll sie zurechtkommen?«, sagt sie, während sie nach Luft ringt. Frauen denken viel zu selten an sich selbst. Erst kommt die Familie, dann der Job und ganz am Ende sie selbst. Eine klassische »Frauenkrankheit«.

»Okay, also … Ich will Sie hier morgen wiedersehen! Und ich versuche, einen Termin beim Kardiologen zu bekommen.«

»Jawohl, Frau Doktor.« Sie nickt erleichtert und lehnt sich in ihrem Stuhl zurück. »Und jetzt machen Sie das Flimmern weg.«

Wie schön es wäre, wenn ich es einfach wegmachen könnte. Frau Doktor mit den Wunderhänden.

Ich lasse sie kurz alleine und gehe telefonieren. Ich rufe den Facharzt an und möchte den Sachverhalt schildern, aber ich dringe nicht bis zu ihm durch. So bitte ich Frau Walter nochmals ins Wartezimmer, da ich den Rückruf des Facharztes abwarten muss und ich sie nicht mit ihren Rhythmusstörungen nach Hause schicken kann und will. Dann kommt endlich der Anruf, und man teilt uns den Notfalltermin mit: In sechs Wochen könnte Frau Walter kommen. Ich zweifle mal wieder an unserem System, aber die Kollegen aus der Facharztpraxis können natürlich auch keine Termine zaubern. Doch ich kann Frau Walter nicht sechs Wochen warten lassen. Dabei ist das noch relativ wenig, denn ohne meinen Anruf in der Facharztpraxis würde meine Patientin erst in mehreren Monaten einen Termin bekommen. Auch Wartezeiten über ein Jahr in speziellen Ambulanzen, zum Beispiel für Rheumatologie, sind an der Tagesordnung. Das ist nicht zwingend ein ländliches Problem, aber hier spitzt es sich zu.

Ein Kollege von mir, der in einer Großstadt eine Praxis besitzt, hat diese Sorgen nicht in dem Maße. Facharzttermine gibt es rascher, da die Arztdichte recht hoch ist. Nun mag man sich denken, dass die Dörfler doch einfach in die Stadt fahren mögen, wenn sie nicht so lange warten können. Doch für viele ältere und kranke Menschen ist die Autofahrt nicht mehr möglich, und mit den öffentlichen Verkehrsmitteln finden sie sich nicht zurecht. Angehörige sind nicht immer vor Ort, und das Taxi können sich manche mit der kleinen Rente nahe der Armutsgrenze nicht leisten.

Da meine Patientin dennoch nicht ins Krankenhaus gehen will, bleibt mir heute nichts anderes übrig, als Frau Walter mit entsprechenden Medikamenten zu versorgen und für den nächsten Tag wieder einzubestellen. Und für den übernächsten Tag. Fehlende Facharzttermine sorgen für überfüllte Notaufnahmen, aber auch die fachärztlichen Kollegen können ihren Tag nicht verlängern. Wir als Landärzte sind dann die letzte Anlaufstelle.

Ich instruiere Frau Walter abermals, den Rettungsdienst zu alarmieren, sollte sich ihr Zustand verschlechtern. Morgen wird sie mir berichten, dass ihr Vorhofflimmern aufgehört hat. Den Kardiologen-Termin lassen wir aber stehen, denn Vorhofflimmern kommt gerne wieder, und wir müssen vorsorgen.

Achtung, Helicoptermom!

Nach drei Stunden Sprechstunde ist man so richtig schön im Arbeitsfluss. Wie in einem Tunnel ruft man sich Patient für Patient auf, schaltet nach jedem auf null und beginnt von vorne.

Jetzt ist ein vierzehnjähriger Junge bei mir und schaut mich unsicher an. Der junge Mann erscheint mir äußerlich noch sehr kindlich. Eher klein, schmal und mit kurzen braunen Haaren und einem viel zu großen Pullover sitzt er vor mir. Und wirkt dennoch schon viel reifer als andere in seinem Alter. Wenn Teenager ohne Begleitung in die Sprechstunde kommen, frage ich mich immer, wieso das passiert. Man kann Kindern ab einem gewissen Alter eine Portion Selbstständigkeit zumuten, aber kranke Kinder brauchen Unterstützung. Als ich sechzehn war, musste ich auch stets alleine zum Doc gehen und wusste manchmal im Nachhinein nicht mehr, was er mir erklärt hatte.

»Was kann ich für dich tun?«, frage ich.

»Ich soll für meine Mutter Medikamente holen«, antwortet er und zuckt beinahe unmerklich mit den Schultern.

Ich wundere mich. Natürlich kann ein Teenager seinen Eltern mal ein bestelltes Rezept abholen oder einen Botengang erledigen. In die Sprechstunde sollte man bei Beschwerden aber selbst kommen. Ich muss ja den Erkrankten untersuchen können, und manche Fragen lassen sich über dritte Personen nicht beantworten. Leider kenne ich seine Mutter auch gar nicht, sodass ich nicht mal aus Erfahrungswerten urteilen kann. Ich hake also nach, vielleicht geht es der Mutter sehr schlecht und sie kann deshalb nicht selbst erscheinen.

»Was ist mit deiner Mutter denn?«

»Sie hustet und braucht Antibiotika, sagt sie.«

»Geht es ihr denn so schlecht, dass sie nicht selbst kommen kann? Hat sie Fieber?«, will ich wissen.

»Ich glaube nicht. Aber sie ist mit dem Baby zu Hause.«

»Und dein Vater? Wo ist er?«

Er zuckt wieder mit den Schultern und scheint nichts sagen zu wollen. Ich empfinde ehrliches Mitleid. Er muss viel zu früh die Verantwortung für seine Familie tragen, und ich kann ihm nicht mal helfen. Denn Antibiotika kann ich nicht ohne eine Untersuchung der Patientin verschreiben. Gerade in Zeiten fortschreitender bakterieller Resistenzen auf Antibiotika müssen wir jede Gabe sorgfältig prüfen.

»Deine Mutter muss selbst herkommen, es tut mir leid. Ohne Untersuchung geht das nicht.«

Er nickt wortlos und steht entmutigt auf. Mit hängenden Schultern geht der Junge nach draußen. Nicht immer kann man helfen, und ich bin ziemlich erschüttert, dass er alleine in der Praxis erschienen ist.

Manchmal spielen Patienten mir eine schlimme Erkältung vor, um ein Rezept über Antibiotika zu erhalten. Das funktioniert so jedoch nicht, denn bei Erkältungen helfen Antibiotika prinzipiell nicht, weil diese durch Viren verursacht werden. Antibiotika sind nur gegen bakterielle Infektionen wirksam. Ich erinnere mich an einen Patienten, der schließlich mit der Sprache rausrückte: Sein Opa sei aus Spanien zu Besuch und huste wirklich schlimm, aber er habe hier ja keinen Arzt und könne daher nicht kommen. Das stimmt allerdings so nicht. Denn mit einer Europäischen Krankenversicherungskarte kann man innereuropäisch zu jedem Kassenarzt gehen, um im akuten Krankheitsfall behandelt zu werden. Und selbst wenn es nicht so wäre, könnte und dürfte ich keine Gefälligkeitsverschreibungen leisten. Der spanische Großvater hätte also persönlich erscheinen müssen.

Viele Patienten bringen auch einen Angehörigen zur Sprechstunde mit. Oft können sie nicht selbst von sich berichten oder fühlen sich unsicher, ob sie alles verstehen. Zudem wollen sie keine Frage vergessen. Männer haben sehr häufig die Ehefrau dabei, die über Befindlichkeiten, Symptome und Qualität des Stuhlgangs des Gatten berichtet. Junge Mädchen tauchen in Begleitung der Schwester oder der Mutter auf, und junge Männer kommen ebenfalls meist mit der Mutter. Etwa bis zum zarten Alter von dreißig Jahren, dann verwächst es sich langsam. Während die Mädchen immerhin noch für sich selbst sprechen, lassen die jungen Männer häufig die Mama antworten. Das kann bisweilen sehr gewöhnungsbedürftig sein, wenn sich jemand schon deutlich im Erwachsenenalter befindet. Manchmal liegen aber auch psychische Probleme vor, die dazu führen, dass jemand nicht über sich selbst berichten kann, beispielsweise Angststörungen, Depressionen oder soziale Phobien. In solchen Fällen ist eine Begleitperson eine große Hilfe, die ich dankbar begrüße. So wie bei meiner Patientin mit der Psychose am frühen Morgen.

Manchmal sind es aber auch die Eltern, häufig die Mütter,

die ihre Kinder nicht erwachsen werden lassen. So wie damals in der Notaufnahme:

An einem ganz normalen, wahnwitzigen Sonntagabend wurde ein junger Mann von zweiundvierzig Jahren (Einschub: In der Inneren Medizin gilt alles unter fünfzig als jung) eingeliefert, der angab, unter ausgeprägtem Herzstolpern und Luftnot zu leiden. Es folgte das übliche Prozedere: Der Patient wurde zur Überwachung an den Monitor angeschlossen, um Herzfunktion, Sauerstoffsättigung und Blutdruck regelmäßig zu kontrollieren und bei Bedarf schnell einschreiten zu können. Dann wurde ihm Blut abgenommen und das EKG geschrieben.

Schon vor dem ersten ärztlichen Gespräch stellte sich anhand der ersten Einschätzung durch die versierte Pflegekraft und durch das EKG heraus, dass der Mann unter Vorhofflimmern litt, das zwar behandlungsbedürftig, aber selten akut lebensbedrohlich ist. Nun galt es zu eruieren, warum dem so war. Denn bei einem jungen Patienten ist es eher ungewöhnlich, dass ein Vorhofflimmern auftritt. Es musste also herausgefunden werden, seit wann er unter den Symptomen litt, ob er solche Episoden schon des Öfteren erlebt hatte, welche Vorerkrankungen bestanden und welche Medikamente er einnahm.

Der Patient machte einen mental sehr aufgeräumten und klaren Eindruck. Schlank, gut gekleidet, gepflegt. Er wirkte sehr gebildet, und wir führten ein sehr informatives Gespräch. Es ging ihm nicht sehr gut, aber er war stabil, und die sogenannten Vitalzeichen wie Sauerstoffsättigung, Puls und Blutdruck waren in einem stabilen Bereich. Wie gesagt, das Gespräch war sehr gut. Bis die Tür aufging (beziehungsweise aufflog) und eine überschminkte, aufgebrachte Dame gehobenen Alters hereinstürmte.

Schon vor Eintritt der neuen Datenschutzverordnung war es ein Unding, in ein Patientenzimmer reinzurauschen wie eine Horde Wasserbüffel. Insbesondere, wenn die Herde Wasserbüffel nicht mal anklopfen konnte. Da die Dame sich dann aber quietschend auf meinen Patienten stürzte, sein Gesicht mit Küssen bedeckte und verzweifelte Töne von sich gab, ging ich einfach mal davon aus, dass die beiden zusammengehörten. Als Paar. Ich wunderte mich ein wenig über die ungewöhnliche Konstellation und den Altersunterschied dieses Liebespaars, wirkte der Patient doch so normal und aufgeräumt und sie so aufgebracht und überdreht. Doch wo die Liebe hinfällt, nicht wahr? Innerlich schusterte ich ihm einen Ödipuskomplex zu und ihr ein seltsames Faible für junge Männer – und schalt mich gleichzeitig selbst für mein Vorurteil, denn schließlich gibt es auch genug betagte Männer mit jungen Frauen an ihrer Seite.

Als sie aber schließlich zu reden begann, wären die Rhythmusstörungen des Patienten beinahe akut auf mich übertragen worden. Denn sie eröffnete ihre Besorgnistirade mit den Worten: »Sie müssen meinem Jungen helfen!«

Hustenanfall meinerseits. Ich versuchte, die Fassung zu bewahren, und erklärte der beunruhigten Mutter, dass wir gerade in einem Untersuchungsgespräch wären und wir noch keine genaueren Ergebnisse hätten. Sie möge sich doch bitte gedulden.

Mama mochte sich aber nicht gedulden. Sie wünschte sich vorab die Verlegung ihres Sohnes in eine spezialisierte Herzklinik. Und ich versuchte ihr vorsichtig klarzumachen, dass ihr Sohn zwar sicherlich unter Beschwerden litt, aber kein Fall für eine abendliche Verlegung an einem Sonntag in eine Spezialklinik sei. Ich würde mich aber natürlich gerne und schnellstmöglich am nächsten Tag darum kümmern.

Frau Mama reagierte ungehalten.

Wir würden doch schließlich sehen, wie schlecht es ihrem Jungen ginge, da müsse man doch etwas tun. Keinesfalls könne er in diesem Krankenhaus bleiben. Und überhaupt, sie kenne den Herrn Professor der Herzklinik. Den werde sie gleich kontaktieren.

Ich konnte kein vernünftiges Wort mehr mit meinem Patienten wechseln, weil Helicoptermom mir regelmäßig ins Wort fiel. Der Sohn ließ die Situation stillschweigend über sich ergehen und Mama für sich antworten. Bis es mir zu bunt wurde. Ich gebot der Dame einen Platz in unserem Wartebereich, was sie protestierend zur Kenntnis nahm, um dann fluchend den Raum zu verlassen.

Endlich konnte ich mich normal um meinen Patienten kümmern und die weiteren Therapieschritte einleiten. Etwa zwei Stunden später (gegen 23:00 Uhr) erhielt ich über die Pforte einen Anruf auf meinem Diensttelefon. Wer nicht gerade im Gesundheitssystem beschäftigt ist, dem möchte ich sagen, dass das Diensttelefon tatsächlich nur für den internen Gebrauch vorgesehen ist, die Telefonnummer wird nicht nach draußen gegeben.

Es klingelte also, und der Mann an der Pforte bat mich, mit einer sehr aufgebrachten und hysterischen Frau zu sprechen, deren Kind wohl bei uns im Krankenhaus läge. Verwundert ging ich ans Telefon, denn Kinder behandelten wir nur in absoluten Notfällen. Und da war sie wieder: Supermom.

Sie beschwerte sich lautstark, dass ihr Sohn sich noch immer in unserem Haus befände. Sie habe doch den Wunsch geäußert, dass man ihn in die renommierte Herzklinik überweise. Der Herr Professor Sowieso würde bestimmt schon warten.

Tatsächlich hatte ich mit besagter Klinik telefoniert, weil der Zustand der Dame – nicht der des Patienten – höchst pathologisch war. Um Sohnemännchen machte ich mir weniger Sorgen. Und natürlich hatte die Herzklinik meine nächtliche Verlegung nicht begrüßt, der Aufnahme des Patienten am Folgetag aber zugestimmt. Dies versuchte ich ihr zu erklären. Sie wurde aber immer wütender und schrie am Telefon, es solle sich gefälligst jemand um ihr Kind kümmern. Da ich finde, dass niemand im Gesundheitswesen Fußabtreter spielen muss, forderte ich ihr gegenüber einen vernünftigen Umgangston mit mir ein, da ich die Unterhaltung sonst beenden würde.

Sie entschuldigte sich dann auch. Mit den Worten: »Aber der Junge ist doch noch so klein.«

Der kleine Junge befand sich noch vierundzwanzig Stunden in unserer Obhut, weil die renommierte Herzklinik keine Kapazitäten mehr frei hatte. Aber da hatte ich bereits »dienstfrei« und musste mich mit Mama nicht mehr befassen.

Guck mal, meine Hämorrhoiden

Mia-Sophies Stuhlgang sieht komisch aus«, sagt Frau Velden, nachdem sie und ihre Tochter sich hingesetzt haben. Der etwa Zehnjährigen ist die Konversation unangenehm, und sie schaut betreten zu Boden. Die braunen, halblangen Haare hängen ihr über die Augen, wodurch sie richtiggehend versteckt wirkt. Sie ist jetzt langsam in dem Alter, in dem sie solche Situationen tief beschämen. Passend dazu trägt sie ein schwarzes T-Shirt mit der Aufschrift »Don't talk«. Die besorgte Mutter, eine Mittvierzigerin in Jeans, Funktionsjacke und mit igeliger Kurzhaarfrisur, talkt aber weiter und zieht eine kleine Plastiktüte aus der Handtasche, in der sich ein kleines Häufchen befindet. Ein echtes Häufchen. Die Häufchen-Plastiktüte legt sie mir auf den Schreibtisch. Oh, Kacke. In Gedanken suche ich bereits mein Desinfektionsmittel.

Das Häufchen sieht ein bisschen so aus, als habe Frau Velden nach dem Gassigehen mit ihrem Hund (falls sie einen haben sollte) die Exkremente entsorgt und vergessen, sie in den nächsten Mülleimer zu schmeißen. Nur dass es sich nicht um die Ausscheidungen eines Hundes handelt, sondern um die des Kindes. Dabei ist nicht mal etwas dagegen einzuwenden, dass jemand seine Proben oder die des Kindes mitbringt. Schließlich gehen ja die Vorstellungen davon, was normal und was unnormal ist, massiv auseinander. Und so können wir Ärzte besser beurteilen, ob etwas nicht stimmt.

Denn was wir Ärzte noch als normal empfinden, kann sich für Patienten schon ganz anders anfühlen. Bleiben wir beim Thema Stuhlgang: Für Mediziner ist hinsichtlich der Frequenz alles normal, was sich zwischen dreimal am Tag und dreimal in der Woche aus dem Darm bewegt. Wenn jemand schon immer eher selten auf die Toilette geht, dann ist es genauso in Ordnung wie die regelmäßige morgendliche Nach-Kaffee- und spätnachmittägliche Nach-der-Arbeit-Entleerung.

Genauso kann es bei Stress oder leichten Unverträglichkeiten mal dazu kommen, dass die Verdauung verrücktspielt und man mehrfach zur Toilette gehen muss. Stress-Schiss ist vollkommen normal. Der Darm und das Gehirn stehen in engem Kontakt. Und manchmal verlangsamt der Darm seine Dienste, beispielsweise wenn zu viel Schokolade im Spiel war.

Etwas anders verhält es sich bei Blut im Stuhl. Blut im Stuhl ist nie normal. Blut in der Toilette kann sehr bedrohlich aussehen, obwohl vielleicht nur eine kleine Hämorrhoide gerissen ist. Denn Blut vermischt sich in der Toilette mit Wasser, und es sieht sofort aus, als hätte man literweise Blut verloren. Deswegen ist es auch hilfreich, das, was in der Toilette gelandet ist, zu fotografieren. Oder eben einzupacken und in einem kleinen Plastikbeutelchen mit in die Praxis zu bringen. Man möge aber bitte darauf achten, dass mit äußerster Hygiene vorgegangen wird. Denn wenn so ein Beutelchen auf der Anmeldung oder auf meinem Tisch landet, geht das große Reinemachen los.

Mia-Sophie hatte einen Juckreiz am After beklagt, und ihre

Mutter hatte nachgesehen. Ein bisschen rot war es, sagt sie. Als sie dann am nächsten Tag in die Toilette sah, wurde ihr ganz anders. Sie habe kleine weiße Pünktchen auf dem Stuhlgang gesehen. Wohl dem, der keine Tiefspültoilette hat. Denn Würmer haben kein Seepferdchen-Abzeichen, können nicht schwimmen und wären ungesehen in den Tiefen der Kanalisation verschwunden.

Ich hole mir also einen Handschuh, nehme das Plastikbeutelchen und gebe es bei meiner Kollegin ab, die es ins externe Labor einsendet, um auf »Würmer« zu testen.

Normalerweise sind Oxyuren (Madenwürmer), die Juckreiz verursachenden Quälgeister, an sich harmlos. Abgesehen von dem üblen Juckreiz hat man kleine, etwa zwei Millimeter große Wurmeier im Stuhl. Weil die Untersuchung von diesem aber nicht ganz so sensitiv ist, nimmt man im Verdachtsfall mit einem Teststreifen einen Abklatsch von der Analhaut, weil die Würmer dort ihre Eier ablegen. Die Labormediziner können dann unter dem Mikroskop nach Wurmeiern suchen.

Spul- und Bandwürmer kommen seltener vor als Madenwürmer und haben andere Krankheitszeichen: Übelkeit, Bauchschmerzen und Appetitverlust stehen hier im Vordergrund. Im Stuhl sieht man dann größere Bandwurmabschnitte (etwa zwei Zentimeter) oder teilweise auch zwanzig bis vierzig Zentimeter lange Spulwürmer.

Oft ist der Ekel sehr groß, wenn Würmer im Stuhl festgestellt werden, aber glücklicherweise bekommt man sie mit Medikamenten gut wieder los. Ganz wichtig ist die Hygiene, denn die Wurmeier werden innerhalb der Familie rasch übertragen. Häufiges Händewaschen und gegebenenfalls eine Wurmkur der Angehörigen sind notwendig.

Nachdem ich die Untersuchung abgeschlossen, ein Medikament rezeptiert habe und Mia-Sophie und ihre Mutter gegangen sind, desinfiziere ich meinen Schreibtisch und sinniere dabei über Stuhlgang. Was verbindet alle Menschen auf dieser Welt? Korrekt. Ebendieser. Wir alle müssen es tun, es führt kein Weg daran vorbei. Die reiche Managerin muss es genauso tun wie der Verkäufer im Supermarkt oder die Friseurin im Laden nebenan. Egal wie hübsch man wohnt oder ob die Kloschüssel golden umrahmt ist: In der Toilette landet das, was wir Stunden zuvor genossen haben. Und bei allen stinkt es.

Und doch geht jeder anders mit dem Thema um. Ich persönlich kann mich über alle Arten von Ausscheidungen unterhalten und dabei trotzdem herzhaft in mein Käsebrot beißen. Andere bekommen schon Würgereiz, wenn sie nur darüber nachdenken, dass Menschen überhaupt Stuhlgang haben *könnten*. Rein theoretisch. Was natürlich niemand nie-nicht hat. Sich mit Stuhlgang zu beschäftigen ist Teil des ärztlichen Berufs. Außer vielleicht, man ist Augenarzt, dann kann es lediglich sein, dass jemand scheiße sieht. (Himmel, der Spruch war echt schlecht.)

Internisten kümmern sich um Erkrankungen der Gedärme, die man nicht operieren kann. Chirurgen operieren die Gedärme, die Internisten nicht heilen können. Radiologen suchen nach dem, was Internisten heilen (oder nicht heilen) und Chirurgen endlich rausschneiden können. Pathologen untersuchen das, was nach dem Operieren noch übrig ist. Entweder mit Mensch anhängend oder ohne Mensch. Dermatologen haben mit blumenkohlartigen Auswüchsen am After zu tun und Orthopäden mit Knien, die am A… sind. Die Witze werden gerade unterirdisch.

Nochmals: Im Rahmen meines Berufs empfinde ich es als vollkommen normal, mich mit dem Thema Ausscheidungen zu beschäftigen. Ich kann in Bettpfannen und Plastiktütchen hineinschauen, rektale Untersuchungen vornehmen, eine intime Körperregion inspizieren, als wäre es die linke Großzehe, und ich kann am Geruch von Urin erkennen, ob etwas nicht in

Ordnung ist. Ja, ich schnüffle dann dran. Natürlich mit Sicherheitsabstand und ohne Geschmacksprobe, wie das vor vielen Jahrhunderten noch der Fall war. Dass das nicht mehr notwendig ist, dafür bin ich schon recht dankbar. Aber es ist wie ein eingebauter Schalter: Bin ich bei der Arbeit, sehe ich alles ganz pragmatisch und ärztlich. Hält mir jedoch jemand im Privatleben ein Foto von seinem Stuhlgang vor die Nase, bin ich zutiefst verwirrt.

Genau das war mir nämlich einmal passiert: Ein ehemaliger Kollege aus der Forschung kam eines Tages zu mir und zeigte mir ein Foto von einem weißen Blatt Papier, auf dem sich ein braunroter Streifen befand. Ich brauchte einige Sekunden, um zu realisieren, dass es sich um ein Toilettenpapier nach dem Abputzen handelte.

Er sagte: »Schau mal!«

Ich dachte: O Freude, und wich angesichts des Smartphones vor meiner Nase einen Schritt zurück, als würde mich das Foto gleich anspringen, während ich weiterhin verstört auf das Display blinzelte.

»Was ist das?«, fragte ich mit einer Mischung aus Verwunderung und Gereiztheit.

»Das war an meinem Toilettenpapier.« Er strahlte mich an. Keine Spur von Verlegenheit.

»Was?!«

»Was?« Er war sich nicht der Tatsache bewusst, dass man seinen Kollegen keine Toilettenpapier-Aufnahmen zeigt.

Ich fragte also: »Wieso zeigst du mir das?«

»Ich habe Blut am Klopapier«, erklärte er bereitwillig.

Ach was. Gut, dass ich studiert habe, das hätte ich sonst nicht erkannt.

»Vielleicht solltest du zum Arzt gehen«, sagte ich. Von einer Krankheit hatte er mir nicht berichtet, und eigentlich wirkte er auch recht gesund und vergnügt, was natürlich gerade hinsichtlich des Bluts am Papier auch ein Trugschluss sein konnte. Aber ich war hier definitiv die falsche Ansprechpartnerin.

Er hielt mir weiterhin das Smartphone vor die Nase. Ich guckte weg. Ich war nicht darauf vorbereitet. Er war mein Kollege, und das war sein Stuhlgang.

Über Stuhlgang zu sprechen erfährt auch manchmal bei Krankheiten eine große Bedeutung. Wenn es darum geht, ob der Darm noch gut funktioniert, weil eventuell ein Darmverschluss in der Vergangenheit aufgetreten war, dann ist eine funktionierende Verdauung ein gutes Zeichen für die Genesung. Und wer schon einmal tagelang Verstopfung hatte, leidet wirklich. In Krankenhäusern geht es täglich um Stuhlgang. Patienten kommen mit akuten und chronischen Durchfällen, hartnäckigen Verstopfungen, Darmverschlüssen oder Kotsteinen. Und wenn man sie davon befreit hat, sind sie sehr dankbar.

Ich erinnere mich an eine alte Dame, die von den Rettungssanitätern in die Notaufnahme gebracht wurde. Sie war hochbetagt, dement und schrie vor Schmerzen. Die Sanitäter übergaben uns, dass es sich bei ihr um ein unklares Abdomen handle: Die Dame hatte Bauchschmerzen, und man wusste nicht die Ursache. Also wurde die zierliche Frau mit der Kraft eines einzelnen Sanitäters auf ein Bett gehoben und an Überwachungsmonitore angeschlossen. Wir legten einen venösen Zugang, um Infusionen oder Schmerzmittel zu verabreichen und um Blut abzunehmen.

Auf der Liege wand sich die Patientin hin und her, krümmte sich und sagte schmerzerfüllt, sie könne nicht sitzen. Ihr gesamter Bauch war recht gewölbt, fest und diffus druckschmerzhaft. Sprich: Es tat ihr alles weh. Aber der Bauch zeigte keine Zeichen eines akuten Geschehens, also einer Entzündung oder eines Durchbruchs.

Hellhörig geworden durch ihre Aussage, dass sie nicht sitzen könne, und weil man jeden Patienten mit Bauchschmerzen rektal untersuchen muss (in der Inneren Medizin prinzipiell eigentlich immer), bat ich sie, sich auf die Seite zu legen. Ich vermutete einen Analprolaps, bei dem ein Teil der Analschleimhaut von innen nach außen gedrückt wird. Was ich dann sah, erstaunte mich: Es war kein Prolaps. Es war ein gigantischer, halb herausragender Kotstein, der sich weder vor- noch zurückbewegen ließ. Rien ne va plus – nichts geht mehr.

Kotsteine sind gerade bei älteren Menschen nicht unüblich. Durch mangelnde Darmbewegung im Alter und unzureichende Flüssigkeitszufuhr dickt der Stuhl derart ein, dass sich steinharte Gebilde entwickeln. Und genauso ein Monster von ungefähr Mandarinengröße suchte bei der armen Frau seinen Weg nach draußen. Was ihm natürlich nicht gelang. Es sah aus wie bei einer Entbindung, nur dass man bei einer Geburt eine Belohnung für all den Schmerz in den Armen hält. Kein Wunder, dass die Patientin vor Schmerzen schrie. Wir gaben also ein Schmerzmittel in den Tropf, und ich ließ mir Vaseline geben. Was sein musste, musste sein. Entbindungshelferin sozusagen. Ich hoffte, dass man das Baby holen konnte, ohne dass man mit Gerätschaft eingreifen musste.

Meine kleinen behandschuhten Finger suchten zaghaft einen Weg an dem Monster vorbei. Keine Chance. Millimeter für Millimeter arbeitete ich mich vor, kratzte kleine Bröckchen vom Monster ab und hoffte, dass es irgendwann »flutsch« machte und das Ding – in dem Fall kein süßes und käseschmieriges Baby – nach draußen ploppte. Das Monster tat mir diesen Gefallen allerdings leider nicht. Nachdem ich zehn Minuten mit meinen Händen Kotstein-Bildhauerin gespielt hatte, rief ich meine Kollegin zu Hilfe. Ein Blick der erfahrenen Ärztin genügte, und sie hatte die Lage erfasst. Ich fühlte mich wie in einem Bauernhoffilm – da war sie wieder, die Landärztin in spe –, in dem ein Bauer, die Hände mit ellenbogenlangen Handschuhen bestückt, ein Tier entbinden muss. Meine Kollegin zog sich die Handschuhe über, drückte energisch eine halbe Tube Vaseline auf dieselben, verrieb sie großzügig und schritt zur Tat.

Ehe ich mich versah, verschwand die Hand mit allen vier Fingern im Ort des Geschehens. Ein Schrei der Patientin hallte durch das Zimmer, aber dann war das Monster geboren. Eine Kaskade setzte sich in Gang, und es kam Bewegung in die Steine, die alle nach und nach auf die Unterlage purzelten. Die Schmerzen waren unmittelbar verschwunden. Nachdem die Dame noch gewaschen, gepflegt, mit Salbe versorgt und ein wenig aufgepäppelt wurde, konnte sie die Notaufnahme schmerzfrei wieder verlassen. Man kann dem Stuhlgang nicht entkommen. Weder in der Klinik noch als Landärztin.

Diagnosendienstag

ZECKEN, ZICKEN UND ZORN

Es kreucht und fleucht

Man sollte ja meinen, dass ich als Ärztin im Oktober nur durch die üblichen Wehwehchen und die erste herbstliche Erkältungswelle gefordert bin. Aber nein. Die Mücken wollen auch ihr Stück vom (Blut-)Kuchen. Sie schwirren und summen, dass es eine stechende Freude ist.

Es ist ein goldener Oktobermorgen an diesem zweiten Tag in der Woche, und auch wenn es um diese Uhrzeit noch empfindlich kühl ist, haben die Mücken ihr Nachtwerk bereits getan. »Sssss« – wer hier auf dem Land kennt dieses nervtötende Geräusch nicht? In der Stadt hingegen gibt es ja immer weniger Insekten. Es hinterlässt seine Spuren in Form von kleinen, juckenden Quaddeln und erinnert den edlen Blutspender daran, dass er ja seit März vorletzten Jahres das Fliegengitter anbringen wollte. Das führt an diesem Morgen auch Herrn Cinar zu mir in die Sprechstunde. Er ist mein erster Patient heute, und manchmal ist es ganz nett, den Tag mit einem unkomplizierten Problem zu starten.

»Gemoje«, begrüßt er mich gut gelaunt in schönstem Hessisch. Das heißt »Guten Morgen« und kommt eher aus der Region Vogelsberg. Dort gibt es noch weniger Landärzte als hier (aber fantastischen Käse und Vogelsberger Wurst).

Der Mann ist Mitte dreißig und kommt in seiner Arbeitskleidung, er arbeitet im Garten- und Landschaftsbau und ist selten krank. Er konsultiert mich nur wegen normaler Kleinigkeiten:

beispielsweise, wenn er eine Erkältung oder sich den Rücken bei seiner harten Arbeit verhoben hat. Herr Cinar ist kräftig, fit, gut gelaunt und marschiert mit großen Schritten in mein Sprechzimmer. Er hält sich auch nicht mit Hinsetzen auf (»Muss uff die Arbeit«) und erklärt, er hätte nur mal schnell eine Frage. Dabei zieht er sich den Hemdsärmel hoch.

»Ich hab da überall so Punkte«, sagt er.

»Überall« muss man jetzt relativ sehen. Für mich wäre *überall* ein Ausschlag, der am ganzen Körper oder zumindest über große Flächen verteilt zu finden wäre. In diesem Fall ist *überall* das Auftreten von drei roten, erhabenen Quaddeln am Unterarm. Quaddeln sind kleine, juckende Schwellungen. Papeln sind kleine Knötchen. Mit Flüssigkeit gefüllt nennt man sie Vesikel, und mit Eiter Pusteln. Das war ein kleiner dermatologischer Exkurs für umsonst.

»Jucken die denn?«, frage ich, um sicherzugehen.

»Eija, wie Sau.« Er grinst.

»Ja nun, puh. Schwierig.« Ich überlege angestrengt und muss ebenfalls grinsen. »Man nennt dieses Phänomen Mückenstiche.« Er nimmt es mir nicht übel, und ich hätte auch nicht so geantwortet, wenn er nicht selbst schon so flapsig gesprochen hätte.

»Die Frau hat halt gesagt, ich soll das mal anschauen lassen. Kann das nicht auch was anderes sein? Bettwanzen zum Beispiel?«

In der Medizin gibt es einen netten Spruch, den ich Ihnen gerne mitgeben will: »Das Häufige ist häufig, das Seltene ist selten.«

Herr Cinar hat juckende Dinger auf seinem Arm und arbeitet hauptsächlich in der freien Natur. Also gehe ich von Mückenstichen aus. Bettwanzen machen eher rote Pünktchen, die in einer Reihe liegen. Die jucken auch wie Sau. Aber meistens setzen sie einen Aufenthalt in einem Hotel voraus, weswegen es sich empfiehlt, nach einem solchen die Koffer in der Badewanne auszupacken und nicht auf dem Schlafzimmerbett.

Die Kriebelmücke beißt auch gerne mehrfach in einer Reihe, aber die Bisse tun weh, weil das Biest die Haut aufschabt und Lymphe und Wundflüssigkeit wie aus einem Blutspeichelsee heraustrinkt. Ob man solche Landarztweisheiten auch in der Stadt kennt? »Oha, ist das da eine Kriebelmücke an meinem Aperol Spritz?«

Eine Allergie als Ursache kommt auch eher nicht infrage, denn sie manifestiert sich selten nur an einer Stelle, es sei denn, es handelt sich um eine Kontaktallergie. Eine solche sieht aber eigentlich auch ganz anders aus.

»Haben Sie denn Fieber, Unwohlsein, Atemnot?«, frage ich noch, um nichts zu übersehen.

»Ne, alles paletti.« Europaletti, höhö, denke ich mir flachwitzig bezüglich seines Berufs und empfehle laut Spucke für die Quaddeln (am besten seine eigene) und einen Mückenschutz zum Einreiben. Danach entlasse ich ihn beruhigt in sein Tagewerk.

Dank Klimawandel werden wir aber auch in unseren Breitengraden mehr mit durch Mücken übertragbaren Krankheiten zu tun haben. Eine Hochrechnung ergab, dass in Zukunft eine Milliarde mehr Menschen von gefährlichen Tropenkrankheiten betroffen sein könnte. Bereits 2017 und 2018 wurde die Asiatische Tigermücke in Süddeutschland entdeckt. Das *Deutsche Ärzteblatt* berichtete von Malariafällen in Griechenland und von 1500 Fällen des West-Nil-Fiebers in weiten Teilen Mittel- und Südeuropas. Auch die Leishmaniose, eine tropische Infektionskrankheit, wurde in Deutschland vereinzelt gefunden. Wachsam müssen wir also bleiben, Panik ist bei jedem Mückenstich jedoch nicht angebracht, auch wenn Dr. Google gelegentlich etwas anderes behauptet. Falls Dr. Google übrigens der Meinung sein sollte, die Knubbel seien ein *Erythema nodosum,* dann möchte ich kurz an dieser Stelle erklären, dass eine »knotenförmige Rötung« bei dieser Entzündung des Unterhautfettgewebes meistens an den Beinen, insbesondere den Unterschenkeln, lokalisiert ist und große, dicke, feste, rote Knubbel bildet, die nicht nach ein paar Tagen kleiner werden.

Herr Cinar ist soeben gegangen, und ich werfe einen Blick auf den Computer. Im Nebenraum sitzt Frau Ullrich, und ich soll mal schnell eine Zecke entfernen. Zecken sind ja so richtige Zicken. Sie beißen sich fest, können einen krank machen, und irgendwann lassen sie einen fallen beziehungsweise sie sich. Deswegen sollte man sie schleunigst entfernen, sobald man sie registriert. Denn mit Borreliose und Frühsommer-Meningoenzephalitis (FSME) ist nicht zu spaßen, wenn auch nicht jede Zecke gleich zur Krankheit führt.

Frau Ullrich sitzt auch schon auf der Untersuchungsliege und hat sich netterweise der Jacke und des Pullis entledigt, damit es etwas schneller geht.

»Hallo«, flötet sie, als ich in das Zimmer rausche. Sie ist der Prototyp einer tatkräftigen Fünfzigjährigen, die als Ausgleich zu ihrer anstrengenden Arbeit in einer Apotheke zweimal täglich mit ihrem Hund marschiert. Schlank, fit, fröhlich beschreibt sie am besten.

»Hallo«, flöte ich zurück. Fröhlichkeit im Angesicht der Zecke lobe ich mir. Manche Menschen sind panisch, was nun auch nicht sein muss. »Zeigen Sie doch mal«, sage ich nun, denn ich vermute eine schwer zugängliche Stelle, sonst könnte man die Zecke ja auch alleine entfernen. Es gibt leicht zu handhabende Zeckenzangen oder Zeckenkarten in jeder Apotheke zu kaufen, dafür muss man keine längeren Wartezeiten beim Arzt in Kauf nehmen. Manche Menschen gehen allerdings mit einer Zecke sogar in die Notaufnahme, aber solange ein genmanipuliertes Biest nicht eine große Fleischwunde in die Haut gebohrt hat, ist das nicht notwendig.

Das Tierchen sitzt an Frau Ullrichs unterem Rücken, und sie müsste wirklich akrobatisch veranlagt sein, um sie dort mit einer Pinzette selbst entfernen zu können. Sie hat das Viech beim Duschen ertastet, und netterweise hat die Zecke sich noch nicht vollgesogen, sondern liegt wie ein kleiner, schwarzer Krümel auf der Haut.

»Ich hasse diese Biester«, flucht sie. »Gestern war ich im Wald, ich bin ja froh, dass sie noch nicht lange drinstecken kann.« Das stimmt. Denn die Gefahr übertragbarer Krankheiten steigt nach vierundzwanzig Stunden, die eine Zecke in der Haut steckt, an.

Im Übrigen stechen die Zecken, sie beißen nicht. Sie haben einen Stechrüssel, den sie in die Haut bohren und der sich festhakt. Deswegen muss man die Zecke auch gerade aus der Haut ziehen. Nicht drehen, kein Öl auf sie tupfen, keine Zahnpasta verwenden und nicht quetschen. Der Stechrüssel sollte komplett aus der Haut entfernt werden, sonst ist die Infektionsgefahr größer. Und nein, das »Gebiss« wandert nicht weiter und landet irgendwann im Herzen, wie mir das als Kind erzählt wurde. Wenn es blöd kommt, entzündet sich die Stelle, manchmal kapselt sich das Gewebe rund um das Stechorgan auch ab, und es gibt ein sogenanntes Granulom, ein Knötchen.

Ich setze die Zeckenzange an und ziehe. Wie immer zupft man die Haut mit nach oben, weil Zecken sich sehr in ihr verhaken. Das ist normal. Einfach gerade weiterziehen.

Als die Zecke ihren Widerstand aufgegeben hat, frage ich Frau Ullrich noch, ob sie gegen FSME geimpft ist. Die Frühsommer-Meningoenzephalitis ist eine virusbedingte Hirnhautentzündung, die mal leicht, mal schwer verlaufen kann und sich auch in Deutschland immer mehr in Richtung Norden ausbreitet.

Sie zückt auch sofort ihren Impfausweis, und ich kann feststellen, dass ihr Impfschutz aktuell und die nächste Auffrischung erst in vier Jahren nötig ist. Gegen die Borreliose, eine bakterielle Infektionskrankheit, kann man allerdings nicht impfen, also kläre ich sie noch auf, dass sie auf eine Rötung achten soll, die sich um die Stelle bilden kann. Dann wären Antibiotika angesagt.

Meine Patientin zieht sich ihren Pulli wieder über, wuschelt sich ihre blonde Kurzhaarfrisur zurecht und streckt mir die Hand zum Abschied hin. »Ach, ich hab schon so viele Zecken gehabt. Ich mache mir da jetzt mal keine Sorgen.« Sie lacht und verlässt das Zimmer.

Ich finde es gut so. Sorgen kann man sich machen, wenn es so weit ist.

Mir kloppt's im Kopp

Frau Traunstein hat jetzt einen Termin bei mir. Sie ist eine Frau der Kategorie »Hessisches Urgestein«: herzensgut, offen, voller Saft und Kraft. Sie lebt im Nachbarort, dort ist sie aufgewachsen und verwurzelt, arbeitet ehrenamtlich in der Bücherei und organisiert Kräuterwanderungen in der Region. Wenn sie die Praxis aufsucht, hält sie sich nicht lange auf, sondern kommt ohne Umschweife zum Thema. Meist konsultiert sie mich wegen »normalen Sachen«: mal eine Erkältung oder eine Bronchitis, Rückenschmerzen oder Schilddrüse. Und sie sucht mich auf, weil ich so toll zuhöre, wie sie sagt. Aber heute hört sie nichts. Sie sitzt vor mir, holt tief Luft und sagt in bester hessischer Art:

»Ej, Fra Dokter, wenn isch so mach …«, sie klopft sich mit drei Fingern an die Schläfe, »… dann klobbt des so in meinem Kopp.«

Als Hausärztin habe ich gelernt, mir innerhalb weniger Sekunden oder Minuten einen Eindruck von den Patienten zu machen und das Krankheitsbild einzuordnen. Ist es banal, bedenklich oder bedrohlich? Muss ich weitere Diagnostik machen oder hilft »aggressives Zuwarten«. Den Begriff kennen Sie vielleicht nicht, daher erkläre ich ihn kurz. Viele Dinge in der Medizin verschwinden von alleine. Infekte, Schmerzen, ein paar Wehwehchen. Das kommt den Behandlungsprinzipien der Homöopathie übrigens entgegen, denn die Zuckerkügelchen überbrücken die Wartezeit, bis der Körper sich von alleine regeneriert hat oder der Placeboeffekt greift.

Wenn ich nun aber nicht genau weiß, was der Patient hat, kann ich bei Abwesenheit von Warnzeichen durchaus einfach mal nichts tun und mir die Person in kurzen Abständen erneut ansehen. Im Krankenhaus wäre das bei der nächsten Visite. Und als Hausärztin weise ich den Patienten darauf hin, sich zeitnah oder bei fehlender Besserung wieder vorzustellen.

Bei Frau Traunstein spricht auf den ersten Blick nichts dafür, dass es etwas Ernstes ist. Keine Heiserkeit, keine Luftnot, keine Zeichen eines Infekts, kein Fieber. Ich muss angesichts ihrer Ausdrucksweise ein bisschen grinsen und versuche zu eruieren: »Klopft es denn im Kopf, wie der Puls, oder dröhnt es dauerhaft?«

»Naa, des schebbert so beim Klobben«, sagt sie und klopft sich wieder an diversen Stellen an den Kopf. »Wie wenn des hohl is oder so.«

Frau Traunstein ist nicht hohl. Aber sie schmunzelt selbst über die Wortwahl. Ich frage sie noch nach Schnupfen, Kopfschmerzen und Sehstörungen, aber bis auf das scheppernde Gefühl hat sie keine Beschwerden.

Wenn ich ratlos bin, messe ich den Blutdruck. Patienten lieben es. Ich schinde etwas Zeit, der Patient fühlt sich umsorgt, und ich kann in Ruhe nachdenken.

»Frau Traunstein, der Blutdruck ist in Ordnung. Haben Sie denn noch andere Symptome? Pfeifen in den Ohren? Schwindel?«

»Naa, nur des Klobbe«, sagt sie und klopft sich erneut auf die Stirn.

»Und wenn isch so mach«, sie beißt rhythmisch die Zähne zusammen, »dann dröhnt des auch.«

Ich gucke in den Hals. Nichts, außer reizlose Tonsillen.

Ich klopfe auf die Nebenhöhlen. Nichts.

Dann schaue ich in die Ohren und finde im rechten Ohr etwas Ohrenschmalz vor dem Trommelfell. Aha! Was für ein heldenhafter Triumph. Kein Vergleich zu den klebrigen Massen, die man manchmal so sieht. Aber mein einziger Anhaltspunkt und besser als nichts.

»Sie haben einen Ohrenschmalzpfropf, der den Gehörgang verlegt. Wir spülen das mal raus.«

Frau Traunstein nickt zufrieden. Patienten lieben es, wenn ihnen die Ohren gespült werden. Dabei kann ich mir nicht erklären, wieso das so ist. Aus einer speziellen Spülvorrichtung wird lauwarmes Wasser ins Ohr gespült, es fließt in eine Schale unter dem Ohr und gelegentlich auch in die Kleidung der Patienten. Manchmal kann es leichten Schwindel auslösen. Aber es hat wohl so einen Beigeschmack von Zuwendung.

Ich nehme sie mit in das andere Zimmer, und wir spülen. Es entleert sich ein kleines Häufchen Cerumen (Ohrschmalz). Nicht der Rede wert, denn im Grunde ist ihr Ohr sehr sauber. Doch es scheint geholfen zu haben, denn nach dem Spülen klopft Frau Traunstein sich wieder prüfend auf die Stirn und beißt rhythmisch die Zähne zusammen. Und klopft abermals. Und beißt rhythmisch.

Ihr Gesicht erhellt sich. »Ej, des is weg. Subba! Danke, Fra Dokter!«

Das sind die kleinen Erfolge der Allgemeinmedizin.

Ich gehe nur zum Herrn Doktor

Es gibt ja unterschiedliche Möglichkeiten, sich einen Patienten ins Sprechzimmer zu rufen. Ich hole meine Patienten gerne im Wartezimmer ab, weil ich schon beim Aufstehen und Gehen sehe, wie es ihnen geht. Sind sie schwach, gut gelaunt, humpeln sie oder kommen sie in Begleitung? Springen sie wie ein junges Reh vom Stuhl, um dann hüstelnd im Sprechzimmer eine Krankmeldung einzufordern? Andere Ärzte lassen sich die Patienten ins Sprechzimmer setzen, weil dann alles sehr geordnet zugeht, und wieder andere rufen quer über den Flur oder durch eine Sprechanlage. »Frau Meier, hinten links«, plärrte es mal durch die Sprechanlage, als ich bei einem Facharzt im Wartezimmer saß. Selbst die Durchsagen im Kaufhaus war früher freundlicher.

Es hat alles Vor- und Nachteile.

Mein Vorgehen dauert ein bisschen länger, hat aber den Vorteil, dass man gleich an Ort und Stelle beschimpft wird, wenn jemandem etwas nicht passt. Wie bei meinem nächsten Patienten. Es ist Herr Droste. Er hatte eine Verletzung am Knie und ist zum Verbandswechsel auf Krücken erschienen. Es ist 10:15 Uhr, und er hat keinen Termin mehr bekommen, weswegen er zur sogenannten Akutsprechstunde erscheint: Wenn Patienten akut erkranken, können sie auch ohne Termin erscheinen und werden dann einfach der Reihe nach behandelt. Herr Droste kommt also in die Akutsprechstunde, die ich an diesem Tag betreue.

»Herr Droste, bitte«, rufe ich ins Wartezimmer und stehe wartend an der Tür. Er drückt sich mit Krücken von seinem Stuhl nach oben, dreht sich zu mir um, und ich sehe seine Gesichtszüge entgleisen.

»Ich gehe nur zum Herrn Doktor«, blafft er mich unvermittelt an. Manche Patienten sind sehr auf die Behandlung durch

77

»ihren« Arzt festgelegt, was ich nachvollziehen kann, kennt er (oder sie) doch die Krankengeschichte gut. Herr Droste möchte aber nur zu meinem männlichen Vorgesetzten, wie er nun nochmals nachdrücklich äußert.

Ich bin erst mal irritiert, versuche aber dennoch, freundlich zu bleiben. Auch wenn es an mir nagt, wie er mich anschreit. »Es tut mir leid, aber heute mache ich die Akutsprechstunde. Sie sind also bei mir, wenn Sie keinen festen Termin haben«, sage ich.

Der verletzte Herr Droste steht plötzlich kerzengrade vor mir, und ich sehe seine Krücke in der Luft schweben. Die volle Körperlast liegt auf seinem kranken Bein, und ich denke mir: Autsch, das muss schmerzen. Bevor ich aber etwas sagen kann, schüttet er seine Verbaleruptionen über mir aus: »Da warte ich lieber noch eine Stunde, bevor ich zu Ihnen gehe!«

Ich bin offenbar die personifizierte ärztliche Dysfunktion. Dabei habe ich sechs Jahre Studium, eine Promotion und einige Jahre Berufserfahrung in diversen Abteilungen hinter mir, aber mir fehlen einfach gewisse männliche Körperteile.

Schwankend zwischen Fassungslosigkeit und eigener Bewunderung, weil ich ihn wohl geheilt habe und er keine Krücke mehr benötigt, weise ich ihn darauf hin, dass er sich dann wieder setzen möge. Besonnen zu sein ist manchmal nicht leicht, wenn das Herz rast.

Er möchte einen richtigen Arzt. Nicht so etwas wie mich. Eine Ärztin. Eine weibliche Ärztin. F-R-A-U. Und auch noch recht jung. Nicht blutjung, aber offenbar zu klein, um Arzt zu sein. Wie sagte mal eine Patientin zu unserer Auszubildenden: »Das ist die Frau Doktor? Sie ist ja eher ein Doktorchen.« Sie meinte es nicht böse, sie bezog sich auf meine Körpergröße und mein eher schmales Erscheinungsbild. Aber ich frage mich: Würde man einen Arzt – einen richtigen, einen männlichen Arzt – anhand seiner Figur beurteilen?

»Na sieh mal einer an. Der Herr Doktor ist aber schmal. Ob er seinen Job überhaupt kann?«

Es ist im Leben einer Ärztin gang und gäbe, nicht ernst genommen zu werden. Das lernt man bereits im Studium. Entweder man ist zu jung, zu hübsch, zu unscheinbar, zu leise, zu unweiblich, zu laut, zu dominant, zu irgendwas. Obwohl zwei Drittel aller Medizinstudenten weiblich sind, wird die obere Etage nur zu fünf Prozent von Frauen beherrscht. Auch auf die Gefahr hin, jetzt die Feministinnen-Schiene zu fahren: Wer als Frau aufsteigen will, hat kaum eine Chance.

So läuft man als Ärztin auch schon mal mit seinem Studenten über die Station, und der Student wird vom Patienten als »Herr Doktor« begrüßt, während man selbst gefragt wird, ob man bitte Wasser bringen könne. Das bedeutet keinesfalls, dass der Beruf der Pflegekraft nicht ehrenwert ist. Im Gegenteil. Ich habe sehr viele Pflegerinnen und Pfleger erlebt, die so manchen Arzt fachlich weit übertrafen und auch menschlich. Die mit Empathie und Leidenschaft an ihre Arbeit gingen und körperliche Schwerstarbeit verrichteten. Doch irgendwie ist es nach wie vor so, dass einer Frau das Fürsorgliche, das Pflegerische zugeschrieben wird. Der Herr Doktor ist der Kopf, der Denker, der Chef.

So ging ich beispielsweise während meiner Klinikzeit jeden Tag bei meiner Visite zu einer betagten Dame, die mit ihren neunzig Jahren nicht so recht akzeptieren wollte, dass sie nicht mehr so fit ist. Akute Erkrankungen schlossen wir im Verlauf des Aufenthalts aus, und ich erklärte ihr in aller internistischer Ausführlichkeit ihre Befunde und wie sie ihre Blutdruckmedikamente einnehmen solle. Sie hörte sich alles sehr geduldig an. Nach einem fünfzehnminütigen Gespräch fragte sie mich schließlich:

»Warum habe ich die ganze Woche noch keinen Arzt gesehen?«

Ich kannte das Spiel bereits aus früheren Erfahrungen und antwortete: »Aber ich war doch jeden Tag bei Ihnen.«

»Aber ich meine so einen richtigen Trupp!«, warf sie energisch ein. Sie war mit einem Mal sehr munter.

»Sie meinen die Visite?«, hakte ich nach.

Sie nickte zufrieden. Endlich schien ich sie verstanden zu haben.

»*Ich* bin die Visite«, erklärte ich, und sie schaute mich verdattert an.

»Das tut mir leid«, antwortete sie. »Aber … Sie sind doch so klein und schmal.«

Ich konnte nur mit den Schultern zucken. Eine passende Antwort wollte mir spontan nicht einfallen.

An dem Tag sollte außerdem die Oberarztvisite stattfinden, und ich wollte eine Wende in das Gespräch bringen. Also fragte ich, ob denn der Oberarzt schon bei ihr gewesen sei. In dem Moment erhellte sich ihr Gesicht. »Nein! Sehen Sie, es war die gesamte Woche kein Arzt bei mir.«

Die Wahrnehmungen von Mann und Frau in medizinischen Berufen ist eben eine differente. Untersuchungen haben übrigens ergeben, dass Frauen in jeglichen Berufen sehr nach ihren Äußerlichkeiten bewertet werden. Wer als Frau ernst genommen werden will, trägt die langen Haare zum Zopf gebunden, ist dezent geschminkt (besser als gar nicht geschminkt) und trägt weibliche Kleidung, die aber bitte nicht aufreizend sein soll. Da verstecke ich mich gerne dezent geschminkt unter meinem Arztkittel, trinke schnell noch einen Schluck von meinem bereits erkalteten Kaffee und rufe mir Frau Sahin ins Sprechzimmer.

»Ach, wie schön, dass ich heute bei Ihnen bin!«, sagt sie und lässt sich seufzend auf den Stuhl fallen. Strahlend schaut sie mich an, und ich freue mich, dass es eben doch auch viele Menschen gibt, die gerne von Frauen behandelt werden.

»Was kann ich denn tun?«, frage ich.

»Ich muss mal mit jemandem reden. Und ich habe gehört, dass man das mit Ihnen gut kann. Das hat sich rumgesprochen, wissen Sie, und außerdem sind Sie eine Frau. Frauen hören ja besser zu.«

Und so reden wir. Es geht um private Probleme, psychosomatische Erscheinungen und Ängste. Als sie geht, haben wir haben einen Behandlungsplan erstellt und einen neuen Termin gemacht.

Ich denke nach. Nicht nur wir Frauen müssen uns mit Vorurteilen herumschlagen. Nein, auch männliche Ärzte sind damit konfrontiert, dass sie angeblich einige Qualitäten nicht haben, die man zur optimalen Behandlung von Patienten benötigt. Sie können nicht zuhören, heißt es. Sie seien wenig empathisch, sie nehmen sich keine Zeit, und sie würden nur an die Karriere und das Geld denken. Aber: Kein Vorurteil trifft auf jeden zu. Dennoch haben Untersuchungen ergeben, dass sich Ärztinnen tatsächlich mehr Zeit für ihre Patienten nehmen, eine offenere Kommunikation fördern, sodass Patienten sich gleichberechtigter fühlen und sie mehr psychosoziale und biomedizinische Hinweise erhalten. Ärztinnen im niedergelassenen Sektor rechnen im Quartal weniger Krankenscheine ab und sehen mehr Patienten selbst, während ihre männlichen Kollegen dies zum Teil delegieren.

Der Genderaspekt ist nicht von der Hand zu weisen. Es gibt noch einige Hürden zu überwinden, wenn es um die Gleichberechtigung in der Medizin geht.

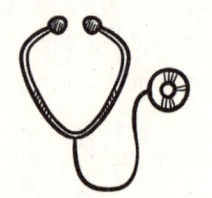

Die kleine weiße Tablette und die aus der rot-weißen Schachtel

In Praxen und Krankenhäusern gibt es sogenannte Thementage. Das sind Tage, an denen sich spezielle Erkrankungen mehr als zufällig häufen. Natürlich sind das keine offiziellen Aktionstage (»Heute im Krankenhaus Mitte-West Diabetes im Angebot, ab 8:00 Uhr, Notaufnahme«), und natürlich ist es Zufall, aber jeder Mitarbeiter registriert, wenn so ein Thementag stattfindet. Spätestens nach dem zweiten Herzinfarkt spricht die erfahrene Pflegekraft es aus: »Heute ist was in der Luft«, und allen Ärzten wird es bang, weil sie wissen, dass sie den Riecher dafür hat. Auf erfahrene Pflegekräfte muss man hören, das ist Gesetz, und da führt kein Weg dran vorbei. Sie haben Überblick, Intuition und Wissen. Wenn eine erfahrene Pflegekraft sagt: »Der Patient gefällt mir nicht«, dann sollte man höchst aufmerksam sein und am besten schon mal das Intensivteam, die Radiologie und den OP informieren.

Auch in der Praxis ist das manchmal so, nicht nur in der Klinik. Abgesehen von den häufigen Erkältungskrankheiten kommen an manchen Tagen alle Patienten (ich möchte nicht verallgemeinern, aber *alle!*) mit muskuloskelettalen Erkrankungen: Verspannungen, Kreuzschmerzen, Knieproblemen. Oder an anderen Tagen mit Blutdruck. »Frau Doktor, mein Blutdruck. Mir platzt de Kopp!«

Und heute ist so ein Blutdrucktag in der Praxis.

Sich mit dem Blutdruck auszukennen ist für einen Hausarzt essenziell. Ein Pillchen hier, ein Tablettchen dort, etwas Entwässerung und ganz wesentlich: Lebensstiländerung. Gewichtsreduktion, Nikotinentwöhnung, regelmäßige Bewegung und salzarme Kost.

Das schmeckt allerdings nicht jedem.

Zwei Patienten waren heute wegen ihres erhöhten Blutdrucks schon da, jetzt sitzt Herr Euler im Zimmer. Er ist Ende siebzig, eher klein, altersbedingt nach vorne gebeugt, und seine schneeweißen Haare sind immer sorgfältig gekämmt. Mit beigefarbener Bundfaltenhose und Pullunder über seinem karierten Hemd sieht er gepflegt und adrett aus. Und das, obwohl er kaum Hilfe in Anspruch nimmt und alleine lebt. Er wohnte schon immer im Ort und arbeitete bis zu seiner Pensionierung im Bürgeramt. Die Frau starb vor einigen Jahren, aber die Tochter lebt nur einige Kilometer weiter weg.

Herr Euler nimmt wahrscheinlich jedes Blutdruckmittel ein, das es auf dem Markt zu erwerben gibt. Er kramt eine große Plastiktüte hervor und schüttet mir sein gesamtes Sammelsurium an Medikamenten auf den Tisch. Das ist gut, das hatten wir beim letzten Mal so besprochen, denn er hatte vollkommen den Überblick verloren, was er so einnimmt – und sein Blutdruck ist eine einzige Achterbahnfahrt.

Als ich mir seine gesammelten Tablettenschachteln ansehe, weiß ich auch, wieso: Manche Packungen sind leer, es liegen einzelne Blister rum, von jedem Diuretikum und Antihypertonikum gibt es einen Vertreter unterschiedlichen Alters. Zum Abgleich schaue ich mir an, welche Rezepte in den letzten Wochen ausgestellt wurden sowie den dazugehörigen Medikamentenplan.

»Woher wissen Sie denn, welche Tabletten Sie nehmen müssen«, frage ich ihn vorsichtig.

»Ich nehme morgens die kleine weiße Tablette und dazu die aus der rot-weißen Schachtel.«

Er zaubert einen ziemlich zerfledderten Plan von anno dazumal aus dem Geldbeutel. »Da steht alles drin! So mache ich das seit Jahren.« Das Konzept ist nicht so gut aufgegangen, deshalb ist er ja bei mir.

Ich nehme den Zettel entgegen. Er ist von 2015. Fast aktuell, würde ich sagen. Einige Medikamente sind durchgestrichen, einige Dosierungen ergänzt oder geändert. Über einem Medikamentennamen steht »Blutdruck«, über einem anderen »Blutverdünner«, dann wieder »Rückenschmerzen«.

»Und der neue Plan, den Sie nach dem letzten Termin von mir bekommen haben? Wo ist der?«, frage ich nach.

»Den hat doch die Tochter. Weil sie die Tabletten richtet.«

»Ah, das ist gut, wenn sie das macht. Kommt sie regelmäßig vorbei?«

»Nein«, antwortet er. »Nur alle zwei Wochen.«

»Und sie richtet die Tabletten dann für zwei Wochen?« Ich lasse nicht locker.

»Naa. Eine Woche. Sonst habe ich zu viele Plastikdosen da rumfliegen. Dann mache ich das für die andere Woche. Ich habe ja auch einen Plan.«

Oha. Da ist einiges durcheinander. Von allen Seiten gut gemeint, aber es wurde nicht bedacht, dass Blutdrucktabletten regelmäßig genommen werden müssen, damit sie einen normalen Blutdruck ohne Ausreißer zustande bringen. Nur bei Bedarf ein Medikament einzunehmen bringt nur in Blutdruckkrisen etwas. Zusätzlich nimmt mein Patient regelmäßig Ibuprofen, was den Blutdruck zusätzlich erhöhen kann. Der Fall ist schnell klar: Hier fehlt die Struktur.

Als Hausärztin muss man manchmal nur aufräumen. Also nehme ich seine Tabletten und sortiere aus: Alte Tabletten schmeiße ich in den speziellen Müll, die Blister schiebe ich in die dazugehörige Verpackung, und den Medikamentenplan drucke ich noch mal aus. Zweimal. Auf einen schreibe ich »Tochter«, auf den anderen »Herr Euler«; den alten Plan konfisziere ich vorsichtshalber. Dann sortiere ich die erste Wochenration in den Wochenplaner ein. Nächste Woche kommt die Tochter wieder zu Besuch und kann dann mit dem neuen Plan weitermachen.

Herr Euler scheint ganz zufrieden zu sein. Auch wenn er fand, dass der alte Plan noch tadellos war.

Als ich noch im Krankenhaus arbeitete, habe ich alle Hausärzte verflucht, die keine Medikamentenpläne herausgaben oder die Medikamente ihrer Patienten nicht im Griff haben. Inzwischen weiß ich, dass das nicht immer so leicht ist, weil zum einen manche Patienten über Monate nicht in die Praxis kommen, außer um sich ihre Rezepte zu holen. Und zum anderen, weil viele Menschen außerplanmäßig Medikamente einnehmen, die nicht mit dem Arzt besprochen sind. Ein Nahrungsergänzungsmittel hier, ein pflanzliches Präparat da, ein paar rezeptfreie Präparate aus der Apotheke, und schon hat man die wildesten Wechselwirkungen. Gerade ältere Patienten nehmen meistens mehrere Medikamente ein, und man weiß, dass ab fünf parallelen Arzneimitteln die Wahrscheinlichkeit von Interaktionen steigt. Und wenn Patienten dann im Krankenhaus nicht wussten, was sie genau einnahmen, oder mir die Tüte mit Präparaten auf das Bett schütteten, sortierte ich erst mal, um anschließend einen neuen Plan zu erstellen.

Manchmal verschweigen Patienten auch aus Scham, wenn sie Extramedikamente einnehmen. Oder wenn sie welche aus Sorge nicht nehmen. Ich kann nur bitten, offen zu erklären, welche Präparate man einnimmt und welche nicht. Damit man zum Beispiel den Blutdruck sinnvoll einstellen und Schäden vermeiden kann.

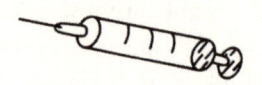

Darf ich in mein Käsebrot beißen?

Mein Frühstück am Morgen besteht generell aus einer Haferflockenpampe mit Milch und Kakao (Neudeutsch: Chocolate Oats), weil es schnell in der Zubereitung geht, in drei Minuten im Bauch landet und mich eine ganze Weile satt macht. Aber spätestens ab 11:00 Uhr habe ich Hunger, und mein Magen ist so leer, dass meine Stimmung etwas schlechter wird. Jetzt ist es wieder so weit, und ich würde gerne in mein Brot beißen, aber dann verliere ich fünf Minuten, außerdem kann ich ja später noch essen. In »zehn Patienten etwa«, landärztliche Zeitrechnung.

Ich werfe einen Blick auf meine Patientenliste und freue mich. Denn Frau Radic ist die nächste Patientin, und ich weiß, dass sie mit ihren jugendlichen fünfundvierzig Jahren ein sehr entspanntes Verhältnis zu mir hat. Ich rufe sie herein und bitte, als ich mich hinsetze: »Darf ich kurz in mein Brot beißen? Ich gehe auf dem Zahnfleisch.«

Sie lacht, schlägt die Beine übereinander und sagt: »Aber klar, mich stört das nicht. Sie können doch sonst nicht denken. Kommen Se, holen Se sich noch 'n Kaffee, und dann reden wir.«

Das klingt nach einem Deal, und ich gehe rasch in den Pausenraum, um mich zu versorgen. Danach sitze ich wieder bei ihr, in der einen Hand das Käsebrot, in der anderen den Kaffee, mümmle fröhlich vor mich hin, und sie erzählt mir ihre Beschwerden. Sie habe Magenschmerzen, schon seit Wochen. Dazu Übelkeit, und sie könne fast nichts essen.

»Wie sieht denn der Stuhlgang aus?«, frage ich und beiße in mein Brot.

»Manchmal so schwarz. Ganz komisch.«

Schwarz ist nicht gut. Schwarzer Stuhlgang ist Teerstuhl und ein dringender Hinweis auf eine Blutung aus dem Magen-

Darm-Trakt. »Frau Radic, hatten Sie schon mal eine Magenblutung? Und eine Spiegelung?« Nächster Biss in mein Brot. Meine Stimmung hebt sich merklich.

»Ja, vor zwei Jahren. Da war es ein Magengeschwür durch das ganze Ibuprofen wegen der Hüfte.«

»Und haben Sie jetzt auch wieder viel Ibuprofen genommen?« Ich ahne den Grund für den Teerstuhl. Ibuprofen schädigt die Magenschleimhaut und kann Blutungen verursachen.

»Njjaa, vielleicht …« Schulterzuckend und irgendwie entschuldigend schaut sie mich an.

Natürlich weiß ich, dass sie nicht zum Spaß Schmerzmittel einnahm, sondern sich nicht anders zu helfen wusste.

Nun wird es doch Zeit, mein Brot wegzupacken, und es verschwindet in meiner Brotbox (beziehungsweise in der meines Sohnes, die mit dem Lego-Ninjago-Kämpfer drauf). Dann bitte ich Frau Radic, sich einmal auf die Liege zu legen. Mit frisch desinfizierten Händen palpiere (taste) ich den Bauch. Er ist weich, Abwehrspannung kann ich zum Glück nicht tasten, die Darmgeräusche sind normal. Aber im Oberbauch, also dort, wo sich der Magen und auch der Zwölffingerdarm befinden, hat sie beim Bauchabtasten Schmerzen.

»Wann war denn der Teerstuhl?«, frage ich, und sie nennt den heutigen Morgen. Damit hat sie eine Einweisung in das nächste Krankenhaus gewonnen, denn eine Magenblutung kann übel enden. Glücklicherweise nimmt sie keine Gerinnungshemmer (umgangssprachlich Blutverdünner) ein, das würde die Sache komplizierter machen, denn die Blutung würde so schlecht stoppen.

Zu jeder internistischen Abklärung gehört auch eine rektale Untersuchung, gerade wenn man den Verdacht auf eine Blutungsquelle hat. Dadurch kann man feststellen, ob tatsächlich Teerstuhl vorhanden war. Falls man das nicht sieht, heißt es dennoch nicht, dass Entwarnung gegeben werden kann. Diesmal finde ich nichts, aber trotzdem melde ich sie in der Klinik an und drücke ihr die Einweisung und ein Rezept über einen Säureblocker für den Magen in die Hand. So gerne ich viel ambulant behandle und selbst Diagnostik mache, manche Dinge kann ich nicht lösen. Frau Radic hat in der Zwischenzeit bereits ihre Schwester angerufen, die sie fahren wird. Dann verabschiedet sie sich und geht etwas geknickt raus.

Dass Mitarbeiter in Gesundheitsberufen oft nicht zum Essen kommen, ist üblich und eine ziemliche Unart, an die sich dennoch alle halten. Ich bin da ebenfalls kein Vorbild, sondern plündere oft vor Hunger die Süßigkeitenschublade und freue mich wie eine Schneekönigin, wenn ich meine verboten eklige Lieblingssüßigkeit entdecke, die alle immer liegen lassen: Mon Chéri. Dann nehme mir ein Stück und eines als Reserve, lasse mich auf den Stuhl fallen und genieße die kurzen Momente der Ruhe und Stille.

Die Praxis bekommt immer sehr viele Süßigkeiten geschenkt, und normalerweise ist für jeden Geschmack etwas dabei. Selbst Merci-Schokolade im Großpack findet Abnehmer, obwohl Jens Spahn einiges dafür tat, dass jeder Mitarbeiter im Gesundheitswesen sie inzwischen hasst. Er hatte im Rahmen einer Marketingkampagne ein Krankenhaus besucht und den Pflegekräften mit einer Packung Merci-Schokolade Danke sagen wollen. Die nett gemeinte Geste wurde in den sozialen Medien sehr zerrissen, deutete sie doch die geringe Wertschätzung an, die Pflegekräfte in ihrem Beruf, gerade beim heutigen Pflegekollaps, erleben müssen. Eine Packung Schokolade ersetzt keine angemessene Bezahlung, keine Ableistung von Überstunden, keine Überarbeitung auf Station, weil in der Nacht eine Pflegekraft mit dreißig Patienten alleine ist.

Der Zucker gibt mir neue Energie, und die drei Tropfen Alkohol im Mon Chéri auf leeren Magen lassen mich heiter und beschwingt sein. Vergesst den Anti-Stress-Tee. Wer hat je behauptet, dass Ärzte immer gesund und vorbildlich leben? Ärzte rauchen zuweilen (ich nicht), trinken zu viel Kaffee (ich schon) und schlingen das Essen in sich hinein, damit sie überhaupt etwas im Magen haben. Zu meinen Klinikzeiten war Essen etwas, was man nur tat, wenn man Zeit hatte. Also nie. Ab dem Zeitpunkt, an dem ich die Notaufnahme betrat, war Essen passé.

Das hatte mehrere Gründe: keine Zeit. Keine Zeit. Wer isst, muss aufs Klo. Und dafür hat man keine Zeit. Und es gibt Bakterien. Überall Bakterien. Man mag mich für paranoid halten, aber meine erste Amtshandlung am Morgen in der Notaufnahme war es, die Tastatur, die Maus und meinen Arbeitsplatz zu desinfizieren. Man stelle sich vor, dass der Kollege aus der Nacht todmüde einen Patienten mit Magen-Darm-Grippe oder Bluterbrechen behandelte und sich zwar noch rasch Handschuhe anzog, aber mit diesen dann die Schreibarbeit am Rechner machte. Und dann setze ich mich morgens an den Rechner und esse genüsslich ein Brot? Hm, auch für eine kindergarten-keimerprobte Mutter ist das zu viel des Guten. Dreck reinigt zwar den Magen, aber wir müssen ihn ja nicht überstrapazieren.

Frau Radic ist gerade gegangen, und ich möchte den nächsten Patienten aufrufen, da steht Herr Fries vor meinem Zimmer. Er ist »Stammpatient«. In einer Hand trägt er einen Eimer mit Mirabellen.

»Ich habe doch versprochen, dass ich Ihnen welche bringe!«, sagt er und strahlt. Und ich mit ihm. Er war letzte Woche kurz zur Kontrolle seines »Zuckers« da, und wir unterhielten uns angeregt über seine Streuobstwiese. Denn ich bin passionierte Gartentante und liebe es, mein eigenes Gemüse anzubauen, zu verwerten, einzukochen und zu kultivieren. Glücklicherweise habe ich ja trotz Mietwohnung einen großen Garten, den ich frei verwenden und meinen Selbstversorgergelüsten nachgehen kann. Für eine Streuobstwiese habe ich jedoch keinen Platz. Die gehört aber zu meinem kleinen Traum von einer idyllischen Landarztpraxis dazu: ein Häuschen, ein großer Garten, Obst und Gemüse, vielleicht ein paar Hühner. Und ein Schaf. Ich hätte gerne ein Schaf, damit ich selbst Käse herstellen kann.

Herr Fries erzählt: »Mein Rücken macht das nicht mehr lange mit! Aber ich habe so viele Mirabellen, was soll ich damit denn machen?« Der Garten ist sein kleines Reich, und er hegt und pflegt ihn. Und die Mirabellenernte war dieses Jahr zu reichhaltig, er möchte nichts verkommen lassen.

Also wird mein Abendprogramm, wenn die Kinder schlafen, aus dem Entkernen von Mirabellen und ihrem Einkochen bestehen. Vielleicht backe ich noch einen Mirabellen-Streuselkuchen, mal sehen. Jetzt geht erst einmal die Sprechstunde in die letzte Runde für heute.

Die Motorsäge war's

Herr Gabriel ist ein rüstiger Rentner, der immer lächelt und gute Laune hat. Nun hält er mir seinen Zeigefinger entgegen. Oder das, was von der Fingerspitze noch übrig ist.

»Gute Güte«, entfährt es mir, als ich den fahrbaren Hocker und mich an ihn herangerollt habe. Er sitzt entspannt und wie immer fröhlich auf der Liege, den Zeigefinger mit der zerfetzten Fingerspitze nach oben gestreckt. »Was haben Sie denn gemacht?«, frage ich ein Quäntchen schockiert. Ich habe zwar schon Schlimmeres gesehen, aber schmerzhaft muss das dennoch sein.

Er grinst und zuckt die Schultern.

»Ich nichts. Die Motorsäge war's.« Er nimmt es erstaunlich gelassen, dass seine Fingerspitze aussieht, als hätte ein Schwarm hessischer Kriebelmücken daran geknabbert.

»Am Samstag war ich im Wald, und ich wollte das Holz klein machen. Für den Winter, Sie wissen ja. Und dann bin ich irgendwie abgerutscht.«

»Sie waren dann offensichtlich im Krankenhaus?«, frage ich, denn ich sehe in dem Wust aus zerrissenem Fleisch, Schorf und getrocknetem Blut auch einige blaue Fäden herausschauen.

»Der Schwiegersohn hat mich gefahren. *Stunden* habe ich da gewartet.« Er rollt mit den Augen. Der Satz gehört zum Standard, wenn Patienten vom Krankenhaus berichten. Aber ich weiß ja, wie es dort abläuft. Die Kollegen können sich auch nicht zerreißen. So viel liegt da gerade im Argen, das kann kaum ein Arzt noch ausbügeln.

Der Finger sieht wirklich schlimm aus, weil eine Motorsäge nicht glatt schneidet, sondern richtige Stückchen aus dem Holz beziehungsweise dem Fleisch reißt, und genau deswegen sind solche Wunden so unschön. Die Kollegen in der Klinik haben sich wirklich Mühe gegeben, aber aus dem zerrissenen Fleisch eine gerade Naht zu erzeugen hätte an ein Wunder gegrenzt. Glücklicherweise kam Herr Gabriel nur mit der Fingerspitze in die Säge. Einige Zentimeter weiter, und seine Hand hätte daran glauben müssen. So etwas zu nähen gleicht dem Versuch, ein Pfund Hackfleisch mit Nadel und Faden zu einer stilvollen Gestalt zu formen.

Dafür ist es dann ganz gut gelungen. Ich suche mir das passende Verbandsmaterial aus dem Schrank und säubere die Wunde.

»Sind Sie gegen Tetanus geimpft, oder wurden Sie im Krankenhaus geimpft?«

»Na. Die haben gesagt, das sollen Sie machen.«

Ich verharre kurz in meiner Bewegung, atme tief durch und muss mich zusammenreißen, nicht aus Wut auf dieses System meine Motorsäge auszupacken. Dieses Abturfen (»Abschieben«) von medizinisch notwendigen Maßnahmen, sei es aus Zeit oder aus ökonomischen Gesichtspunkten, macht mich wütend. Bei einer Verletzung und unklarem Impfstatus muss so rasch wie möglich nachgeimpft werden. Fairerweise muss ich anmerken, dass manche Kliniken nur den Einfachimpfstoff gegen Tetanus vorrätig haben und daher gerne zum Hausarzt schicken, damit dieser gleichzeitig den Impfschutz gegen Diphterie und eventuell Keuchhusten auffrischen kann.

Herr Gabriel hat glücklicherweise seinen Impfpass eingepackt, und ich überprüfe seinen Impfstatus, nachdem ich seinen Finger sauber verbunden habe. Seine letzte Impfung ist erst drei Jahre her, also benötigt er keine Auffrischung. Dennoch kann so etwas auch unschön enden. Und das nur, weil in unserem Gesundheitssystem der Profit an oberster Stelle steht.

Ich will ja aufhören, ehrlich!

Herr Hans leidet seit Jahren an einer COPD, einer chronisch obstruktiven Lungenerkrankung. Der Mittfünfziger ist nach medizinischen Maßstäben gar nicht alt, eher in den besten Lebensjahren, aber das Rauchen hat seiner Gesundheit nicht gutgetan. Er ist deutlich vorgealtert, sehr dünn und hat einen grauen Hautton. Die Körperpflege fällt ihm aufgrund der verminderten Belastbarkeit schwer, sodass seine kinnlangen, grauen Haare strähnig am Kopf kleben. Durch die COPD befindet er sich seit einigen Jahren im Vorruhestand, denn seine körperlich schwere Arbeit als Handwerker konnte er nicht mehr ausführen. Neben der schlechten Belastbarkeit schränken Atemnot und wiederkehrende Infekte seine Lebensqualität und leider auch seine Lebenserwartung sehr ein. Selbst moderater Zigarettenkonsum von zehn Stück am Tag beschneidet die Lebenserwartung um etwa fünf Jahre. Raucht ein Mann zehn Zigaretten pro Tag, lebt er im Schnitt neun Jahre weniger, eine Frau bei gleicher Menge zirka sieben Jahre.

Herr Hans kommt heute wieder zu der Besprechung seiner letzten Werte, denn wir messen regelmäßig die Kapazität, die seine Lunge noch hat, und die Werte werden von Mal zu Mal schlechter.

Er sitzt vor mir, die Wangen sind mit roten Äderchen überzogen, und seine gesprochenen Sätze sind kurz, weil er immer wieder tiefer atmen muss. Der Weg vom Wartezimmer in den Behandlungsraum war bereits eine körperliche Herausforderung für ihn. Es tut mir immer in der Seele weh, zu sehen, was das Rauchen alles anrichtet.

Herr Hans ist ein klassischer Vertreter der Pink Puffer. Das sind Patienten, die unter einer COPD leiden und bei denen die Lunge für eine optimale Sauerstoffversorgung nicht mehr ausreicht. Ihr Körper muss sehr viel Atemarbeit leisten, um den Mangel auszugleichen. Sie sind dadurch sehr dünn, leiden unter Atemnot und haben einen trockenen Husten.

Die COPD kann sich auch im Patiententyp Blue Bloater äußern: Der Blue Bloater ist meist übergewichtig, hat Husten mit Auswurf und sieht bläulich aus, weil er unter permanentem Sauerstoffmangel leidet. Zwischen diesen beiden Formen gibt es natürlich Mischformen und fließende Übergänge, wie stets in der Medizin gibt es keine starren Grenzen.

Für Patienten wie Herrn Hans mit chronischen Erkrankungen gibt es in der Allgemeinmedizin spezielle Programme, sogenannte Disease-Management-Programme (DMP). Die Patienten erklären sich im Rahmen dieser Programme damit einverstanden, dass man sie für regelmäßige Untersuchungen und Laborkontrollen in die Praxis einbestellen darf. Die DMP gibt es für Diabetes mellitus, Asthma bronchiale, Koronare Herzerkrankung oder für die COPD.

Das Schöne an den DMPs ist, dass man seine Patienten nicht aus den Augen verliert, Verschlechterungen frühzeitig erkennt und den Erfolg der Therapie sehen kann – oder auch nicht. Denn manchmal redet man sich den Mund etwas fusselig, aber die Ratschläge – sei es hinsichtlich des Rauchens, der Gewichtsabnahme oder der regelmäßigen Einnahme wichtiger Medikamente – dringen nicht vor.

Herr Hans ist von seiner Atemnot wenig beeindruckt, er hat sich wohl daran gewöhnt und kennt es nicht anders. Der Mensch ist ein Gewohnheitstier, und viele krankhafte Veränderungen entwickeln sich manchmal so schleichend, dass der Körper sich wunderbar damit zurechtfindet. Manchmal möchte man die Hände über dem Kopf zusammenschlagen und laut »Grundgütiger« zum Himmel rufen, wenn beispielsweise jemand mit einem Hämoglobinwert von 6 g/dl (Gramm pro Deziliter) vor dir sitzt und klagt, er sei schon »so e bissi müd«. Bei einem Wert von 6 g/dl – das ist etwa die Hälfte von dem, was es sein sollte – würde es Menschen im Fall eines akuten Blutverlusts (Unfall, Bluterbrechen etc.) extrem schlecht gehen. Jeder Arzt würde panisch Blutkonserven ordern.

Aber wenn sich Menschen über Monate an den Mangel an »Blutfarbstoff« gewöhnen, empfinden sie auch den daraus resultierenden permanenten Sauerstoffmangel als nicht so dramatisch. Und wer über Jahrzehnte raucht und sich dadurch die Lungenfunktion langsam verschlechtert, wird diese Veränderungen zum Teil nicht wahrnehmen.

»Die Werte sind wieder etwas schlechter geworden, Herr Hans«, sage ich.

Er zuckt mit den Schultern. »Ich nehme meine Sprays und komme damit zurecht. Sicher, optimal ist es nicht. Ab und zu muss ich mich setzen, wenn ich spazieren gehe. Aber sonst geht's.«

Dass er sich bewegt und spazieren geht, ist wirklich gut. Nun muss ich aber die Frage aller Fragen stellen.

»Und das Rauchen?«

Ich weiß, wie verhasst diese Frage bei Patienten ist. Und ich kann es verstehen. Fast niemand raucht, weil er sich bewusst dafür entscheidet, sondern weil er nicht davon loskommt. Und bei der Frage wird man direkt mit der Nase in sein verhängnisvolles Laster gestupst.

»Ich versuch's ja immer, das wissen Sie ja. Aber das ist nicht leicht.«

»Wie viele sind es denn aktuell pro Tag?«

»Ja, so zwanzig Stück.«

Ein Päckchen Zigaretten pro Tag. Ein Päckchen über zwanzig Jahre ergibt zwanzig Packungsjahre (Pack Years). Vierzig Pack Years heißt, dass jemand vierzig Jahre lang jeden Tag eine Packung Zigaretten geraucht hat. Oder zwanzig Jahre lang jeden Tag zwei Packungen. Wer zwanzig bis vierzig Jahre lang geraucht hat, weiß um dessen Schädlichkeit. Und dennoch sage ich es jedes Mal wieder, wenn ein Mann oder eine Frau zum DMP in die Praxis kommt.

Für manche Menschen gibt es kein Leben ohne Zigarette. Ich als Nichtraucherin kann es vielleicht nicht nachvollziehen, ich wäre womöglich bei Verzicht auf Kaffee ähnlich unleidlich. Dennoch ist es notwendig, immer wieder darauf hinzuweisen, wie wichtig die Abkehr von der Kippe ist. Auch wenn das von den Patienten eine wahnsinnige Disziplin erfordert.

Früher, noch während meiner Kindheit, war Rauchen Teil des Alltags. Einen selbst getöpferten Aschenbecher zu verschenken gehörte zum guten Ton. Und wer bis zu diesem Zeitpunkt noch nicht passionierter Raucher war, änderte den Zustand nach Erhalt des klobigen Aschenbechers mit den niedlichen Abdrücken von kleinen Kinderhänden. Niemand wollte strahlende Kinderaugen enttäuschen, die genau beobachteten, ob die glühende Asche ihren Weg in das liebevoll gebastelte Geschenk fand.

Natürlich kann man inzwischen sagen, dass man schon damals um die Gefahren des Zigarettenkonsums wusste. Aber das Rauchen war vor dreißig Jahren noch normal. Als ich älter war und oft mit dem Zug zu meinem damaligen Freund (und späteren Ehemann) fuhr, musste ich oft durch den gesamten Regionalexpress laufen, bis ich ein Nichtraucherabteil fand. Mein Kneipenjob während Studentenzeiten bedeutete: Kämpfe dich durch vier Kneipenräume mit dichten Rauchschwaden, stinke wie ein überfüllter (selbst getöpferter) Aschenbecher und spucke am Abend die schwarzen Überreste aus Speichel und schwarzem Schleim aus. Sorry. Rauchen ist nun mal widerlich.

Als Studentin in der Gefäßchirurgie habe ich täglich den unvernünftigen, von der Sucht getriebenen Klassiker erlebt: Jemandem wird ein Raucherbein abgenommen. Noch mit einliegendem Infusionsschlauch und hängendem Flüssigkeitsbeutel (»Tropf«) am fahrbaren Ständer verschwindet der Patient vor dem Gebäude, um zu rauchen. Als ich in der Pathologie arbeitete, sah ich die schwarzen Lungen von Rauchern und die so verkalkten Arterien, dass ich es beim Aufschneiden der Gefäße knirschen hörte. Inzwischen kann man glücklicherweise rauchfrei essen gehen, Zug fahren, und man muss keine tönernen Aschenbecher mehr basteln. Aber Nikotinkonsum ist und bleibt eine ernst zu nehmende Sucht, die viele Todesopfer fordert. Immerhin hat sich in den letzten Jahren der Anteil der rauchenden Menschen in der Bevölkerung etwas minimiert.

Doch zurück zu Herrn Hans: Patienten mit einer COPD leiden tagtäglich. Und auch mein Patient leidet, selbst wenn er sich tapfer schlägt. Die Patienten haben, wie schon gesagt, je nach Stadium Luftnot, häufige bronchiale Infekte und sind schlecht belastbar. Im Endstadium wartet die Sauerstoffflasche auf die Menschen. Wer das noch nie gesehen hat, weiß nicht, wie schlimm das ist. Nicht nur der Papierwust zum Beantragen der rettenden Luft, sondern auch die Gewöhnung an die Maske, die laute Maschine im Schlafzimmer und den Schlauch, der ständig an einem hängt. Je nach Schweregrad der Luftnot benötigt man ein mobiles Gerät, damit man auch mal das Haus verlassen kann. Dann rollt man das Wägelchen mitsamt Sauerstoffflasche hinter sich her. Allerdings nur für eine bestimmte Zeit, dann ist der Vorrat leer. Das alles ist eine massive Einschränkung der Lebensqualität, aber schenkt zumindest das Gefühl, keine Atemnot mehr zu haben.

Wenn man dann erfährt, dass Patienten mit Sauerstoffgerät sich in unmittelbarer Nachbarschaft zu diesem eine Zigarette anstecken, möchte man sich gerne mal gepflegt fürchten, denn das ist eine sehr explosive Mischung. Jährlich sterben mehrere Menschen unter grausamen Umständen, weil der Funke, der beim Anmachen einer Zigarette entsteht, den Sauerstoff entzünden kann. Stichflammen in Gesichtsnähe und Feuer, das auf die Kleidung übergeht, sorgen für schwerste Verletzungen und Brände in der Wohnung. Oft mit Todesfolge.

Rauchen ist eine Sucht. Aber dennoch eine, die man aufhören kann. Tut man es nicht, will man nicht. Gewagter Satz, ich weiß. Doch ich kenne die Patienten, die es wirklich wollten und schafften, und die, die es gerne wollen würden. Irgendwann mal. Morgen. Womöglich.

Aber wie kann die Raucherentwöhnung gelingen?

Man kann mit dem Hausarzt reden. Es gibt spezielle Programme, die auch von Krankenkassen angeboten werden. Nikotinkaugummis oder spezielle Medikamente, die an den Nikotinrezeptor ansetzen, können die Entzugsproblematik lindern.

Der Hypnose stehe ich kritisch gegenüber, weil die Studienlage dazu nicht schlüssig ist. Sprich: Manchen hat es geholfen, manchen nicht. Und die Akupunktur kann einen deutlichen Placeboeffekt auslösen und die Entwöhnung dadurch unterstützen.

Das Aufhören lohnt immer. Wer im Alter von vierzig Jahren mit dem Rauchen aufhört, gewinnt neun Lebensjahre hinzu – verglichen mit dem fortgesetzten Konsum. Man ist belastbarer. Man stinkt nicht mehr. Man spart Geld. Und man schützt seine Kinder.

Ich gebe Herrn Hans wie jedes Mal meine Ratschläge und Medikamente mit auf den Weg, und in drei Monaten werden wir wieder hier sitzen und das gleiche Gespräch führen. Ich hoffe, dass ich ihn lange stabil halten kann.

Er war mein letzter Patient an diesem Vormittag. Ich reiße das Fenster auf. Obwohl er natürlich nicht hier drin geraucht hat, riecht das gesamte Zimmer nach Zigarette.

Wir machen doch keine Fehler

Manchmal frage ich mich schon – ich lasse gerade meine Patienten vom Vormittag Revue passieren –, ob ich alle Patienten immer richtig behandelt, ob ich vielleicht nicht etwas übersehen habe. Der Vorteil am Hausarztdasein ist, dass man seine Patienten meist lange kennt und begleitet und eine Art Beziehung zu ihnen aufbaut. Wenn etwas nicht gut gelaufen ist, hoffe ich, dass sie dennoch wieder zu mir kommen und die Missverständnisse oder Fehler klären und nicht einfach den Arzt wechseln. Denn Fehler machen wir alle. Ständig. Wir Mitarbeiter in den Gesundheitsberufen stehen ja quasi mit einem Bein im Knast.

Natürlich werden wir dafür ausgebildet, die korrekten Diagnosen zu stellen. Dafür studieren wir sechs Jahre, hängen eine fünf- bis sechsjährige Facharztweiterbildung dran, schieben Dienste im Krankenhaus und machen massenhaft Überstunden. Und dennoch: Obwohl es Leitlinien, Algorithmen und erfahrene Vorgesetzte gibt, die man fragen kann, passieren Fehler.

Ein Fehler aus meinen ehemaligen Krankenhauszeiten ist mir sehr nachgegangen: Ein alter Herr kam via RTW (Rettungswagen) zu mir in die Notaufnahme. Laut Übergabe habe er mehrfach gebrochen. Aus diesem Grund hatte das Pflegeheim, in dem er lebte, ihn spätabends zu uns geschickt.

Ich nahm ihn also auf, legte einen venösen Zugang und befragte ihn zu seiner Krankengeschichte. Er saß in gutem Allgemeinzustand vor mir und winkte ab. Ach, er habe doch nichts.

»Mir war halt e bissi übel. Die Marmelad war verschimmelt«, erklärte er in schönstem hessischen Dialekt.

»Wann haben Sie denn die Marmelade gegessen?«

»Ej, heut in de Frie. Halbes Brötsche mit Marmelad.«

»Und der Schimmel?«

»Den hab ich abgekratzt.«

Lecker, dachte ich und gab dem Herrn Infusionen und ein Medikament gegen die Übelkeit, das auch prompt anschlug. Sein Bauch war gebläht, tat überall »so e bissi« weh, war aber nicht bretthart. Zudem hörte ich Darmgeräusche, wenn auch sehr leise. Und nicht überall. Ich nahm es zur Kenntnis, aber es schien ihm wieder besser zu gehen. Er lag da in seinem Bett, friedlich, ohne Erbrechen, ohne Schmerzen.

Dann kam der nächste RTW. Und der nächste. Und der nächste. Und ich brauchte sein Bett. Also tat ich etwas, was ich sonst nie zuvor getan hatte: Ich schickte ihn auf die Station, ohne auf seine Blutwerte geschaut zu haben. Inzwischen war es kurz nach Mitternacht, und ich rödelte weiter in der Notaufnahme herum. Bis ein aufgebrachter Anruf meiner Kollegin kam und sie mich rundmachte. Zu Recht.

Der alte Herr hatte das Glück gehabt, dass auf der Station gerade eine sehr erfahrene und gründliche Pflegekraft arbeitete, die sich alle Neuaufnahmen noch einmal selbst angesehen hatte. Sie hatte auf seine Blutwerte sowie seinen Bauch geschaut und die Fachärztin informiert, die dann einen Ultraschall machte und so einen Darmverschluss diagnostizierte. Mit hängenden Schultern ging ich zu ihr auf die Station, und sie zeigte mir am Patienten den Befund mittels Ultraschall. Schließlich kam auch die Chirurgin hinzu, die meine Kollegin verbal in den Boden stampfte. Die Kollegin versuchte, mich zu schützen, nahm die Schuld auf sich. Aber das konnte ich nicht annehmen, weshalb ich die Chirurgin unterbrach: »Ich habe es übersehen, der Patient war bei mir in der Notaufnahme. Die Kollegin hat nur meinen Fehler korrigiert.«

Die Chirurgin bekam große Augen. »Respekt, dass du dazu stehst. Nur so kannst du dazulernen.«

Der Herr wurde operiert, überstand die OP und wurde auf die Intensivstation verlegt. Den weiteren Verlauf habe ich leider nicht mehr mitbekommen. Aber ich habe daraus gelernt. Manches braucht Zeit, dann darf man nicht schludern und sich denken: Das wird schon nichts sein. Der Herr war offensichtlich leidensfähig, sonst wäre es ihm schlechter gegangen.

Problematisch ist generell, dass wir in unseren Berufen oft alleine sind: ob als Arzt oder Ärztin in der Zentralen Notaufnahme (ZNA) oder als Pflegekraft auf Station. Und es ist problematisch, dass wir »das Bett brauchen«, das ebendieser Patient gerade benötigt, der *jetzt* da drinliegt. Damals hatten wir anschließend den »Fall« besprochen und Fehlerkultur betrieben. Seitdem bin ich noch gründlicher geworden.

Leider werden Fehler nicht immer thematisiert, sodass sich die Verursacher mit ihrer Schuld alleine fühlen und auch keinen

Lerneffekt erhalten. Die Fehlerkultur im medizinischen Bereich ist generell wenig ausgeprägt. Das soll das Critical Incident Reporting System (CIRS) ändern: Hier kann man als Klinikmitarbeiter anonym auf digitalem oder postalischem Weg seinen Fehler beschreiben, und Experten zeigen daraufhin Lösungsansätze, damit anderen nicht der gleiche Fehler unterläuft.

Glücklicherweise haben viele Fehler oder Beinahe-Fehler keine schlimme Konsequenz für den Patienten, weil kleine Missgeschicke schnell ausgebügelt werden können, häufig das Vier-Augen-Prinzip herrscht oder man im Notfall doch funktioniert. Wenn man aber übermüdet, alleine oder überlastet ist, können Fehler passieren. Deswegen müssen wir immer wieder darüber reden, dass wir keine Roboter sind. Deswegen müssen wir unsere Augen auch bei den Kollegen haben, die vielleicht genauso müde sind wie wir. Und deswegen müssen wir besonders dann gründlich arbeiten, wenn wir überzeugt sind, sowieso schon alles zu können. Das Wissen in der Medizin verdoppelt sich alle fünf bis sieben Jahre. Kein Arzt kann alles wissen, und die meisten von uns sind Spezialisten, also in ihrem Fachgebiet versiert.

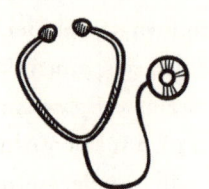

Müder Mittwoch

SCHLAFEN, SCHMERZEN
UND SCHWURBEL

Q-Tip im Ohr

Es ist Mittwoch. Welcher Arzt arbeitet denn bitte schön an einem Mittwoch? Da stehen wir doch alle in leuchtend weißen Stoffhosen, mit Seidenhalstuch und elegant herausgestrecktem Po auf dem Golfplatz und üben unseren Abschlag. Denn: *Jeden Mittwoch* haben wir ab zwölf Uhr frei.

Nun. Zum einen stimmt das für viele Landarztpraxen nicht, weil sie zur Bewältigung der vielen Patienten auch am Nachmittag geöffnet haben. Zum anderen werden die freien Nachmittage nicht zum Golfen verwendet, sondern für Hausbesuche, Fortbildungen, Organisatorisches oder die Abrechnung. Da aber viele Berufspolitiker dies nicht sehen, weil sie in ihrem Leben noch keine Sekunde in der Gesundheitsbranche gearbeitet haben, überlegen sie sich so spannende Dinge wie das »Terminservicegesetz«, zusätzliche Sprechstunden und verpflichtende Notfall-Sprechstunden für den Akutpatienten.

Weil ich aber nicht golfe, sondern arbeite, starte ich nun in diesen Mittwoch mit einem Kindernotfall. Eine Mutter sitzt schon besorgt im Zimmer, denn sie wurde von Carmen, die heute an der Anmeldung ist, sofort an den anderen Patienten vorbeigeschickt, weil das Kind sich das Ohr hält und weint.

Nun habe ich ja selbst Kinder und kann die Sorge um sein Allerliebstes gut nachvollziehen. Und wenn Kinder schmerz-

102

geplagt weinen, muss man ihnen schnell helfen, wenn es irgendwie machbar ist. Also wende ich mich noch beim Betreten des Behandlungszimmers an die Mutter des Mädchens.

»Frau Reinecke, was ist denn passiert?« Frau Reinecke arbeitet als Bäckereiverkäuferin im Ort und fehlt aufgrund eines wenig verständnisvollen Chefs auf der Arbeit nur äußerst ungern. Dass sie hier ist, bestätigt den Verdacht auf ein ernstes Problem noch mehr.

»Karine, meine ältere Tochter, hat sich die Ohren mit einem Wattestäbchen sauber gemacht. Und in dem Moment hat Melissa, meine kleinere Tochter, Blödsinn veranstaltet und ihr auf die Hand gehauen. Karine erschreckte sich, und danach steckte das Wattestäbchen zu tief drin.«

Das klingt nicht gut. Fernab der Tatsache, dass Wattestäbchen nicht in die Ohren gehören, weil die Verletzungsgefahr selbst für Erwachsene gegeben ist, haben sie nichts in Kinderhänden zu suchen.

Karine, die Große, ist ein sechsjähriges Mädchen mit langen blonden Haaren und einem rosafarbenen Pullover mit Pferdedruck. Sie sitzt weinend auf dem Schoß der Mutter und kuschelt sich an sie. Ich nehme mein Otoskop – meinen Ohrenspiegel –, rolle mit dem Stuhl an sie heran und wende mich an das Mädchen. Jetzt ist Einfühlungsvermögen gefragt, denn das Kind ist schmerzgeplagt, verunsichert und möchte verständlicherweise niemanden an sein Ohr lassen. Aber es hilft nichts, ich muss hineinschauen, und tapfer lässt sie die Hand vom Ohr sinken.

Ein kleines getrocknetes Blutrinnsal klebt an der Ohrmuschel, als Karine die Hand wegnimmt und sich noch näher an die Mama schmiegt. Das Blut ist kein gutes Zeichen, und beim Blick ins Ohr offenbart sich das Ausmaß der Verletzung: Das Trommelfell ist zerstört, und die Gehörknöchelchen liegen frei. Ob die verletzt sind, kann ich nicht ausmachen, dafür muss ein

Facharzt herangezogen werden, denn das ist einfach eine Nummer zu hoch für die Hausarztmedizin.

»Halte dir noch mal das andere Ohr zu«, bitte ich Karine, und sie schiebt ihre Hand zwischen sich und ihre Mutter, um sich das gesunde Ohr zuzuhalten.

»Kannst du mich jetzt noch hören?«

Sie nickt zaghaft.

»Und wenn ich ganz leise spreche?«, flüstere ich.

Sie nickt nochmals. Ich bin etwas beruhigt. Sicherlich ist das Hören mit verletztem Trommelfell eingeschränkt, aber das Mädchen scheint zumindest noch meine Stimme wahrzunehmen.

An die Mutter gewandt sage ich: »Das Trommelfell ist kaputt. Das muss sich mal ein Facharzt ansehen, um zu entscheiden, ob es operiert werden muss.« Je nach Ausmaß der Verletzung kann ein Riss von alleine heilen, oder das Trommelfell muss operativ verschlossen werden.

Sie schaut mich gefasst an. »Das habe ich mir schon fast gedacht. Wo soll ich hingehen?«

Sie nimmt es erstaunlich gut auf, wahrscheinlich ist sie einiges gewohnt. Kinder verletzen sich ja ständig, und manche Eltern haben die Notaufnahmen dieser Welt für sich gepachtet.

»Ich rufe mal in der HNO-Klinik an und melde Sie an, Sie können hier so lange warten.«

Einige Minuten später machen sich Mutter und Tochter auf den Weg.

Da ich selbst zwei Kinder habe, weiß ich, was nun auf sie zukommt. Wartezeiten in der Notaufnahme, das verletzte Kind trösten, das Geschwisterkind Melissa in der HNO-Klinik bei Laune halten, die Betreuungssituation klären, sich beim Arbeitgeber abmelden – für Frau Reinecke sicher eine immense Hürde. Und die Sorge um das Kind aushalten. Ich gebe zu, ich leide immer mit, wenn Kinder krank sind.

Es kann mir doch sowieso keiner helfen

Als ich anfing, in der Hausarztpraxis zu arbeiten, sagten alle erfahrenen Allgemeinmediziner, dass die Arbeit in einer solchen zu gut zwei Dritteln aus psychosomatischen und psychischen Beschwerden besteht. Ich zweifelte das damals ein wenig an. Aber über meine Zweifel lächelten die erfahrenen Ärzte, weil es ihnen zu Beginn ihrer Hausarztkarriere genauso ging. Und nach kurzer Zeit schon konnte ich die Aussage bestätigen. Von psychischen Problemen wie Depressionen oder Angststörungen bis hin zu psychosomatischen Beschwerden wie Magenschmerzen, Schlafstörungen und Herzrhythmusstörungen ist alles dabei, was nicht rein körperlichen Ursachen zugeordnet werden kann.

Meine nächste Patientin an diesem Morgen ist Frau Quinn. Ich werfe einen schnellen Blick in die Akte, um mich bezüglich der Patientin zu orientieren, aber die Unterlagen geben nicht viel her. Sie ist Anfang dreißig und zum ersten Mal bei mir. Es ist 8:30 Uhr, und sie kommt mir mit kleinen Schritten und sehr blass entgegen. Kurze, zerzauste Haare, ein müdes Lächeln im Gesicht und tiefe Augenringe zeugen von einer schlaflosen Nacht.

Sie setzt sich hin und wirkt sehr zusammengesunken und nervös. Ich vermute, dass sie gar nicht hier sein will. Vielleicht haben Angehörige sie zum Arzt geschickt.

Sie legt auch gleich los: »Ich wollte ja gar nicht kommen, mir fehlt wirklich die Zeit für so was. Ich bin vor Kurzem erst umgezogen, wir haben hier ein Haus gebaut und so viel zu tun. Und ihr könnt mir eh nicht helfen.«

»Worum geht es denn?«, frage ich, denn ein bisschen was muss ich natürlich erfahren.

Sie leide seit Monaten unter zunehmend heftiger werdenden

Kopfschmerzen, die wie Migräneattacken auftreten, erklärt sie. »Ich war schon bei so vielen Ärzten, aber mehr als Schmerzmittel habe ich nicht bekommen.« In ihrer Stimme schwingt leise Wut mit. Sie habe eine lange Odyssee hinter sich, fährt sie fort, vor dem Wohnortswechsel sei sie bei einem anderen Hausarzt gewesen, bei einem Orthopäden (weil jemand annahm, die Halswirbelsäule sei für die Kopfschmerzen verantwortlich), beim Neurologen, der ein MRT gemacht habe (das sei unauffällig gewesen), und bei einem Heilpraktiker, der »Kaffeeeinläufe zur Leberentgiftung« durchgeführt hätte. Kaffee hilft ja bekanntermaßen als Müdigkeitsentgiftungsmittel, wenn man ihn oral zuführt. Rückwärts genossener Kaffee kann Unwohlsein und Herzrasen verursachen, weil das Koffein unmittelbar über die Darmschleimhaut resorbiert wird.

Nachdem die Patientin alles ihrer Meinung nach Wichtige gesagt hat, sitzt sie resigniert vor mir. Sie streicht sich mit der Hand einmal quer über das müde aussehende Gesicht. Der Frust sitzt tief, das sieht man ihr an. Sie wirkt verschlossen und etwas genervt, weil ihr schon wieder jemand die immer gleichen Fragen stellt. Ein Arzt nach dem anderen, von Mal zu Mal die gleiche Leier. Ihre Suche nach Hilfe ist offensichtlich zu einer Belastung in ihrem Leben geworden.

»Frau Quinn, erzählen Sie doch mal von Ihrem Leben. Wie läuft der Job, die Familie?«, frage ich ins Blaue hinein.

Sie schaut etwas erstaunt. Eine derart undefinierte Frage zu stellen kann nach hinten losgehen und den eigenen engen Zeitplan aus dem Takt bringen. Aber oft erkennt man dabei auch, wo die Prioritäten der Menschen liegen und was ihnen als Erstes in den Sinn kommt.

Und mein Konzept scheint aufzugehen. Frau Quinn erzählt.

»Es ist alles normal. Wie immer. Nur dass die Kopfschmerzen mehr und mehr werden. Früher hatte ich ein bis zwei Attacken im Jahr. Jetzt liege ich pro Woche vier- bis fünfmal im dunklen Zimmer. Arbeiten ist nicht mehr möglich, weil ich ständig Kopfschmerzen habe. Meine Kolleginnen nehmen das ernst und schicken mich auch immer wieder heim, aber ich bin dadurch natürlich nur eine Belastung. Meine Beziehung liegt ebenfalls brach, weil ich nichts mehr machen kann. Ausgehen, Haushalt, Einkaufen, das habe ich alles schon lange nicht mehr getan.«

»Haben Sie Kinder?«, frage ich vorsichtig.

»Nein, ich kann keine kriegen.«

Ich mache mir eine geistige Notiz auf der Liste der möglicherweise belastenden Dinge, bohre aber nicht weiter nach.

»Und der Job? Machen Sie ihn gerne?«

»Ja, schon. Ist halt viel zu tun, wie überall heutzutage.«

Wieso nur habe ich das Gefühl, dass sie sehr tough und unzerstörbar sein will?

Von draußen höre ich das Gemurmel der Leute wie einen summenden Unterton, und mit einem Auge spähe ich auf meinen Bildschirm, auf dem der Terminkalender gerade immer voller wird. Ich klicke ihn mit einer unauffälligen Handbewegung weg, als Frau Quinn gerade auf ihre Fingerspitzen schaut und von ihrer Arbeit berichtet. Ich möchte mich jetzt zeitlich nicht unter Druck setzen, denn meine Patientin erscheint wirklich verzweifelt. Weiterhin habe ich nicht den Eindruck, dass die Kopfschmerzen wirklich Migräneattacken sind.

Eine Migräne äußert sich in der Regel durch einseitige, pulsierende Kopfschmerzen, die mit neurologischen Symptomen einhergehen können, oft von Übelkeit begleitet sind und die Patienten mehrere Stunden bis Tage ausschalten. Zwar ist Frau Quinn auch mehrere Stunden bis Tage nicht verfügbar, aber ihre Kopfschmerzen treten untypischerweise im ganzen Kopf auf und ziehen vom Nacken nach vorne. Ihre Nackenmuskulatur ist stark verspannt, der Blutdruck normal. Also frage ich vorsichtig weiter. Wie die Beziehung läuft. Wann die Schmerzen angefangen haben. Ob sie Sport macht und was ihr gegen die Kopfschmerzen hilft.

Ich erfahre, dass sie schon früher unter Depressionen litt, und ich bekomme immer mehr den Verdacht, dass die Kopfschmerzen eher ein Ausdruck eines psychosomatischen Geschehens sind.

Wir reden und reden, und irgendwann laufen bei Frau Quinn die Tränen. Nun weiß ich, dass ihr alles zu viel ist. Der Job läuft doch nicht so gut, die Beziehung schon gar nicht. Mit den Kopfschmerzen sagt der Körper: »Nimm mich hier raus. Ich brauche Abstand.« Die Kopfschmerzen sind eine Erklärung, warum man sich aus allem herausziehen kann. Das ist keine bewusste Entscheidung, aber der Körper versucht, seine Psyche zu entlasten. »Psyche, hörst du mich?«, spricht er dann und bohrt so lange, bis man Kopfschmerzen kriegt. Oder Magenschmerzen. Oder Herzrhythmusstörungen. Die Psyche ist da zuweilen sehr einfallsreich.

Wir machen einen nächsten Termin, um das weitere Vorgehen hinsichtlich einer Schmerztherapie zu besprechen, mehr kann ich heute leider noch nicht tun.

Aber eine etwas gelöstere Patientin verabschiedet sich mit langem Händedruck.

Apparatemedizin ist gut und wichtig. Sprechende Medizin aber ist die Grundlage. Im besten Fall sollten sich die beiden ergänzen.

Wie auch bei einem jungen Mann, der einmal, muskelbepackt und mitten im Leben stehend, in die Notfall-Sprechstunde kam, als ich außerhalb der Praxis in einem Krankenhaus einen kassenärztlichen Notdienst machte. Wenn die Praxen keine Sprechstunde haben, treten die Notdienstpraxen auf den Plan, die meist an Krankenhäuser angeschlossen sind.

Er habe immer wieder Herzrhythmusstörungen, erklärte mir Herr Soltan. So wie zu diesem Zeitpunkt auch. Kardiologisch war er vor Kurzem bereits untersucht worden, konnte ich herausfinden. Das EKG, das wir anfertigten, war unauffällig. Seine Beschreibungen klangen in meinen Ohren nach einer Panikattacke: Herzklopfen, Zittern und Kribbeln in den Händen und eine große Angst, jetzt sofort zu sterben. Also fragte ich vorsichtig nach: »Stress?« Viele fühlen sich sofort in die Psycho-Ecke gedrängt und nicht ernst genommen, wenn man sie nach Stress befragt. Dabei muss man neben den organischen Ursachen auch die seelischen Gründe erfassen.

»Nö, eigentlich nicht«, erwiderte er schulterzuckend. Alles sei gut, mit den Kindern und dem Job. Der Hausbau sei so ein bisschen belastend, aber da er nur Nachtschicht arbeite, hätte er genug Zeit.

Joa. Is klar. Alles easy. Nachtschicht, Kinder, Hausbau? Vielleicht war das doch ein bisschen zu viel des Guten. Ich fragte ihn, was er beruflich mache, und wir unterhielten uns über seine Nachtschichten als Polizist. Es war 23:55 Uhr, aber das Reden tat ihm gut.

Es sei alles gar nicht so schlimm, meinte er. Ja gut, manchmal sei er müde. Und sein Training schlauche ihn. Das sei zwar sein Hobby, aber als Sportler könne er sich keine Trainingsausfälle leisten, der Muskelaufbau sei schwer zu erreichen und schnell wieder weg, wenn man das schleifen lasse.

Zack. Ein weiterer Punkt: Nachtschicht, Kinder, Hausbau, sportlicher Leistungsdruck. Da kann jeder normale Mensch Probleme mit der Psyche bekommen. Um nichts zu übersehen, fragte ich noch nach anabolen Medikamenten, die auch Herzprobleme verursachen können, aber er verneinte.

Schade, dass sprechende Medizin in unserem aktuellen Gesundheitssystem nicht wertgeschätzt wird. Schade, dass man viel zu wenig Zeit hat, sich mehr um seine Patienten zu kümmern. Ich will dadurch keine Reichtümer anhäufen, wenn sich jemand mal aussprechen muss. Ich will, dass diese Person beru-

higt nach Hause geht und ich nach dem Gespräch nicht verzweifelt auf meine Wartezimmerliste schauen muss, weil ich
zehn Minuten zu lange geredet habe. Und ich wünsche mir,
dass die Bedeutung der Psyche ernst genommen wird. Dann
würde man dem Patienten und dem System viel apparative Medizin ersparen.

Der Seismograf der Seele

Als ich nach den üblichen Unterschriften bei Rezepten und
Co. und einem Gang an die Kaffeemaschine wieder in
mein Sprechzimmer komme, sitzt schon Herr Ismael dort. Sehr
blass ist er, die Erschöpfung steht ihm ins Gesicht geschrieben.
Müde begrüßt er mich und grinst: »Kann ich auch so einen?«
Er zeigt auf den Kaffee. »Mit Milch und Zucker, bitte.«

»Das ist eine individuelle Gesundheitsleistung und muss privat abgerechnet werden«, sage ich, während ich mich setze.

Herr Ismael lacht. Dann erzählt er, er sei so müde, könne
aber nicht schlafen. Nach zwanzig Jahren im Schichtdienst
habe er so starke Schlafstörungen, dass er selbst an seinen freien
Tagen nicht in den Schlaf finde. »Außerdem habe ich Kopfschmerzen und fühle mich ziemlich gereizt.«

Wie bei meiner vorherigen Patientin Frau Quinn machen
sich seelische Erschütterungen häufig zuerst beim Schlaf be-
merkbar. Denn wo schafft es die Psyche am ehesten, mit einem
zu sprechen, wenn sie im allgemeinen Tagesablauf keine Be-
achtung findet? Genau, nachts, im dunklen Kämmerlein. »Du
schläfst? Fantastisch. Dann hör mir zu!«, sagt sie und rüttelt
uns wach. Der Seismograf der Seele. Ich gehöre zu den glücklichen Menschen, die mit gutem Schlaf gesegnet sind, sofern

keine Lebensereignisse oder Situationen mich zum Nachdenken bringen. Als ich noch in den Mühlen der Vierundzwanzig-Stunden-Dienste gefangen war, zwischen Mutterdasein und Karrierestreben, da war ich stellenweise ganz schön verzweifelt. Zwei kleine Kinder brauchen auch mal nachts ein Elternteil, und sie schleppten in den ersten zwei Jahren Kindergarten jeden Infekt mit nach Hause, den es gratis mitzunehmen gab. Dementsprechend wenig schlief ich. Um manchmal am nächsten Tag in die Arbeit zu gehen. Schon aus Sorge um die Nacht und die vielen Stunden in der Klinik konnte ich nicht mehr schlafen. Sich repetitiv »Schlaf endlich!« vorzusagen, während man minütlich auf die Uhr sieht, hilft erfahrungsgemäß nicht. Hab ich für Sie getestet.

Schlafstörungen haben fast immer eine Ursache, die in vielen Fällen psychisch, in manchen Fällen aber auch somatisch (körperlich) bedingt ist. Organische Ursachen, denen wir nachgehen sollten, finden sich häufig bei Menschen in den mittleren Lebensjahren: ausgeprägtes Schnarchen, Schlafapnoe (Atemaussetzer im Schlaf), Blutdruckprobleme, kardiale Erkrankungen. Auch nächtliche Schmerzen oder eine Bewegungsunruhe der Beine sollten abgeklärt werden.

Viele Schlafstörungen sind aber psychisch bedingt. Sie können auf eine Depression hindeuten, insbesondere wenn man regelhaft in den frühen Morgenstunden aufwacht und nicht wieder einschlafen kann (Durchschlafstörungen). Panikstörungen äußern sich oftmals in Einschlafstörungen, weil die Seele nicht zur Ruhe kommt. Suchterkrankungen stören unseren Schlaf ebenfalls, denn auch wenn das Feierabendbierchen das Einschlafen fördert, stört es erheblich die Schlafphasen und das tiefe Schlafen. Der Schlaf ist somit weniger erholsam. Aber ebenso lebensbelastende Situationen bringen uns um den Schlaf: Stress im Job, Probleme in der Beziehung, finanzielle Sorgen, ein schwieriges Schlafumfeld.

Gerade Menschen, die im Schichtsystem arbeiten, können davon ein (Schlaf-)Lied singen. In vielen sozialen Berufen gehen die Menschen bis an die Grenzen ihrer psychischen und physischen Belastbarkeit. Ärzte, Pflegekräfte, Polizisten. Sie alle sind hohem Druck ausgesetzt und erleben dann oft Folgendes: In den Tagen, an denen sie schlafen könnten, ist ihr Biorhythmus noch vollkommen durcheinander. Wie bei Herrn Ismael. Das Problem ist aber eher ein Grundsätzliches: Schaffe ich es dadurch noch, am belastenden Schichtdienst teilzunehmen, oder brauche ich vielleicht mal Abstand oder sogar einen neuen Arbeitgeber? Viele im Schichtsystem arbeitende Menschen müssen über kurz oder lang diesen hinter sich lassen, denn Untersuchungen belegen, dass eine Reihe von Krankheiten durch jahrelangen verschobenen Schlafrhythmus lauern: von Depressionen über vorzeitige Hirnalterung sowie ein erhöhtes Risiko für die Entwicklung eines Diabetes bis hin zu Herz-Kreislauf-Erkrankungen und einem vermuteten größeren Krebsrisiko. Und lässt man mal das Medizinische außen vor, kann mir sicher jeder Schichtarbeiter und auch jedes Elternteil, das die Nächte zum Tag macht, bestätigen: Es wird nicht leichter mit den Jahren.

In einem Krankenhaus, in dem ich meine erste Famulatur, mein erstes Praktikum als Medizinstudentin machte, leistete ein Internist *jeden* Nachtdienst ab. Er war einfach jede Nacht da. Immer. Er sah aus wie fünfundsiebzig, schätzungsweise war er eher zwanzig Jahre jünger. Er schien es zu mögen, sich nicht mit dem Alltagstrubel auseinandersetzen zu müssen. Oder er hatte aus seinen Schlafstörungen eine Tugend gemacht und ging arbeiten, wenn er denn schon nicht schlafen konnte.

Manchen älteren Patienten kann ich kaum helfen. Ich erinnere mich an eine achtundsiebzigjährige Dame: Alle organischen Ursachen waren abgeklärt, und dennoch war sie jede Nacht zwei Stunden wach, stand dann auf, bügelte, schaute etwas fern und schlief in den Morgenstunden wieder für drei Stunden ein. Sie fühlte sich nicht gestört dadurch, fand es aber auch nicht normal.

Der Schlaf von älteren Menschen verändert sich. Sie schlafen zum Teil tagsüber öfter ein, sind dafür in der Nacht länger wach und werden wegen des leichteren Schlafs auch durch kleinere Störungen schneller aufgeweckt.

Ich habe mal eine nette evolutionsbiologische Erklärung für dieses Phänomen gelesen, die ich älteren Patienten gerne mitgebe. Der Theorie zufolge schlafen ältere Menschen nicht mehr so fest, weil sie im Familienverbund die Aufgabe haben, die Angehörigen in der Nacht zu bewachen. Der Mann muss tagsüber die Säbelzahntiger jagen, die Frau hütet die Kinder (Höhlenmenschen lebten offenbar recht traditionell) und geht Nahrungsmittel sammeln. Es hat also jeder seine feste Aufgabe im Höhlenmenschenverbund, und die Erwachsenen brauchen den Nachtschlaf. Deswegen haben die Älteren, die nicht mehr jagen und sammeln können, die wichtige Aufgabe, die Familie im Gefahrenfall zu warnen. Natürlich muss man ein paar Abstriche von der Erklärung machen, da wir nicht mehr in Höhlen leben und von Säbelzahntigern angegriffen werden. Diese Erklärung zaubert den meisten Menschen ein Lächeln auf die Lippen, weil sie ihnen das Gefühl von »Gebrauchtwerden« gibt. Selbst wenn man seine Höhlenmenschen nicht mehr um sich hat.

Bei kürzeren Phasen von Schlafstörungen kann man sich selbst mit leichten pflanzlichen Medikamenten helfen. Oder man schafft feste Schlafrituale, eine ruhige Schlafumgebung und einen festen Rhythmus. Nimmt die Tagesmüdigkeit jedoch überhand, hat man nächtliches Herzrasen oder verspürt einen Druck auf der Brust, sollte man seinen Arzt aufsuchen. Und wenn Schlafstörungen länger als vier Wochen anhalten, sollten sie ärztlich abgeklärt werden. Denn Schlafmittel sollten keinesfalls länger als wenige Tage eingenommen werden, da sie abhängig machen können.

Herr Ismael berichtet während der Sprechstunde, dass er sich langfristig einen neuen Arbeitgeber suchen möchte – fernab vom Schichtdienst, er fühle sich inzwischen zu alt dafür. Mein Vorschlag, eine Reha zu beantragen, überrascht ihn ein bisschen, aber er scheint den Gedanken nicht abwegig zu finden. Er erbittet sich Bedenkzeit. Wer zwanzig Jahre im Schichtdienst war, muss sich wegen einer Reha nicht schämen.

Ich habe solche Schmerzen

Wir alle kennen Schmerzen. Akuten Schmerz. Wir schneiden uns in den Finger, hauen uns den Kopf am Fenster an oder fallen beim Biken vom Rad. Wir kennen Muskelkater, Gliederschmerzen bei Grippe, Kopfschmerzen bei Stress und Rückenschmerzen von der Gartenarbeit oder vom langen Stehen während der internistischen Visite. Viele Menschen kennen aber auch chronische Schmerzen. Und damit kennen sie kein Leben ohne Schmerzen. Sie sind einfach immer da. Mal stärker, mal schwächer. Nie nicht.

Meine nächste Patientin kann davon ein Lied singen. Ein Klagelied sozusagen. Und ich würde ihr so gerne helfen, aber die Sache ist kompliziert.

Ich rufe die zweiundfünfzigjährige Frau Paschmann zu mir herein. Sie kommt mir mit kleinen Schritten entgegen, winkt schon beim ersten Blick ab und sagt: »Es ist wieder schlimm, ich sag's Ihnen.« Ich halte ihr die Tür auf, sie humpelt an mir vorbei und nimmt im Zimmer Platz. Die Augen halb geschlossen, sieht sie sehr geschafft aus.

»Schlimm, Frau Doktor. Ich habe immer Schmerzen. Immer. Die Knie, der Rücken, der Nacken, die Schulter, alles.« Frau Paschmann ist keine schmerzempfindliche Frau. Sie ist in den besten Jahren, arbeitet viel, hat Familie und Kinder und lässt sich von ihren Schmerzen nicht unterkriegen. Aber manchmal sind die Schmerzen zu stark und rauben ihr die Kraft. Ich versuchte bereits, sie bei einem Rheumatologen unterzubringen, weil ich eine Fibromyalgie vermute. Die Triggerpunkte sind schmerzhaft, sie ist schnell erschöpft, und die Blutwerte sind allesamt in Ordnung. Leider ist es wie bekannt: Der nächste Termin ist in zwölf Monaten zu haben. Vielen Dank, Gesundheitssystem, der Nächste bitte.

Also haben wir gemeinsam ein Behandlungskonzept erarbeitet, und sie hält sich eisern daran. Krankengymnastik, Sport, Entspannung, Schmerzmittel bei Bedarf. Und sie steht auf der Warteliste für eine Behandlung in einer Schmerzklinik, die ein sogenanntes multimodales Konzept anwendet: das Nebeneinander von Medikamenten, Verhaltenstherapie und physikalischen Maßnahmen.

Nur mit den Antidepressiva, die ich ihr verschreiben will, hadert sie.

Ich bin doch nicht depressiv, denken sich viele Patienten, wenn ich mit diesen Medikamenten um die Ecke komme. Doch Antidepressiva beeinflussen die Wahrnehmung von Schmerz, sodass dieser weniger stark wahrgenommen wird.

Ich gehöre glücklicherweise zu den Menschen, die eigentlich nie Schmerzen haben. Es sei denn, ich habe beim Sport mal wieder übertrieben oder mir bei der Gartenarbeit den Rücken »verhoben«. Frau Doktor, mei Rügge. Was von alleine kommt, geht auch von alleine, ist ein gängiger Ausspruch und stimmt bei dieser Art von Schmerz oft, weil Verspannungen und Überlastungen meistens keine spezifische Therapie benötigen. Das ist akuter Schmerz. Akuter Schmerz kann somatisch sein, wenn ich einen lokalisierten Schmerzpunkt habe, weil der Hammer auf meinem Daumen dort wehtut. Oder er kann viszeral sein, wenn mir die Eingeweide schmerzen, weil mein Wurmfortsatz vom Blinddarm entzündet ist. Diese akuten Schmerzen lassen irgendwann wieder nach. Entweder weil ich den Hammer vom Daumen nehme oder den Wurmfortsatz entfernen lasse.

Patienten wie Frau Paschmann kennen das nicht, dass Schmerzen wieder nachlassen, denn der Schmerz hat sich sein eigenes Gedächtnis geschaffen und es sich darin bequem gemacht. Ihn zu beherrschen erfordert Zeit, Mühe, ein interdisziplinäres Behandlungskonzept und Ärzte, die hinter die Fassade blicken.

Wenn Schmerzen sich aber so verselbstständigen, dass sie ein Schmerzgedächtnis ausbilden, dann ist der Mechanismus folgender: Ein akuter Schmerzreiz, der eine Alarmfunktion im Körper hat, wirkt auf die Schmerzrezeptoren, die sogenannten Nozizeptoren. Sie enden mit ihren Fasern im Rückenmark, wo Glutamat, ein Salz und Signalstoff, ausgeschüttet wird und dort sogenannte Hinterhornneurone aktiviert. Diese wiederum leiten das Signal weiter an das Gehirn, welches den Schmerzeindruck generiert. Schmerzen entstehen folglich im Gehirn.

Akute Schmerzen haben also eine wichtige Funktion: Sich mit dem Hammer auf den Daumen zu hauen ist eine doofe Idee. Pass demnächst gefälligst besser auf!

Manchmal sind die Schmerzreize so groß, dass die freigesetzte Menge an Glutamat und anderen Signalstoffen im Rückenmark so groß ist, dass eine dauerhafte Veränderung auf Zellebene einsetzt. Diesen Prozess nennt man LTP – Langzeitpotenzierung. Und die LTP sorgt dafür, dass selbst geringe Schmerzreize eine starke Erregung der Nervenzellen auslösen und als starke Schmerzen wahrgenommen werden. Der Schmerz hat also seine Alarmfunktion verloren. Um es einfach auszudrücken: Das Gehirn wird immer empfindlicher. Zu empfindlich.

Und die Schmerzen können sich ausbreiten. Weil die veränderten Nervenzellen einerseits Nachbarstrukturen beeinflussen, andererseits weil man eine Schonhaltung einnimmt, die wiederum zu Fehlhaltungen und Verspannungen führt. Die Folge: Vielen Schmerzpatienten tut irgendwann der ganze Körper weh. Das ist keine Einbildung, das hat ihr Gehirn so gelernt. Wie ein furchtbarer Ohrwurm, der sich nicht mehr löschen lässt.

Bei wiederholten oder andauernden Schmerzreizen können die Veränderungen bis an das Lebensende bestehen bleiben. Deswegen ist es wichtig, große Schmerzreize am besten gar nicht erst entstehen zu lassen. Blöderweise kommen die meisten Schmerzreize ungeplant: Verletzung oder eine Krankheit lassen sich nicht vorhersehen. Niemand plant, einen Bandscheibenvorfall oder einen Unfall zu haben oder eine schwere Krankheit zu entwickeln. Wenn diese Ereignisse auftreten, ist eine vernünftige und zielgerichtete Analgesie (Schmerzstillung) wichtig. Eine Narkose verhindert im Übrigen nicht die Entstehung eines Schmerzgedächtnisses, weil die Wirkung der Medikamente am Rückenmark zu gering ist.

Und weil eine pharmakologische Löschung des Schmerzgedächtnisses leider auch nicht funktioniert, ist die Prämisse »Viel hilft viel« wie so oft in der Medizin nicht wirksam. Im Gegenteil: Ein Zuviel an Medikamenten bei chronischen Schmerzen erhöht die Schäden durch Nebenwirkungen, zum Beispiel Nierenschäden durch Ibuprofen, Kopfschmerzen durch Kopfschmerztabletten per se (mehr bei Indometacin und Paracetamol als bei Ibuprofen) und Leberschäden durch zum Beispiel Paracetamol. Daher empfiehlt die Weltgesundheitsbehörde (WHO) bei chronischen Schmerzen den Einsatz von Opioiden, das sind Abkömmlinge vom Morphin und entweder stärker oder schwächer als Morphin, je nach eingesetzter Substanz. Denn Opioide schädigen weder Leber noch Nieren, und die

Angst vor der Sucht ist auch unbegründet. Ja, man entwickelt eine körperliche Abhängigkeit, das ist nun mal Teil des Prozesses. Aber man entwickelt keine Sucht, denn Sucht würde ein Verlangen nach »mehr« voraussetzen. Manchmal verordnen Ärzte auch Antidepressiva. Aber nicht, weil sie eine Depression vermuten, sondern um die Schmerzwahrnehmung zu verringern.

Leider kann kein Medikament das Schmerzgedächtnis löschen. Pharmakologisch ist das nicht möglich. Man kann einem Schmerzpatienten aber auch nicht einfach seine Medikamente wegnehmen und nichts machen. Andere Maßnahmen müssen also her, und die fordern Eigeninitiative vom Patienten. Es funktioniert nicht mit »nur Tabletten«.

Wichtig ist für Patienten, sich seiner Stressreize bewusst zu werden. Nicht weil jeder Schmerz durch Stress ausgelöst wird, sondern weil Stress Schmerz verstärken kann. Dafür benötigt es manchmal Hilfe von außen in Form von Freunden, Familie, Psychologen oder auch eine Telefonseelsorge, wenn es Themen im Leben gibt, die man alleine nicht bewältigen kann. Darüber hinaus kann das Gehirn Schmerzen auch wieder verlernen. Etwas, das man lernen kann, kann man auch verlernen. So wie ich meinen Examensstoff von vor zehn Jahren nicht mehr umfassend im Kopf habe. Das impliziert aber auch, dass es dauert. Es geht nicht von heute auf morgen.

Das Verlernen von Schmerz geschieht zum Beispiel durch Ablenkung. Ein nettes Beispiel ist das Ablenkungs-ABC, bei dem man sich zu jedem Buchstaben im Alphabet einen Gegenstand, eine Musikband, ein Lebensmittel oder ein Land einfallen lässt. Indische Fakire verwenden diese Technik angeblich, wenn sie auf Nagelbrettern sitzen. Sich auf Nagelbretter zu setzen, empfehle ich jetzt nicht, aber diese Techniken am besten mithilfe eines Schmerztherapeuten zu erlernen, das empfehle ich schon.

Außerdem ist Aktivität ganz wichtig. Während man sich bei akuten Schmerzen manchmal schonen muss, ist dies bei chronischem Schmerz vollkommen fehl am Platz. Warum? Weil dauernde Inaktivität eine Schonhaltung verursacht, die schmerzverstärkend wirkt. Weil Aktivität Endorphine ausschüttet. Weil Bewegungsmangel Übergewicht und »Verschleiß« verursacht, die wieder neue Probleme mit sich bringen.

Kurz gesagt: Akuter Schmerz ist sinnvoll und hat eine Alarmfunktion. Chronischer Schmerz hat diese Funktion verloren und feuert einfach wild drauflos, ohne Sinn und Verstand. Miststückartig. Ohrwurmig.

Daher muss man bei einem akuten, starken Schmerzereignis eine zielgerichtete Therapie durchführen. Chronische Schmerzen bilden sich Menschen nicht ein. Ihnen zu sagen, dass sie sich nicht so anstellen sollen, ist mehr als falsch. Denn auch an einen Ohrwurm kann man nicht einfach nicht denken. Je mehr man an ihn denkt, umso schlimmer ist es. »Hör auf, an das schreckliche Lied zu denken!« So ist es mit dem Schmerz. Daher gilt: ablenken, soziale Kontakte pflegen, Stress reduzieren, bewegen und Hilfe durch Schmerztherapeuten suchen, die eine passende medikamentöse Therapie einstellen.

Das alles macht Frau Paschmann bereits, und daher passe ich nur ihre Medikamente ein wenig an, verordne Krankengymnastik und höre zu. Gerne würde ich mehr machen, aber wir können nur gemeinsam auf den Therapieplatz in der Schmerzklinik warten. Manchmal sind uns die Hände gebunden.

Gibt es etwas ohne Zuzahlung?

Nicht jeder Mensch verfügt über ausreichend Geld. Nicht einmal für seine Gesundheit. Manchen reicht das Geld nicht mal zum Leben, und so manche Patienten im Rentenalter müssen mit einer sehr kleinen Rente auskommen. So wie Frau Olewski.

»Immer habe ich geschuftet«, sagt sie, und man spürt die Verbitterung, hört die Enttäuschung in ihrer Stimme. Sie selbst ist ohne Worte für diese Tatsache, dass ihr Leben, das sie ihrer Familie widmete, sie nun in die Altersarmut trieb. »Ich habe doch immer gearbeitet. Nicht nur zu Hause, auch normal, im Büro. Aber eben immer nur ein paar Stunden, und dann war ich für die Kinder da und habe das Haus ordentlich gehalten. Das war eben früher so. Ihr jungen Frauen heutzutage müsst ja beides machen. Arbeiten und Familie haben. Ob das so viel besser ist, weiß ich auch nicht.«

Ich weiß es auch nicht. Ich denke an meine Kinder, die gerade während meiner Klinikzeit oft auf mich verzichten mussten und auch an den Wochenenden keine Familienzeit mit mir hatten.

Frau Olewski wuschelt sich mit der Hand durch ihre kurzen Haare wie jemand, der sich ungläubig am Kopf kratzt und nicht glauben kann, dass er das erleben muss. Eigentlich ist sie ein fröhlicher Mensch, reißt manchmal Witzchen in der Sprechstunde und lässt sich nicht unterkriegen. Heute aber geht es ihr nicht gut. Sodbrennen und Magenschmerzen quälen sie. Ich untersuche meine Patientin und verschreibe ihr ein Medikament, das die Magensäureproduktion drosselt, und bitte sie wiederzukommen, wenn es nicht besser wird.

»Frau Doktor, ich kann mir die Zuzahlung nicht leisten«, sagt sie und schaut verschämt auf den Boden. Es ist ihr unangenehm, dabei kann sie nichts dafür. »Können Sie nicht ein Medikament ohne Zuzahlung aussuchen?« Also sehe ich bei unseren Musterpackungen nach und finde glücklicherweise ein Präparat, das ich ihr mitgeben kann. Aber nicht immer klappt das, denn nicht alle Medikamente haben ein zuzahlungsfreies Pendant.

Frau Olewski verlässt die Praxis zufrieden.

Selbst ohne Geld und mit vielen Nebenjobs aufgewachsen, habe ich ein genaues Bild davon, wie es den Menschen ohne Geld geht. Einer meiner längsten Jobs war der in einem Supermarkt. Als Sechzehnjährige verkaufte ich dort in einem schicken rot-weißen Leibchen Wurst und Käse, sortierte Produkte in Regale ein und saß an der Kasse. Vier Jahre lang, dreimal in der Woche nach der Schule und am Wochenende.

Wir kannten unsere Kunden und wussten, wer Geld hat und wer nicht. Eine Frau, die regelmäßig kam, hatte kein Geld und kaufte immer nur das Nötigste. Erst später erfuhr ich, dass sie wohl gelegentlich aus der Not heraus eine Packung Hackfleisch oder eine Dose Gemüse in ihrer Tasche verschwinden ließ. Einfach, weil sie es sich nicht leisten konnte. Der Chef »bemerkte es manchmal nicht«. Als sie irgendwann eine Flasche Wodka entwendete, konnte er die Augen nicht mehr verschließen.

In der Praxis kennen wir ebenfalls unsere Patienten und wissen, wer welche Sorgen und Nöte hat. Aber wer gelegentlich Gegenstände aus ihr verschwinden lässt, das wissen wir nicht. Es ist ja auch wirklich praktisch: Da steht eine Klorolle zu viel im WC, die man in Zeiten der Corona-Pandemie wohl besser anketten sollte, die flüssige Seife duftet so schön, und der Artikel über die Queen aus der *Neuen Post* ist ja so interessant, dass man die Zeitschrift unbedingt mitnehmen muss (oder es wird die Seite herausgerissen). Und manchmal werden tatsächlich Topfblumen aus dem Blumenarrangement im Wartezimmer ausgebuddelt.

Eine Klorolle passt in eine handelsübliche Damenhandtasche von der Größe eines Umzugskartons. Ein Seifenspender auch. Aber wo packt man die mit Erde bedeckte Topfblume hin? Und wer macht so etwas überhaupt? Meist sind es nicht diejenigen, die arm sind. Oft sind die Mittellosen die Personen, die an der Anmeldung fragen, ob sie sich ein Rezept aus der *Frau im Spiegel* ausschneiden dürfen oder es kopieren können, was wir natürlich gerne tun. Weil die Arbeit in einer Praxis nicht nur ein Job ist, sondern Lebenshilfe. Und sei es nur im ganz Kleinen.

Nur mal schnell den Leberfleck

Ich hole kurz Luft, und dann geht es weiter im Programm. Inzwischen habe ich Betriebstemperatur erreicht. Als ich gerade an der Anmeldung stehe, schlüpft ein Patient aus der Warteschlange vor der Rezeption und stellt sich vor mich.

»Hier bitte nicht anstellen«, sagt Carmen freundlich, aber er hat eventuell ein akustisches Wahrnehmungsproblem, denn er reagiert nicht.

»Bitte hinten anstellen«, erklärt meine MFA nun etwas nachdrücklicher.

Er schaut sie nur an und entgegnet genervt: »Es geht ja ganz schnell.« Um kurzerhand seinen Pullover zu lupfen und mir seine Flanke zu präsentieren. Vor allen anderen Menschen, die dort in der Schlange stehen. »Nur mal eben auf den Leberfleck schauen, ja? Dann muss ich nicht so lange warten, das geht ja ganz schnell.«

Schon wieder dieses *ganz schnell*. Es geht ja immer alles ganz schnell: ganz schnell der Leberfleck, ganz schnell die Impfung, ganz schnell die Krankmeldung und ganz schnell die komplizierte Fraktur am Sprunggelenk operativ versorgen. Dass man dafür aber auch so lange warten muss …

Wenn das mal so einfach wäre. Wie gerne würde ich Diagnostik to go anbieten. Oder Drive-in. Einfach mal schnell den vorbeigehenden Patienten am Schalter eine Diagnose vor die Füße werfen, das passende Medikament hinterher und obendrein vielleicht noch eine Krankmeldung an einem Abreißzettel aufhängen. Das würde unser überlastetes Gesundheitssystem sicher entlasten und die Wartezeiten deutlich verringern. Die durchschnittliche ärztliche Behandlungszeit von sagenhaften 7,6 Minuten pro Patient könnte weiter verkürzt werden und das ärztliche Gespräch quasi abgeschafft. Ein Traum in Weiß für jeden Ökonomen. Ärzte fänden das eher nicht so traumhaft. Alptraumhaft träfe es eher.

Ich verstehe den Mann ja. Er hat einen Leberfleck, der ihm komisch vorkommt, und es soll nur mal schnell jemand draufschauen, damit er sich keine Sorgen machen muss. Aber wenn der Leberfleck nun doch suspekt (also verdächtig) aussieht, was dann? Dann muss ich ihn darüber aufklären, dass er suspekt ist. Dass er eventuell entfernt werden muss. Dann hätte er Fragen, wie schlimm Hautkrebs sein kann und wie wahrscheinlich es ist und wo er die Entfernung machen lassen soll und überhaupt, was er denn jetzt tun soll. Also doch keine Diagnose to go, sondern ein ärztliches Gespräch an der Anmeldung, das Zeit kostet, fern von jeder Diskretion und fern jedes Datenschutzes passiert und leider den gesamten Praxisablauf stört. Denn die anderen Patienten haben vielleicht auch nur ein ganz kurzes Problem und würden gerne die Drive-in-Methode oder den Abreißzettel nutzen. Vielleicht haben sie ebenso keine Lust zu warten, ganz sicher sogar. Wir müssen aber fair sein und alle der Reihe nach, Termin für Termin, behandeln – von Notfällen natürlich abgesehen.

Also sage ich dem Drängler, dass ich mir seinen Fleck in der Sprechstunde ansehen muss und er sich bitte gedulden möge.

Er rollt mit den Augen und verlässt die Praxis. Vielleicht bin ich kleinkariert. Aber jeder Patient wird gleich behandelt. Im Übrigen auch unabhängig vom Versicherungsstatus.

Fleisch ist mein Gemüse

Neulich habe ich mir einen Topf Suppe gekocht. So, wie es sich gehört: mit ausgekochter Bio-Beinscheibe, viel Gemüse und Nudeln. Die habe ich dann fast eine Woche lang zum Frühstück gegessen. Ja, zum Frühstück. Ich bin ein Suppenkasper und könnte jeden Morgen Suppe essen. Außerdem ist alles in ihr drin, was man braucht: ordentlich Flüssigkeit, Salz für meinen jämmerlichen Blutdruck, Eiweiß, Ballaststoffe und Kohlenhydrate.

Viele Menschen verzichten ja komplett auf das Frühstück oder holen sich ein süßes Teil beim Bäcker, was für einen guten Start in den Tag eigentlich nicht zu empfehlen ist. Als ich noch in der Stadt lebte, hatte ich auch mein tägliches Teilchen. Jetzt, da ich ländlich wohne, koche und backe ich häufig und beobachte das auch bei meinen Patienten. Selbst gebackenes Brot und selbst Gekochtes, gerne auch mit Produkten aus heimischem Anbau, sind meiner Erfahrung nach selbstverständlicher als in der Stadt. Sicherlich liegt das zum einen am vorhandenen Platz für den Gemüsegarten, aber auch an der Tatsache, dass auf dem Land mehr Familien als Singles wohnen.

Jetzt ist es 10:30 Uhr, und anstelle von Suppe hatte ich heute Morgen Haferflocken und jetzt natürlich wieder Hunger. Aber der muss warten, denn die Sprechstunde geht weiter. Mein nächster Termin ist Frau Niemeier, und auch bei ihr dreht es sich heute ums Essen.

»Da stimmt was nicht«, sprudelt es aus ihr heraus, als sie Platz genommen hat. »Vielleicht die Schilddrüse oder die Hormone. Vielleicht komme ich ja schon in die Wechseljahre«, mutmaßt sie. Sie ist Ende dreißig, recht gut gepolstert, und sie atmet etwas angestrengter.

Ich hake nach, worum es denn geht.

»Ich nehme einfach nicht ab!«, erklärt sie verstimmt. »Egal, was ich tue. Es ist wie verhext!«

Ich höre zu und denke nach. Für die Wechseljahre halte ich sie für zu jung, aber bekanntermaßen gibt es in der Medizin nichts, was es nicht gibt. Und die Schilddrüse ist ein häufiges Problem, zugleich gerne auch mal die Erklärung für alle kleinen und großen Beschwerden.

Stimmungsschwankungen? Schilddrüse.

Gewichtsveränderungen? Schilddrüse.

Haarausfall? Schilddrüse.

Das kann schon alles zutreffen, muss es aber nicht. Und natürlich kommt keine Frau mit einer diskreten Schilddrüsenüberfunktion zu mir und beschwert sich, dass sie schon immer schlank war und alles und viel essen könne. Das ist doch der Traum einer jeden Instagramerin. Sie kennen den Witz? Was wiegt ein Influencer? Ein Instagram. Haha.

Eine latente Schilddrüsenüberfunktion wird ganz gerne mal dankend angenommen. Und manche Menschen schlucken sogar mit gesunder Schilddrüse Hormone, damit sie schlank werden oder abnehmen. *Hyperthyreosis factitia* nennt man das – künstlich herbeigeführt.

Ich frage Frau Niemeier konkret nach Größe und Gewicht und berechne den BMI, den Body-Mass-Index, der versucht, einen objektiven Wert für das Körpergewicht in Relation zur Größe zu liefern. Er ist nicht immer passend, so zum Beispiel bei den klassischen Bodybuilder-Typen, die nur aus Muskelmasse bestehen. Die sind nicht dick, aber der BMI ist durch die Muskelmasse und das Körpergewicht hoch, sagt also etwas anderes. Aussagekräftiger ist der Bauchumfang, da das Bauchfett ein direkter Indikator für Folgeschäden an Herz und Gefäßen ist.

Frau Niemeier muss tatsächlich dringend abnehmen.

»Ich kann machen, was ich will. Ich esse fast nichts und nehme trotzdem nicht ab«, sagt sie und schaut mich verzweifelt an.

Bei diesem Satz werde ich immer hellhörig, denn häufig summiert sich dieses »Nichts« im Tagesverlauf auf deutlich über 2000 kcal, weil die kleinen Snacks zwischendurch, der Zucker im Kaffee und die süßen Getränke vergessen werden.

Ich schaue mir ihre Krankenakte und die Blutwerte an, die wir kurz vor dem Termin gemacht habe. Der Langzeitzuckerwert befindet sich in einem Graubereich, also liegt noch kein Diabetes vor, aber es könnte einer werden. Und die Cholesterinwerte sind mit 250 mg/dl auch zu hoch. Die Schilddrüsenwerte hingegen sind in Ordnung.

»Morgens esse ich maximal ein Brötchen. Ein halbes Brötchen mit Wurst und eines mit Marmelade oder Nougatcreme.« Dabei schaut sie schulterzuckend zu mir. Wichtig ist, dass sie schon registriert hat, dass ein süßes Brötchen jeden Morgen nicht gut sein kann. »Dazu zwei Tassen Kaffee mit Milch. Dann gehe ich ins Büro. Um 12:00 Uhr machen wir Mittag, da esse ich dann Salat oder Hähnchen oder irgendetwas Leichtes. Wenn ich nach Hause komme vielleicht ein kleines süßes Stückchen, aber nur ein kleines. Und abends eine Scheibe Brot. Und vor dem Fernseher manchmal eine Handvoll Gummibärchen. Aber nur ein paar!«

Nach ihren Erläuterungen klingt es zwar nicht nach Völlerei, aber auch nicht nach einer gesunden und ausgewogenen Ernährung. Zu viele Snacks säumen ihren Weg. Es fehlt auch an Gemüse, die Füllmasse, die wir als Ballaststoffe für den Darm und das dortige Mikrobiom – die Gesamtheit unserer Darmbakterien – brauchen, und natürlich zum Sättigen.

»Wie sieht es denn aus mit Bewegung? Sport? So als Ausgleich zu Ihrem Bürojob?«, frage ich sie und habe das Gefühl, dass ihr Problem multifaktoriell bedingt ist.

»Ich geh mit dem Hund. Zweimal! Morgens und abends.«

»Wie lange laufen Sie? Eher gemütlich oder eher zügig?«, frage ich nach.

»Na ja, ich bin morgens noch müde und abends wieder müde, vom Tag. Sport ist dann nicht mehr drin.«

»Hm, hm … Obst, Gemüse?«

»Ja, schon. Manchmal. Aber das ist so blöd ins Büro mitzunehmen.« Vor meinem geistigen Auge sehe ich Äpfel und Karottenschnitze in Tupperdosen. So blöd finde ich das gar nicht. Ich habe das Gefühl, dass sich Frau Niemeier langsam nicht mehr wohlfühlt bei meinem Verhör. Ich will ihr ja keine Vorwürfe machen, aber ich muss dem Problem auf den Grund gehen.

Weil meine Patientin inzwischen aber immer wortkarger wird, beende ich die Fragerei. Wir einigen uns darauf, dass Frau Niemeier ein Ernährungstagebuch führt und wir dann darüber sprechen. Ich biete ihr außerdem einen Termin bei einer Ernährungsberaterin an und ein Sportprogramm im nächsten Fitnessstudio, das über die Krankenkasse bezuschusst wird.

Kurz bevor sie das Zimmer verlässt, dreht sie sich um. »Ach …« Sie zögert. »Ich trinke nur Cola. Ich weiß. Aber Wasser kann ich nicht trinken. Das schmeckt doch nicht.«

Ich ziehe meinen Hut vor so viel Ehrlichkeit und Selbstreflexion. Der erste Schritt ist somit getan.

Ich bin ja dafür, diese ganzen Softdrinks so teuer zu machen, dass kein Mensch sie mehr kaufen will. Wie damals, bei den Alkopops, die so lecker waren, dass Jugendliche sich damit bis zur Mentalverflüssigung die Birne volldröhnten. Ich arbeitete zu der Zeit in einer Disco an der Bar und habe es gesehen. Das Zeug wurde wie Limo getrunken. Die Getränke wurden schließlich mit einer Sondersteuer versehen, damit der exzessive Genuss aufhört. Das bedeutete den Untergang der Alkopops.

Die eingenommenen Steuern auf Softdrinks könnte man für gesundheitliche Aufklärungsprojekte für Kinder und Jugendliche heranziehen und für Förderprogramme an Schulen hinsichtlich gesunder Ernährung. Ich komme gerne in die Schulen, wenn es gewünscht ist. Oder für ein kostenloses Schulbrot, die klassische Stulle für Kinder, deren Eltern es sich entweder nicht leisten können oder kein Schulbrot machen (wollen). Damit Kinder von Beginn an gesunde Ernährung lernen.

Als Hausärztin werde ich auch gerne mal auf der Straße von Dorfbewohnern angesprochen.

»Un, wie?« Das ist Hessisch und heißt: »Guten Morgen, wie geht es denn so? Ist alles in Ordnung? Schön, dich zu sehen.«

»Eija. Es is, wie's is«, antworte ich dann wortgewandt, und schon ist man auf einer Wellenlänge.

Und dann erzählt mir der ehemalige Metzger, dass er eben beim Doktor war (nicht bei mir, aber doppelt hält ja bekanntlich besser) und seine Blutwerte allesamt top seien. Auch das Cholesterin, der Zucker, alles einwandfrei. Das läge an seiner Ernährung, denn als ehemaliger Metzger wisse er, wie gut Fleisch für die Gesundheit sei.

Nun, ich habe nichts gegen Fleisch. Ich esse sehr gerne gutes Fleisch. Aber eher wenig, denn unser Körper braucht nicht ständig Fleisch. Wir sind Allesesser und sollten viel Gemüse zu uns nehmen, Fasern, bunte Kost. Dass der Herr Metzger gute Cholesterinwerte hat, kann auch Zufall sein. So wie Ex-Bundeskanzler Helmut Schmidt, der bekanntermaßen viel geraucht hat und nie an Krebs erkrankte, so gibt es einfach Menschen, die glücklicherweise keine Folgeerkrankungen davontragen. Andere essen wie ein Vögelchen und kämpfen trotzdem mit dem Cholesterin und müssen Tabletten einnehmen, um ihr Cholesterinlevel in einem ungefährlichen Bereich zu halten.

Dass man mit einer Ernährungsumstellung sehr viel erreichen kann, haben mir zwei Patienten bewiesen.

Ein Mann hatte ein paar Kilogramm zu viel auf den Rippen und für sein junges Alter von Anfang zwanzig deutlich zu hohe Cholesterinwerte. Der Quotient von LDL (»böses« Cholesterin«) zu HDL (»gutes« Cholesterin) war zu hoch, was für ein erhöhtes Risiko für Gefäßerkrankungen wie Herzinfarkt oder Schlaganfall prädestiniert. Selten schon mit Anfang zwanzig, aber später mit Anfang vierzig sind die Blutgefäße dann im Eimer und verkalkt. Potenziert wird das Risiko durch Rauchen und Bluthochdruck, der selbst wieder durch Übergewicht begünstigt wird.

»Fleisch ist mein Gemüse«, sagte der junge Mann charmant grinsend, als wir über seine Ernährung sprachen. Drei Monate später kam er wieder. Acht Kilo weniger wog er, die Blutwerte hatten sich normalisiert, und er erzählte: »Auf Fleisch kann ich nicht verzichten, aber ich esse es nur noch dreimal pro Woche und inzwischen viel Gemüse.« Ich empfand mütterlichen Stolz auf den jungen Patienten und wollte ihm als Belohnung ein paar Gummibärchen geben, aber das hätte meine Ernährungsberatung ad absurdum geführt.

Eine andere Patientin hatte ebenfalls erhöhte Cholesterinwerte und ließ vier Wochen lang ihr heiß geliebtes Frühstücksbrötchen mit Nussnougatcreme weg. Die Werte waren um 70 Punkte gesunken. Die Dosis macht das Gift. Wie immer.

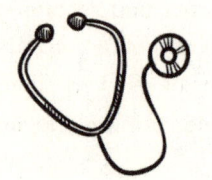

Nierensteine — die Wehen der (oft) jungen Männer

Wenn Frauen in den Wehen liegen, sollen sie ungefähr nachempfinden können, wie sich ein Mann mit »Männergrippe« fühlt. Dem Tode nah, Siechtum, nach der letzten Ölung verlangend.

Liebe Männer, eine Männergrippe ist im Vergleich zu den Schmerzen bei einer Nierenkolik ein Hauch von pittoreskem Nichts. Wenn ein Mann eine Nierenkolik hat, *dann* weiß er, wie sich Wehen anfühlen. Das musste auch Herr Ibrahim erleben, der alles andere als ein empfindlicher Mensch ist. Eine Männergrippe würde ihn nicht umhauen. Die Kolik schon. Er sieht schmerzverzerrt aus, als er als Notfalltermin zu mir ins Sprechzimmer kommt. Seine Frau begleitet ihn und berichtet, er habe die ganze Nacht nicht geschlafen und sei nur unruhig in der Wohnung umhergewandert.

»Wann hat es denn angefangen?«, beginne ich die Anamnese.

Herr Ibrahim will sich auch gar nicht hinsetzen und läuft beim Gespräch im Zimmer auf und ab. »Gestern Abend. Ich dachte an Blähungen, weil mir erst der Bauch wehtat. Aber inzwischen ist es im Rücken, im Bauch, überall.« Er krümmt sich beim Gehen und stemmt sich die rechte Hand in die Seite. Diese Unruhe ist typisch für eine Kolik.

»Sind die Schmerzen denn immer da, oder kommen sie und gehen?«, frage ich weiter.

Die Schmerzen kämen wellenförmig, erzählt er. In Schüben, würden immer schlimmer und flachten dann wieder ab.

Ich bewundere, dass er das die ganze Nacht lang ausgehalten hat. Andere gehen mit einem verkeilten Pups in die Notaufnahme (wobei die kleinen Stinker echt wehtun können), aber er hält eine Kolik über Stunden aus. Mein Patient sieht aber auch wirklich kaputt aus, er blickt zu Boden, die Augen halb geschlossen, immer wieder tiefe Atemzüge nehmend – wie Wehen. Er veratmet den Schmerz.

Wenn der Schmerz schon einige Stunden anhält, kann er auch in einen Dauerschmerz übergehen. Denn die Kolik wird durch Nierensteine hervorgerufen, die sich gelöst haben und dann durch den engen Harnleiter in Richtung Blase quetschen. Der Harnleiter – die Verbindung von Niere und Blase – ist sehr schmal. Zu meinen Pathologie-Zeiten musste ich ihn bei Autopsien immer suchen, weil man ihn leicht übersieht. Er ist ein dünnes, weißes Röhrchen von etwa zwei Millimeter Durchmesser. Wenn sich da nur ein kleines Steinchen durcharbeitet, tut es weh – je größer, desto schmerzhafter. Wenn die Steinchen allerdings zu groß sind, passen sie nicht mehr hindurch, verbleiben in der Niere und können für Probleme sorgen. Manchmal fristen sie dort aber auch nur ihr Nierensteinleben, und nichts Dramatisches passiert.

Ich bitte Herrn Ibrahim in den Ultraschallraum, denn Nierensteine, die im Harnleiter stecken bleiben, sorgen auch gelegentlich für einen Harnstau, der die Niere schädigen kann. Dann muss man eine sogenannte Doppel-J-Schiene in den Harnleiter einlegen, beziehungsweise die Urologen machen das. Die Schiene ist an beiden Enden aufgerollt, sodass sie entfernt so aussieht wie zwei am Fuß aneinandergeklebte J, was ihr den Namen gegeben hat. Dann kann der Urin wieder fließen, und andere Steinchen können den Weg passieren. Manchmal muss man auch Medikamente geben, um die Steine aufzulösen, oder sie mit Stoßwellen von außen zertrümmern.

Mein Patient legt sich auf die Liege und schafft es vor Schmerzen kaum, gerade zu liegen. Als ich den Schallkopf an die Seite halte, sehe ich leider eine leicht gestaute Niere. Damit hat er sich die Einweisung in die nächste urologische Abteilung

eingehandelt. Bei einem unkomplizierten Steinabgang hätte ich
erst einmal schmerz- und krampflösende Medikamente gegeben, ihn zur Kontrolle einbestellt und zeitnah einen Termin bei
einem niedergelassenen Facharzt vereinbart. Die gestaute Niere kann aber nicht warten.

Weil die Schmerzen für Herrn Ibrahim immer unerträg-
licher werden, rufe ich einen Krankenwagen. Er kann kaum
noch sitzen, und die Fahrt im Pkw wäre eine lange Qual. Zum
nächsten Krankenhaus fährt man hier in der ländlichen Gegend mindestens fünfundzwanzig Minuten. Ich lege meinem
Patienten gerade einen venösen Zugang für die Schmerzmittel,
da kommen die Sanitäter schon und übernehmen den Job. Anschließend nehmen sie ihn mit. Ich mag es, wenn wir als verschiedene Berufsgruppen gemeinsam funktioNIEREN. Und
Wortspiele mag ich auch.

Ich muss das pendeln

Oft schlage ich mich mit Pseudomedizin herum, und nicht
immer mache ich mich mit meiner ablehnenden Haltung
dazu beliebt. Aber ich differenziere zwischen Maßnahmen, die
den Menschen gefährlich werden, etwa weil sie die richtige Medizin verzögern, und harmlosen Maßnahmen, die Patienten
brauchen, um sich sicherer zu fühlen.

Inzwischen ist es 11:15 Uhr, und ich arbeite aufgrund der vielen Patienten, die ohne Termin kommen, stoisch einen nach
dem anderen ab. Als Nächstes ist Frau Mark an der Reihe. Sie
ist fünfundfünfzig Jahre alt und schlägt sich durch alle Irrun-
gen und Wirrungen des Lebens. Vergnügt und gar nicht krank
aussehend (was auch mal schön ist angesichts so vieler Krank-

heiten jeden Tag), rauscht sie in mein Sprechzimmer und zieht eine Welle guter Laune hinter sich her. Dann setzt sie sich schwungvoll und beginnt zu erzählen.

»Ich war gerade bei meinem Zahnarzt und muss ein Antibiotikum nehmen. Dieses hier«, sagt sie und legt eine Packung mit Tabletten auf den Tisch.

Ich wundere mich, dass sie nun hier ist, vermute aber den Wunsch nach einer Zweitmeinung oder einen anderen Rat. Es ist ein Standardantibiotikum gegen eine Vielzahl von Infektionen, und ich frage sie: »Was kann ich denn an dieser Stelle noch für Sie tun?«

»Können Sie mir den Namen einmal auf einen Zettel schreiben?« Sie strahlt mich an und beginnt daraufhin, in ihrer Handtasche zu kramen.

Ich gehe davon aus, dass ihr nicht gesagt wurde, wie sie es einnehmen soll, also nehme ich mir ein Post-it und notiere die entsprechende Dosierung und den Medikamentennamen darauf. Zu Risiken und Nebenwirkungen oder zu Fragen der Dosierung (die Lehre von den Dosierungen wird übrigens Posologie genannt) fragen Sie Ihren Arzt, einen weiteren Arzt oder einen Apotheker.

»Haben Sie Fragen zu dem Medikament, die der andere Arzt Ihnen nicht beantwortet hat?«, will ich beim Schreiben wissen und drehe mich schließlich wieder zu ihr. Frau Mark hat unterdessen aufgehört, in ihrer Tasche zu wühlen, und hält ein metallenes Etwas in der Hand. Es sieht aus wie die Goldkette meiner Oma mit einem viel zu dicken Medaillon. Meine Oma liebte goldene Klunker, Gott hab sie selig.

Frau Mark sitzt vor mir, lächelt mich an, und bevor ich fragen kann, was es mit der Kette auf sich hat, erklärt sie bereitwillig: »Das ist ein Pendel.« Ich nicke. Staunend halte ich den Zettel in der ausgetreckten Hand, den sie gespannt entgegennimmt und vor sich auf die Knie legt. Dann tritt sie in Aktion.

»Ich möchte nur mal auspendeln, ob ich es vertrage«, murmelt sie vor sich hin und lässt das Pendel über das Post-it baumeln. Es bewegt sich. Ich starre so gebannt auf das Pendel, dass ich wahrscheinlich unweigerlich im selben Rhythmus mitschwinge. Hin und her. Hin und her.

»Wissen Sie«, sagt sie. »Bei Ihnen kann ich das machen, aber andere haben kein Verständnis dafür.«

Ich gebe zu, mein Verständnis hält sich ebenfalls in Grenzen. Aber es scheint ihr wichtig zu sein, tut niemandem weh und kostet kein Geld. Also schauen wir beide gebannt, was das Pendel so treibt.

»Wie soll das denn funktionieren?«, frage ich, weil mein Unverständnis sich doch etwas Bahn bricht. »Wie bewegt es sich?«

»Ich mache nichts«, erläutert Frau Mark begeistert. »Das Pendel bewegt sich so …«, sie macht eine Bewegung vor und zurück, »… dann vertrage ich es.«

Kurze Pendel-Pause. Weiter gebanntes Starren. Frauen, die auf Pendel starren – Sie kennen den berühmten Film? (In Wirklichkeit heißt er ja: *Männer, die auf Ziegen starren,* aber wer wird hier so kleinlich sein.)

»Das Pendel sagt, ich vertrage das Antibiotikum«, folgert sie aus den Bewegungen, dann lächelt sie mich an und bedankt sich für meine Zeit.

Sie ist zufrieden, packt Pendel und Zettel ein und verlässt den Raum. Es war ein kurzer Termin und kostete mich nicht viel Zeit. Dennoch war es ein Termin, der medizinisch nicht notwendig war, denn Frau Mark kam von einem Kollegen zu mir. Auch hätte sie zu Hause pendeln können. Andere Menschen hätten den Termin dringender gebraucht. Allerdings weiß ich, dass viele Patienten eigene Verhaltensweisen entwickelt haben, um ihren Medikamenten mehr Vertrauen zu schenken. Meistens lasse ich ihnen ihre Angewohnheiten, weil der Placeboeffekt einen nicht unerheblichen Einfluss auf die

Genesung hat. Wenn Frau Mark also nun überzeugt davon ist, dass sie die Medikamente besser vertragen wird, dann wird sie es auch. Hätte das Pendel nun aber sein Veto eingelegt, was dann? Hätte sie das bereits gekaufte Medikament verworfen und dem Pendel mehr Glauben geschenkt als ihrem Zahnarzt? Denn der Noceboeffekt (das Gegenteil vom Placeboeffekt) kann Patienten Nebenwirkungen bescheren, die sie ohne Auspendeln oder exzessives Lesen der Packungsbeilage vielleicht nicht bekommen hätten. Hätte ich dann dem Zahnarzt reinpfuschen und ein anderes Antibiotikum aufschreiben sollen? Wäre sie wieder zu ihm gegangen und hätte einen weiteren Termin belegt? Oder lieber riskiert, gar keine Tabletten einzunehmen?

Man sieht, dass selbst vermeintlich harmlose alternative Heilmethoden ihre Tücken haben. Und nicht bei allen halb garen Heilmethoden kann ich zusehen und akzeptieren, dass Menschen daran glauben. Seit Jahren schon bin ich eine Ärztin, die sich gegen die Homöopathie ausspricht und die Einstellung auch gegenüber Patienten vertritt. Nicht immer gefällt allen diese Einstellung, weil die Homöopathie von vielen als »sanfte Medizin« oder Naturheilkunde angesehen wird. Doch beides ist schlichtweg falsch.

Eine »Medizin«, die keine Nebenwirkung hat, kann auch keine spezifische Wirkung haben. »Sanft« ist ebenfalls falsch, denn wenn man sich mal ansieht, dass beispielsweise Bienen für die Zuckerkügelchen getötet werden, ist das fernab davon. Und manchmal wird sogar Hundekot für die Herstellung verwendet. Oder Eiter. Dann heißen die Globuli Nosoden. Eigentlich ist es ja egal, weil in den Globuli durch die Verdünnung sowieso kein Wirkstoff mehr enthalten ist. Und mit Naturheilkunde haben Globuli übrigens ebenfalls nichts zu tun, denn die Naturheilkunde beinhaltet im Gegensatz zur Homöopathie Kräuter und Pflanzen und Wirkstoffe, die man in der Arznei nachweisen kann.

Wann immer also ein Patient von mir etwas Homöopathisches verschrieben haben möchte, kläre ich ihn über den Umstand auf, dass dort kein Wirkstoff vorhanden ist, er seine Kinder nur an eine regelmäßige Medikamenteneinnahme gewöhnt. Zuckerkügelchen sind keine angemessene Therapie, und im schlimmsten Fall verschieben sie eine angebrachte Medizin, weil zu lange »ausprobiert« wird.

Die Reaktionen fallen unterschiedlich aus. Manche halten an ihrer Erfahrung fest: Der Schwester der besten Freundin der Nachbarin habe es immer geholfen. Und ihren Kindern und dem Pferd auch.

Das nennt man »anekdotische Evidenz« und »Placebo by Proxy« und hat nichts mit einem wissenschaftlichen Beweis gemein, der darüber hinaus bislang bei homöopathischen Medikamenten nicht erbracht werden konnte. Dennoch haben viele Krankenkassen sich auf die Fahnen geschrieben, diese Mittelchen zu bezahlen, obwohl es keinen Nachweis für die Wirksamkeit gibt – was die Krankenkassen auch zugeben. Sie tun es für den Kundenfang, für das Marketing und für Gelder, die damit in ihre Kassen gespült werden. Das scheint sich zu rentieren, denn die Ausgaben für die homöopathischen Medikamente müssen wieder ausgeglichen werden.

Worüber ich mich so ärgere? Ich denke an die Frau Olewski von heute Morgen. Sie hat wirklich ein medizinisches Problem, kann ihre Zuzahlung nicht selbst bezahlen, bleibt aber auf den Kosten sitzen, wohingegen Globuli und Co. von vielen Krankenkassen übernommen werden. Das Gleiche gilt für Brillen und Zahnersatz.

Es gilt: Angesichts relativ knapper finanzieller Ressourcen im Gesundheitswesen haben die in Anspruch genommenen Leistungen gesetzlich Versicherter ausreichend, zweckmäßig und wirtschaftlich zu sein. Das nennt man Wirtschaftlichkeitsgebot und ist im Sozialgesetzbuch (§12 SGB V) verankert. Es bedeutet, dass Leistungen, die nicht notwendig oder unwirtschaftlich sind, nicht erbracht werden dürfen.

Ich stehe durchaus dahinter, wenn nicht alle Patienten alles bezahlt bekommen. Irgendwo sind die Ressourcen gedeckelt, und um eine Funktion zu erhalten oder die Gesundheit wiederherzustellen, muss es nicht das Nonplusultra sein, sondern das, was funktional ist. Wo ich nicht dahinterstehen kann, ist, wenn unwirksame Medikamente bezahlt werden, aber die mittellose Frau Olewski ihre Medikamente nicht bekommen kann.

An der Stelle wird es Zeit für ein Geständnis. Vor vielen Jahren habe ich es einmal mit der Homöopathie versucht. Es war ein Experiment. Ich wollte nicht voreingenommen und verbohrt gegen die Homöopathie wettern, sondern dem Ganzen eine Chance geben. Ich wollte mir nicht sagen lassen müssen, dass ich mir nicht meine eigene Meinung bilde – und nichts anderes ist die Wirkung der Homöopathie. Eine Meinung, die nicht durch Fakten bewiesen werden kann.

Außerdem war ich als junge Mutter verzweifelt, was der Hauptgrund für viele Menschen ist, sich den alternativen Therapien zuzuwenden. Mein Sohn war permanent krank, benötigte innerhalb seiner ersten zwei Lebensjahre schon mehrfach Antibiotika, hatte eine Ohren-OP hinter sich, und die nächste Operation stand an. Ich wollte es wenigstens versucht haben und flößte ihm bei seinem nächsten Infekt mit stoischer Geduld im halbstündlichen Takt Globuli ein. Ohne Effekt. Er wurde weder gesünder noch schrie er weniger oder schlief besser. Er hatte offensichtlich Schmerzen, er war krank. Ich konnte ihn nicht leiden sehen, gab es auf mit den Globuli und verabreichte ihm die richtige Medizin – die sofort anschlug. Er bekam seine zweite OP, und nach Verkleinerung der Mandeln war er endlich auf dem aufsteigenden Ast.

Wer nun meint, es sei einfach nicht das richtige Medikament gewesen, dem möchte ich sagen: Das richtige Medikament war das, was ihm am Ende geholfen hat. Und wer davon ausgeht, ich habe nur nicht fest genug daran geglaubt, dass es hilft, der führt seine eigenen Aussagen zur Wirksamkeit der Homöopathie ad absurdum. Damit gesteht er den Placeboeffekt ein.

Dass der Hype trotz langsam greifender Aufklärungskampagnen immer noch groß ist, liegt an der Unsicherheit der Patienten, die in unserem System durch das Raster fallen. Durch die zunehmende Ökonomisierung der Medizin fehlt es an Zeit, an sprechender Medizin und an menschlicher Zuwendung. Aus diesem Grund wenden sich Patienten denen zu, die genau dies bieten: Homöopathen oder Heilpraktiker. Weil sie eine lange Anamnese, bei der Patienten viel über sich erzählen können, bieten. Und weil sie zuhören, was kaum noch jemand macht. Oder die Hand auflegen, weil körperliche Nähe für jeden Menschen wichtig ist. Diese Personen werden Opfer von »Heilern«, die für viel, richtig viel Geld genau das bieten. Ein Ohr und etwas Nähe.

Wir Hausärzte sind dafür zuständig. Wir würden es gerne übernehmen. Wir brauchen nur mehr Zeit für unsere Patienten.

Golfen war gestern, heute ist Notarztpraktikum

Es ist Mittwochmittag, und nach einem typisch vollen Vormittag habe ich nun frei und kann meine Reichtümer auf dem Golfplatz verspielen. Ach nein, doch nicht. Ich habe ja bereits erwähnt, dass ich nicht golfe. Und die Reichtümer sind auch noch nicht bei mir angekommen. Vielleicht muss ich mir einen anderen luxuriösen Sport zulegen. Oder eine Jacht. Herrlich. Segeln auf der hessischen Nidder.

Oder ich kann meine überschüssige Freizeit in meine Ausbildung investieren und als Notarztpraktikantin die Rettungswache besuchen. Denn man lernt nie aus, und gerade in der Medizin sollte man nicht stehen bleiben. Zumal wir Mediziner den Drang haben, uns ständig unentgeltlich und heroisch zu Selbstoptimierungszwecken irgendwelchen Praktika, Fortbildungen oder Einsätzen hinzugeben. Auch die Dienste und Überstunden machen wir gerne und ganz altruistisch kostenfrei oder gegen eine geringe Vergütung.

Doch Einblicke in die Notfallmedizin zu bekommen ist für Hausärzte wichtig, denn oft sind im Notfall die Praxen die erste Anlaufstelle. Gerade auf dem Land, wo die nächste Notaufnahme etwas weiter entfernt ist. Ich habe nicht vor, als Notärztin aktiv zu fahren, denn das können andere besser. Man muss seine Kompetenzen einschätzen können, und es gibt so einige bewundernswerte notfallmedizinische Rampensäue, die ihr Leben für die Notfallmedizin geben. Solche, die aus fünf Metern Entfernung einen Menschen im Autowrack intubieren können – einhändig. Rückwärts. Solche, die eine Ampulle jedes Medikaments in der Jackentasche tragen und durch die Jacke erfühlen können, um welches Medikament es sich handelt, die Verdünnungen dessen auswendig kennen und die Leitlinien in ihre Netzhäute tätowiert haben. Eigenständig natürlich, während der Fahrt mit Martinshorn. Und dennoch sind sie aufmerksam, verantwortungsbewusst und wenden das Vier-Augen-Prinzip an, damit sie nichts übersehen. Diese Menschen gehören auf die Straße und in die NEFs – die Notarzteinsatzfahrzeuge.

In meiner Klinikzeit habe ich in der Notaufnahme gearbeitet und es geliebt. Ich liebe auch die Spannung, wenn man zum nächsten Einsatz fährt und mit Blaulicht und Tatütata durch die Straßen fährt. Ich liebe, was man für die Patienten tun kann. Dennoch habe ich einen anderen Weg eingeschlagen und für mich akzeptiert, dass es bessere Notärzte gibt als mich. Da muss ich nicht noch mitmischen. Ich habe meine Nische in der Hausarztmedizin gefunden.

Aber wie gesagt: Bildung ist alles, und so mache ich mich nach der Sprechstunde auf den Weg zur Rettungswache und weiß nicht, was diesmal auf mich zukommt. Es kann alles passieren.

Zum Beispiel nichts. Dann ziehen sich die Stunden wie Kaugummi, und meine stets reichhaltige Freizeit habe ich umsonst geopfert. Es kann aber auch passieren, dass auf einen Einsatz der nächste folgt und der nächste und der nächste und der nächste – und man irgendwann verzweifelt auf der Suche nach einer Toilette heimlich ein Auge auf die Blasenkatheter wirft.

Bisher habe ich keine wirklich brenzligen Situationen als »Notarztpraktikantin« erlebt, wenn sich auch die Erkrankungen für die Patienten belastend und bedrohlich anfühlten. Bisher war ich bei keinen Verkehrsunfällen dabei, bei keinen schlimmen Verletzungen oder bei Situationen, in denen jemandes Leben »draußen« akut in Gefahr gewesen wäre. Alles, was ich auf meinen Fahrten als Notarztpraktikantin gesehen habe, entsprach eher dem gängigen Krankheitsspektrum in einer Praxis. Manchmal ein wenig schlimmer, manchmal nicht. Gallenkoliken, Nierenkoliken, Lungenentzündungen, Herzrhythmusstörungen, Panikattacken, Stürze oder kleinere und größere Wunden.

Manchmal kommen Patienten mit »nichts« in die Notaufnahme oder rufen sich den Rettungsdienst, weil es als Taxi einfach angenehm (und vollkommen falsch!) ist und sie wissen, dass ein Patient durch die Ankunft im Rettungswagen priorisiert in der Notaufnahme behandelt wird. Weil die gefahrenen Patienten normalerweise kränker sind als die fußläufigen. Aber auch das ist nicht in Stein gemeißelt.

Ich bin gerade auf der Wache angekommen und in die viel zu großen Klamotten geschlüpft (die Hosen schlage ich zweimal um und binde sie mir fest mit einem Sauerstoffschlauch um die Hüften als Gürtelersatz), da macht der Melder schon Rabatz. Der erste Einsatz.

Da steht: »Kind, 2,5 Jahre, im Pkw.« Mein Herz klopft ein bisschen. Zum einen, weil es sich um ein Kind handelt. Zum anderen, weil es in einem Auto sitzt. Ein Unfall wäre uns mitgeteilt worden, dennoch gehe ich im Kopf alle Möglichkeiten durch, warum ein Kind in einem Wagen ein Notfall sein könnte.

Als wir am Einsatzort eintreffen, sind die Notfallsanitäter schon vor Ort und haben das Kind in den Rettungswagen übernommen. Das Kind schläft. Wir erfragen, was passiert ist.

»Ich saß im Auto mit meinen Kindern«, erzählt die Mutter aufgeregt. Sie ist verständlicherweise nervös und ängstlich. Ihr Sohn ist etwa acht Jahre alt, steht neben ihr und wirkt ganz erwachsen. »Mein Großer sagte plötzlich, seine Schwester würde nicht reagieren. Sie hatten mit Stofftieren gespielt. Ich schaute daraufhin in den Rückspiegel und sah sie zucken.«

Ein Krampfanfall also. Nun gilt es zu eruieren, warum sie den hatte oder ob sie schon mal gekrampft hat. Die Notfallsanitäter haben schon Fieber gemessen, und tatsächlich hat das Thermometer knapp 40 Grad bei dem Mädchen angezeigt.

»Heute Morgen war aber noch alles in Ordnung. Sie hatte so was auch noch nie«, sagt die Mutter. Das passt ins Bild, denn der schnelle Fieberanstieg kann bei Kindern einen Fieberkrampf auslösen. Es kommt nicht unbedingt auf die Höhe der Temperatur an.

Wir erklären der Mutter, dass ihre Tochter in einer Klinik untersucht werden muss, und sie ist sofort einverstanden. Fieberkrämpfe sind meist harmlos und »verwachsen« sich, aber manchmal steckt auch eine ernste Erkrankung hinter einem ersten Krampfanfall.

Wir machen uns also auf den Weg. Das Kind im Rettungswagen mit dem Notarzt, den Notfallsanitätern und mir. Das

NEF mit dem Fahrer hinterher, denn der Notarzt fährt den Wagen nicht selbst. Ein kompetenter Kollege aus dem Rettungsdienst fährt den Notarzt, kennt die Straßen und Wege und »sein« Auto.

Nachdem wir das Kind in der Kinderklinik vorgestellt und übergeben haben, machen wir uns wieder auf den Weg zur Wache. Das war kein komplizierter Einsatz, aber dennoch ein abklärungswürdiger Notfall. Es war absolut legitim, den Notarzt beziehungsweise den Rettungsdienst zu rufen.

Ich erinnere mich noch gut an eine junge Frau, die in die Notaufnahme gekommen war. Sie hatte starke Kopfschmerzen, die sie mit Paracetamol und Ibuprofen in den Griff zu kriegen versuchte. Doch nichts half. Ihre beste Freundin brachte sie in die Notaufnahme, weil sie sich aufgrund der Kopfschmerzen nicht in der Lage fühlte, selbstständig zu erscheinen. Aber einen Rettungsdienst wollte sie nicht bemühen. Ich wurde hellhörig, als sie mir sagte, sie habe noch nie im Leben solche Kopfschmerzen erlebt. Dieser klassische Satz wird einem im Studium wirklich eingebläut. »Kopfschmerzen wie noch nie ... Nichts hilft ... Wie ein Messer im Kopf ... Von jetzt auf gleich« – bei diesen Worten läuten beim medizinischen Personal alle Alarmglocken.

Ich hatte kein gutes Gefühl und dachte trotz des jungen Alters an eine Hirnblutung. Eine spezielle Art von Hirnblutung (Subarachnoidalblutung) tritt auch bei jungen Menschen auf, wenn ein Aneurysma, eine sackartige Gefäßerweiterung, im Kopf platzt. Ich legte der Patientin einen venösen Zugang, gab ihr ein Schmerzmittel, während ich mit der Intensivstation telefonierte (für den Fall der Fälle) und ein CT (Computertomografie) anforderte. Sie lag währenddessen mit geschlossenen Augen regungslos im Bett, weil ihr jede Bewegung wehtat, und erzählte mir von ihrer kleinen Tochter. Mir wurde ganz anders. Als Mutter bin ich sehr dünnhäutig, wenn ich von schweren Erkrankungen anderer Eltern erfahre.

Wegen des CTs erntete ich genervte Blicke von einem Sanitäter, der in der ZNA arbeitete: »Das ist doch nur Migräne, schick sie heim. Das ist Sache des Hausarztes.« Ich höre mir immer die Ratschläge und Meinungen meiner Kollegen an, auch diesen Kollegen schätzte ich sehr. Aber in diesem Fall packte mich die Wut, weil ich bei dieser Patientin ja ein ganz schlechtes Gefühl hatte. »Mach es einfach«, sagte ich. Er verdrehte die Augen und brachte die Patientin in die Radiologie.

Wenige Minuten später rief mich die Radiologin an und bat mich zu kommen. So etwas geschah nur, wenn etwas Ungewöhnliches gesichtet wurde. Daher ging ich sorgenvoll zur Kollegin.

Die Radiologin saß vor dem Computer, vor ihr das Bild des Kopfes in Großaufnahme.

»Das ist nichts Gutes«, verkündete sie und zeigte auf eine undefinierbare, wolkige Struktur, die den gesamten rechten Frontallappen durchzog. Wie ein wüstes Spinnennetz sah es aus; normale Hirnstruktur war an dieser Stelle nicht mehr zu erkennen. Mir drehte sich der Magen um.

Mit dem Befund in der Hand ging ich zu dem Sanitäter, knallte den Zettel mit der CT-Aufnahme auf den Tisch und fauchte ihn an: »Rede mir nie wieder in meine Arbeit rein!«, während mir die Tränen in den Augen standen.

Er schwieg betroffen. Dann stand er auf, ging auf mich zu und nahm mich in den Arm.

Ich verlegte die Patientin mit der schlimmen Nachricht in die nächste Neurochirurgie. Sagte ihr, dass wir noch nicht genau wüssten, was es sei, dass es aber ernst sei. Dass es etwas Bösartiges sein könnte und wir ein MRT (Magnetresonanztomografie) brauchten.

Im Nachhinein habe ich erfahren, dass es zum Glück kein bösartiger Tumor, auch keine Blutung, sondern eine Arteriovenöse Malformation (AVM) war. Das sind Kurzschlüsse zwischen

Arterien und Venen im Kopf, die zu Blutungen und Schlaganfällen führen können. Die Patientin habe ich nicht vergessen, und auch dem Kollegen bin ich sehr dankbar, dass er mir meinen furiosen Auftritt nicht übel genommen hat, sondern als das sah, was es war: Überlastung, Menschlichkeit und Trauer.

Denn wir dürfen auch traurig sein, wenn wir unseren Patienten schlechte Nachrichten überbringen müssen oder die Situation ausweglos ist. Dann fließen auch mal Tränen, manchmal zusammen mit den Patienten, manchmal ohne. Das macht uns aus, das macht richtige Ärzte aus uns. Würde uns das alles egal sein, hätten wir den falschen Beruf.

Es kommt übrigens häufig vor, dass Menschen, die wirklich krank sind, sich alleine in die Notaufnahme schleppen. Da war zum Beispiel ein Radfahrer, der nach einem Sturz im Wald mit einem gänzlich verbogenen Rad in der Notaufnahme aufschlug. Wie er damit noch hatte fahren können, war mir schleierhaft. Und noch schleierhafter war, wie er mit einer Rippenserienfraktur, einem gebrochenen Arm und einem leichten Schädel-Hirn-Trauma Rad fahren konnte. »Ich rufe doch wegen so einer Kleinigkeit keinen Rettungswagen«, erklärte er mir schulterzuckend – so schulterzuckend, wie man mit einem gebrochenen Arm und gebrochenen Rippen zucken kann.

Der Piepser reißt mich aus meinen Gedanken, wir müssen wieder ausrücken. Wir fahren zu einer Frau mit einer Lungenentzündung und zu einer anderen mit Vorhofflimmern und Luftnot. Und dann ist es auch schon 18:00 Uhr, und ich mache mich auf den Heimweg. Der Tag war lang und mal wieder lehrreich.

Dramatischer Donnerstag

KOMISCHE KOMPLIMENTE
UND KRAWALL

Zum Anbeißen lästig

Sie sind schon so ein saftiger, reifer Pfirsich.« Mir klappt die Kinnlade herunter, denn der nächste Morgen in dieser Woche geht »saftig« los. Mehr als ein »Ähm« fällt mir schlauerweise an diesem frühen Donnerstag nicht ein. Mein Kaffee hat mich offenbar nicht wach genug gemacht, ich suche in meinem Kopf nach einer Antwort. Und finde gähnende Leere. Wo ist meine Schlagfertigkeit? Wahrscheinlich verschrumpelt, wie der reife Pfirsich.

Der Mann vor mir grinst. Er findet mich offenbar zum Anbeißen – wie einen Pfirsich, einen reifen Pfirsich wohlgemerkt, denn ganz jung bin ich auch nicht mehr. Aber seine Vorliebe für Obst gehört eigentlich nicht in die Sprechstunde. Und ebenso wenig in mein E-Mail-Postfach, aber selbst dort haben sich schon Anfragen hineinverirrt.

»Haben Sie am Samstag schon was vor?«, lese ich da von einem anderen Patienten (nicht der Obstliebhaber). Man könne ja mal gemeinsam »Spaß« haben. Die Frau sei nicht zu Hause. Er akzeptiert mein Nein zu einem Treffen, aber im Grunde müsste ich ihn das nächste Mal hochkant aus der Praxis werfen.

Aber auch männliche Ärzte werden schamlos angebaggert, indem manche Frauen ihnen beim Untersuchen der Achillessehne ihre nackten Brüste präsentieren. Das ist alles schon vorgekommen.

Aus meiner Sicht muss man sich als Frau im Gesundheitswesen allerhand bieten lassen, was teilweise in ganz tiefen Schubladen aufbewahrt werden sollte. Insbesondere dann, wenn Hände auf Körperteilen landen, wo sie nicht hingehören, oder Körperteile ausgepackt werden, die versteckt bleiben sollten.

Bei meinem jungen, mich angrinsenden Patienten entscheide ich mich, den »Pfirsich« mit einer hochgezogenen Augenbraue und einem tadelnden Tonfall zu quittieren.

»Also … das war aber irgendwie kein Kompliment«, sage ich.

Er verzieht ein wenig schamhaft die Miene. »Beim Aussprechen habe ich es bemerkt. Aber Obst ist süß, und Sie sind es ja auch.« Jetzt grinst er charmant, ich muss lachen, und die Situation ist gelöst.

»Mal zum Wesentlichen«, sage ich dann, »warum sind Sie denn hier?«

Und dann kommen wir zu seinem eigentlichen Problem, und der holprige Start ist vergessen. Nicht immer lassen sich solche Situationen aber mit einem Augenzwinkern lösen.

Ich erinnere mich an einen Patienten aus dem Krankenhaus, als ich noch junge Studentin war. Herr Ebert hatte eine Wunde am Bein, die ich verbinden sollte. Ich konnte gar nicht so schnell wegsehen, wie er sich seiner Hose samt Unterhose entledigt hatte. Und so, wie Gott ihn schuf, lag er dann vor mir und erklärte grienend, ich könne ihn ruhig so sehen. »Sie sind ja fast Ärztin, da müssen Sie sich ja dran gewöhnen.« Vielleicht sind manche Menschen auch nur sehr offenherzig. Dennoch erleben gerade Pflegekräfte häufig Übergriffe, die ganz klar nicht mehr »versehentlich« passieren. Nichts spricht gegen kleine, nette Komplimente. Alles spricht gegen eklige Anzüglichkeiten.

Mein Patient steht nun auf und sagt: »Ich komme gerne zu

Ihnen. Aber wenn ich mal ein Männerproblem habe, gehe ich lieber zu einem Mann.« Er zwinkert mich an.

Ich antworte: »Wie Sie möchten, das ist Ihre Entscheidung. Aber ich kann das mit den Männern.« Und zwinkere ebenfalls leicht übertrieben zurück.

Er stutzt, nickt und geht lachend raus. Ich mag es, dass sich die meisten Situationen unkompliziert regeln lassen, weil die Menschen in der Regel zu ihrem Hausarzt oder ihrer Hausärztin ein respektvolles Verhältnis haben. Und wenn mal ein ungeschicktes Kompliment rausrutscht, kann ich mich auch darüber freuen.

Nichts Menschliches ist mir fremd

Zu meinen Schulzeiten ging man mittwochs in die Disco, weil an diesem Abend »Doppeldecker« angesagt war: Es gab zwei Getränke zum Preis von einem. Und weil man als Schüler immer klamme Kassen hat, freute man sich sehr auf den Mittwoch. Der Mittwoch war der neue Freitag. Nun, viele Jahre weiter und reifer (Stichwort »reifer Pfirsich«), sind Doppeldecker-Abende nicht mehr wichtig. Mein neuer Doppeldecker-*Tag* ist der Donnerstag, denn man könnte sagen, der Donnerstag ist der »zweite Montag«: voll, voller, am vollsten. Zwei Patienten in der Zeit von einem.

Ich betrete den Flur und schwelge kurz in dem Bild, das sich mir bietet: Vor der Anmeldung hat sich eine lange Schlange gebildet, alle reden und schniefen, ich höre das Tippen der Tastatur, das Rumoren im Labor, das Rattern des Druckers und das Geräusch eines kotzenden Menschen. Idylle pur.

Moment. Wer erbricht denn hier? Ungerne möchte man brechende Patienten in der Menschenmenge stehen lassen. Erbrochenes auf dem Boden, auf der Anmeldung, den Wartezimmerstühlen oder auf anderen Patienten ist doch eher unangenehm. Für alle Beteiligten.

In der Schlange steht Herr Jones und übergibt sich in eine Aldi-Tüte, die er sich vors Gesicht hält. Sein Mageninhalt landet netterweise in der Einkaufstasche, und er wischt sich mit einem Taschentuch den Mund ab. Gut, dass er nicht die Anmeldung oder andere Menschen getroffen hat. Kreidebleich ist der arme Mann, und wir winken Herrn Jones aus der Schlange, was er mit einem erleichterten Blick quittiert, was wiederum andere Patienten mit einem genervten Blick quittieren. Warum ist er vor mir dran? Ich war doch zuerst da? Ganz klar: Wer zuerst kotzt, kommt zuerst. Alte Regel. Manche schauen angeekelt, manche mitleidig.

Mein Patient wird gleich in ein separates Zimmer bugsiert, damit mein Sprechzimmer »sauber« bleibt. Leichenblass und matt legt er sich auf die Liege.

»Mir ist so schlecht«, stöhnt er, setzt sich schnell wieder auf und erbricht sich erneut geräuschvoll.

Ich muss gar nicht viel fragen, denn er erzählt, unterbrochen von wenig wohlklingenden Brechballaden, von alleine die ganze Geschichte. Er ist jung, ansonsten gesund und weiß, wo das Problem liegt. »Ich habe gestern Hackfleisch gegessen.« Brechen. »Das Fleisch war den halben Tag im Auto.« Brechen.

Es kommt nicht mehr viel Inhalt aus ihm heraus, das hört man. Nach einigen Jahren Berufserfahrung kann man die verschiedenen Arten des Erbrechens am Geräusch unterscheiden: Kommt viel, kommt wenig, kommt es mit Schwung oder plätschert es sanft aus dem Mundwinkel wie ein kleiner, idyllischer Bergbach?

Ich war mit meinen Kindern mal frühstücken, als sich am Nebentisch eine Dame erbrach. Leise. Vornehm. Sie würgte lautlos, dann lief es einfach aus dem Mundwinkel heraus. Sie tupfte sich den Mund ab und legte diskret eine Serviette auf ihren Mageninhalt. Dann aß sie weiter. Wie sich das für eine echte Dame gehört.

Herr Jones würgt nun eher, als dass noch etwas aus ihm sprudelt. Er legt sich wieder auf die Liege, schließt die Augen und verschränkt die Arme über dem Gesicht.

Gestern hatte der goldene Oktober 20 Grad Celsius, im Auto werden es dementsprechend einige Grad mehr gewesen sein. Hackfleisch braucht eine ununterbrochene Kühlkette, da es aufgrund des Zustands nach dem Fleischwolf eine vergrößerte Oberfläche hat und Bakterien sich dort wunderbar tummeln können. Wenn es warm ist, freuen sie sich und vermehren sich fleißig. Staphylokokken und *Bacillus cereus* können Toxine, also Giftstoffe bilden, die durch Hitze nicht zerstört werden. Zum Speien ist das.

»Und … Sie haben das danach noch gegessen?«, frage ich.

»Eja, wollte es nicht wegschmeißen. Und ich dachte, es zu braten reicht.«

Nein. Leider nicht. Vielleicht hat er auch das rohe Hackfleisch angefasst und damit die Bakterien in der Küche verteilt. Sehr gefährlich wird es, wenn Botulinumtoxin im Spiel ist – Botox. Was unsere Falten im Gesicht minimieren kann, kann auch unser Leben minimieren. Denn die Giftstoffe, die von dem Bakterium *Clostridium botulinum* gebildet werden, verhindern die Signalübertragung von Nerven auf Muskeln und können so lebensbedrohlich sein. Die Bakterien vermehren sich gerne ohne Sauerstoff, also in Konserven oder luftdicht abgeschlossenem Fleisch. Aufgeblähte Verpackungen sollten daher unbedingt entsorgt werden. Ein Botulismus äußert sich nach wenigen Stunden meist durch eine Lähmung der Augenmuskeln und das Sehen von Doppelbildern. Glücklicherweise habe ich noch nie einen Botulismus zu sehen bekommen.

Ich frage meinen Patienten noch, ob es in seinem Umfeld Anzeichen für eine Magen-Darm-Grippe gibt, und untersuche seinen Bauch. Es gluckert ordentlich, alles tut ihm ein wenig weh, aber sonst ist alles fein. Bis auf das Brechen natürlich.

»Ich habe die ganze Nacht gekotzt, mir ist schwindlig.«

Sein Blutdruck ist niedrig, seine Zunge trocken, und er scheint wirklich einiges an Flüssigkeit verloren zu haben. Bis zu neun Liter Wasser kann man an einem Tag über eine heftige Magen-Darm-Grippe verlieren, weil die Enterozyten – die Darmzellen – die Flüssigkeit nicht mehr aufnehmen. Neun Liter fließen pro Tag durch unser Gedärm, die sich aus Nahrung, Getränken, Galle und Verdauungssäften zusammensetzen. So große Mengen verliert man aber eher bei Erkrankungen wie der Cholera. Nichtsdestotrotz macht es deutlich, dass auch »kleinere« Verluste von zwei, drei Litern bei heftigem Brechdurchfall zur Exsikkose, dem Austrocknen, führen können. Gerade für ältere Menschen ist das gefährlich.

Herr Jones bekommt einen venösen Zugang von mir, Flüssigkeit über die Vene und ein Medikament gegen die Übelkeit. Dann lasse ich ihn in dem Zimmer ausruhen und gehe in das Nebenzimmer.

»Ich schaue gleich noch mal nach Ihnen«, verspreche ich.

Mit Erbrochenem hat man im Studium mit Beginn des Pflegepraktikums zu tun. Eine Situation blieb mir besonders haften: Mit Schmackes erbrach sich eine schwangere Frau auf dem Weg zu ihrem Not-Kaiserschnitt direkt neben mir, und der Mageninhalt fand seinen Platz mit einer Trefferquote von ungefähr 95 Prozent in der Nierenschale. Die restlichen fünf Prozent landeten in meinem Gesicht: Sprenkel flogen auf meine Brille, Bröckchen auf meinen Mundschutz und Tröpfchen auf meine Haut zwischen Mundschutz und Brille. Die Fachanästhesiepflegerin schaute mich mit mühevoll unterdrücktem Grinsen an und sagte dennoch voller Mitleid: »Du bist ein bisschen blass geworden.« Zwischen Mundschutz und Brille muss ich wirklich weiß wie eine Wand gewesen sein, verziert mit den zarten Sprenkeln aus dem Innersten eines fremden Menschen. Ich ging mich dann waschen und war sehr froh über meinen Mundschutz und die Brille, denn im Auge möchte man fremde Körperflüssigkeiten nun auch nicht haben.

Damals wunderte ich mich noch, wie man so locker mit den Ekligkeiten umgehen kann, die man während seiner ärztlichen oder pflegerischen Tätigkeit erlebt. Blut, Urin, Stuhl, Schleim, Eiter, Erbrochenes. Da wird man bereits im Pflegepraktikum in fliegenden Hautschüppchen gebadet, wenn man den Patienten die Thrombosestrümpfe auszieht. »Ob die bei tiefer Inspiration in der Lunge landen?«, fragte ich mich damals und hielt die Luft an. Fremdepithelialisierung der Atemwege quasi.

Als studentische Aushilfe in einer Zahnarztpraxis sah ich die Zahnstein-Bröckchen bei der Zahnreinigung fliegen, und im Studium bekam ich als menschliche Blutentnahmemaschine zuweilen viel Blut ab und Nadeln landeten in den Fingern, sodass ich mich zwecks HIV- und Hepatitis-Test vertrauensvoll an den nächsten Arzt wenden durfte. Mehrfach.

Während meiner gefäßchirurgischen Rotation während des Studiums schnupperte ich den zarten Duft von Lindenblüten an infizierten Knöchelulzera, weil sich dort ansiedelnde Pseudomonaden diesen Duft typischerweise verbreiten.

Als Ärztin in der Pathologie bekam ich Leichenfettbröckchen ins Ohr geschleudert, als der Kollege sich die Handschuhe zu schwungvoll auszog, und ich badete bis zu den behandschuhten Ellenbogen im verkoteten Spülwasser, wenn ich den herauspräparierten Darm aufschnitt und reinigte. In der Inneren Medizin waren Diarrhöen oder streng riechende Harnwegsinfekte an der Tagesordnung, und ich weiß, wie furchtbar Koterbrechen riecht. Oder Teerstuhl.

Nun, als Hausärztin, werde ich weitestgehend von solchen

Dingen verschont, wenn man von brechenden Patienten, ungepflegten Füßen oder einem schlechten hygienischen Zustand absieht, der jedoch gerade bei chronisch kranken oder alten Patienten durch fehlende Hilfe bei der Körperpflege zustande kommt und den Patienten selbst sehr unangenehm ist. Nicht umsonst sagt man, dass die Füße einen guten Hinweis auf die Selbstständigkeit eines Menschen liefern. Wer sich nicht mehr die Füße pedikürt, kommt oft einfach nicht dran. Der Klassiker ist, dass der Landwirt sich bei Schmerzen im Fuß nur den einen, den zu untersuchenden Fuß wäscht und den anderen nicht zeigen möchte. Das nennt man Effektivität. Das alles juckt mich aber nicht. Krätze, Läuse, ungewasche Füße, Ausscheidungen. Daran habe ich mich gewöhnt.

»Nichts Menschliches ist mir fremd.« Diese von meiner Mutter viel zitierte Sentenz hallt noch heute in meinem Kopf nach. Sie sagte ihn häufig. Benahm sich jemand daneben oder war schlecht gelaunt: »Nichts Menschliches ist mir fremd.« Ein Ausdruck des gemeinmenschlichen Mitgefühls. Es ging ihr nicht um Patienten, denn meine Familie existierte bis dato vollkommen arztfrei, sondern um alle zu akzeptierenden menschlichen Eigenarten und um Toleranz. Und es wird uns alle irgendwann treffen: Entweder sind wir alt oder gebrechlich, haben lindenblütenartigen Eiter oder liegen hilflos in unseren Ausscheidungen. Dann wünschen wir uns, dass jemand uns hilft und es nicht eklig findet.

Als ich nach ein paar Minuten wieder nach meiner Lebensmittelvergiftung schaue, geht es Herrn Jones besser. Ich lasse noch die Infusion einlaufen, und er döst vor Erschöpfung ein.

Darf ich Sie mal umarmen?

Darf ich Sie mal umarmen?«, fragt mich Frau Lauterbach, nachdem wir etwas länger gesprochen haben. Gute zehn Minuten vielleicht. Das ist nicht viel Zeit für jemanden, der einsam ist und ein bisschen Zuspruch benötigt.

Frau Lauterbach ist eine sehr angenehme alte Dame, stets gepflegt, geduldig und mit netten Worten auf den Lippen. Aber sie kommt »ohne Grund«, also ohne medizinisches Leiden. Manchmal hat sie ein bisschen Blutdruck, manchmal ein bisschen Rücken. Sie ist der Prototyp einer einsamen alten Dame, denn ihr einziges Kind verstarb früh, der Mann ist auch nicht mehr da, und sie möchte nicht mehr auf dieser Welt sein. Stark versucht sie zu sein, ihren Alltag zu meistern und Kontakte zu pflegen. Aber die Schwäche nimmt zu, und sie sagt: »Frau Doktor, können Sie mir nicht irgendwas geben, damit ich das hier alles nicht mehr erleben muss? Ein bisschen Zyankali vielleicht?«

»Frau Lauterbach, Sie wissen doch, dass die Krankenkassen Zyankali nicht bezahlen«, sage ich augenzwinkernd. Sie lacht. Bei jedem fremden Patienten hätte ich nicht so reagiert, sondern wäre sehr vorsichtig gewesen und hätte über eine psychiatrische Anbindung aufgrund einer Eigengefährdung nachdenken müssen. Bei Frau Lauterbach kann ich das sagen, weil wir schon mehrfach über das Thema gesprochen haben und ich weiß, dass sie sich nichts antun wird. Ich kenne sie. Sie kommt lieber zu mir, als auf »ihre alten Tage zu einem Psychiater zu gehen«. Und ich weiß, dass ihr diese humorvolle, etwas sarkastische Art, damit umzugehen, hilft. Jedes Mal lacht sie dann und winkt ab. Und dann erzählt sie. Von ihrem Kind, als es starb, über ihre gesundheitlichen Probleme und was sie so den Tag über macht. Ich messe den Blutdruck, schreibe ein Rezept auf, untersuche den Rücken und höre zu. Ich muss nicht viel sagen, denn darum geht es nicht. Sie braucht keinen Rat, auch keine Rückenuntersuchung und keine Aufmunterung. Erst recht braucht sie kein »Das wird schon wieder«, weil es nicht wieder wird. Sie ist einsam und braucht ein Ohr, und ich gebe es ihr. Schließlich geht sie langsam zur Tür.

Es haben schon mehrere Menschen gefragt, ob sie mich mal umarmen können. Meistens sind es Frauen. Männer sind eher ein bisschen distanzierter, sie drücken einem dann lange die Hand. Und auch wenn man als Arzt eine gewisse Distanz wahren muss, ist diese Umarmung manchmal wichtig. Und das Zuhören ist wichtig. Denn nur, wenn wir den Menschen ein Ohr schenken, können wir den wahren Grund für manche Erkrankungen herausfinden.

Kommunikation ist alles. Uns Menschen wurde eine Stimme geschenkt, und die sollten wir nutzen. In meinem Beruf sehe ich es als essenziell an, sich zu unterhalten. Denn wie soll ich sonst herausfinden, was den Patienten fehlt? Natürlich ist nicht alles in der Allgemeinmedizin kompliziert. Eine Grippe ist eine Grippe, da gibt es keine tieferen psychosomatischen Mechanismen, die ich durch ein längeres Gespräch herausfinden muss. Eine Meniskusverletzung muss ich auch nicht mit einer langen hausärztlichen Gesprächsintervention behandeln.

Aber viele Leiden werden durch Überlastung, private Probleme oder traumatische Erlebnisse hervorgerufen. Die kann ich als Hausärztin nicht immer therapieren, manchmal muss ein Facharzt für die Psyche her. Aber ich kann die richtigen Schritte einleiten und vermeiden, dass übermäßige apparative Diagnostik betrieben wird, die den Menschen in eine Abwärtsspirale zum Dauerpatienten befördert. Solche Situationen zeigen mir, wie wichtig Menschlichkeit in unserem Beruf ist, der nicht nur aus Gerätemedizin und Arznei besteht, und solche Gespräche hallen bei mir auch lange nach. »Nimm dir das nicht so zu Herzen«, sagen manche und raten, die Arbeit gedanklich nicht mit nach Hause zu nehmen.

Doch so bin ich nicht. Ich versuche seit einigen Jahren schon, mein dickes Fell zu züchten, aber es will nicht recht wachsen. Wie so ein milchgesichtiges Oberlippenbärtchen flaumt es vor sich hin. Haarlos und glatt ist ja auch in, nicht wahr? Inzwischen habe ich aber akzeptiert, dass es so ist und ich jemand bin, der manchmal mit zu viel Herz an die Sache herangeht.

Als blutjunge Studentin musste ich bei einer weiteren Famulatur, also einem mehrwöchigen Klinikpraktikum, den Patienten auf der Station Blut abnehmen. Das ist Standard, als Famulant spielt man Vampir. Leider war es auch schon vor sage und schreibe fünfzehn Jahren so, dass die anwesenden Ärzte wenig Zeit hatten, uns Studenten die Technik der Blutentnahme und des Legens von Venenverweilkanülen beizubringen. Damals hätte ich auch nicht gedacht, dass es mit dem Personalmangel noch schlimmer werden kann. Rückblickend betrachtet waren das paradiesische Zeiten.

Weil also niemand Zeit für die Lehre hatte, brachten wir es uns selbst bei. Entweder gegenseitig während einer langweiligen Vorlesung oder am Patienten selbst. Die nicht immer amüsiert waren, wenn man mehrfach stechen musste. Ich kann es verstehen. Dennoch musste ich es irgendwie lernen und war damals total erschüttert, als mich eine Patientin harsch aus dem Zimmer schmiss, weil ich danebengestochen hatte. Sie schrie mich regelrecht an. Mit Tränen in den Augen verzog ich mich in den Arbeitsraum und heulte wie ein Kleinkind, als eine sehr erfahrene Pflegekraft kam. »Kindchen, du brauchst ein dickes Fell«, sagte sie und drückte mich an sich.

Jetzt, fünfzehn Jahre später, habe ich immerhin ein kleines Fell, einen Flaum bekommen. Aber solche Gespräche wie mit Frau Lauterbach hängen mir nach. Weil ich gerne helfen würde, aber manchmal nicht kann.

Frau Lauterbach läuft langsam zur Tür, und ich setze mich kurz auf den Stuhl und atme mehrfach tief durch. Schließe kurz die Augen und sortiere mich, weil der nächste Patient wieder meine volle Aufmerksamkeit braucht. Aber ich bin dankbar über das Vertrauen, das mir Patienten wie Frau Lauterbach entgegenbringen.

Sie kenne ich doch?

Als die nächste Patientin mein Zimmer betritt, erkenne ich sie sofort wieder. Es ist Frau Keller. Sie erkennt mich allerdings nicht. Deswegen spreche ich sie erst einmal nicht darauf an, dass ich sie schon mal gesehen habe.

Die ruhige, zurückhaltende Rentnerin berichtet von ihren Beschwerden, und ich behandle sie. Als sie schon aufstehen und gehen will, kann ich meine Frage aber nicht zurückhalten: »Erinnern Sie sich, dass Sie mich mal gerettet haben? «

Sie verharrt in der Bewegung und schaut mich erstaunt mit großen Augen an. »Ich? Sie? Gerettet? «

Und ich erzähle es ihr: Es war vor ein paar Jahren. Ich war gerade in Elternzeit mit meinem zweiten Sohn, als wir mit den Kindern einen längeren Spaziergang in einem nahe gelegenen Tierpark machten. Mein großer Sohn wollte an einem Sandkasten Weitsprung üben, und ich stellte meine Handtasche beiseite. Mit Handtasche springt es sich so schlecht. Wir sprangen also fröhlich und gekonnt wenige Meter weit und verbesserten uns auch nicht. Nach einigen Minuten klopften wir uns lachend den Sand von den Knien und liefen weiter. Wir waren schon ganz schön weit gekommen, als mir auffiel, dass irgendetwas fehlte.

Schnell prüfte ich die essenziellen Dinge im Leben: Kind eins war anwesend, Kind zwei war anwesend und der Mann ebenfalls. Es fühlte sich aber irgendwie leer an. Dann dämmerte es mir: meine Handtasche! Ich befand mich damals noch inmitten der schönsten Stilldemenz und hatte meine Tasche einfach nicht mehr im Kopf gehabt. Und darüber hinaus hatte ich überhaupt keine Ahnung, wo ich die Tasche verloren haben könnte. Außerdem: welche Tasche? Wo waren wir überhaupt?

Panisch rannte ich den gesamten Weg ab, schaute an jeder Ecke, wo die Tasche sein könnte. Sie war nicht aufzufinden. Insgesamt rannte ich dreimal den Weg auf und ab, meine Zunge hing mir zum Hals raus, und ich fragte jeden verfügbaren Menschen, ob er eine Tasche gefunden hätte. Aber nichts. Ein junger Mann mit Käppi wendete mitten auf dem Weg, als er mich dort suchend herumlaufen sah. Das kam mir spanisch vor, aber er trug keine Tasche mit sich, und ich hätte es auch nicht geschafft, ihm nachzurennen. Meine postpartale, wenig ausgeprägte Kondition hatte ich auf dem Weitsprungfeld verbraucht, und mein Akku war vom vielen Suchen und Rennen leer.

In meiner Handtasche war nahezu alles, was wichtig ist: Geldbeutel, Autoschlüssel, Haustürschlüssel, Kreditkarten, Handy. Ich ging in Gedanken schon verzweifelt die notwendigen Maßnahmen durch, was in Anbetracht meiner erwähnten Stilldemenz eine mentale Höchstleistung war. Kreditkarten sperren war klar. Aber was macht man bei verloren gegangenem Hausschlüssel? Schlösser wechseln? In meiner Tasche war ja auch mein Ausweis samt Adresse? Panik pur. Danke, vergessliches Gehirn.

Es ist wirklich so: Man hat sein Hirn in der Stillzeit nicht bei sich. Wahrscheinlich liegt es schlummernd neben dem satten Baby, oder es fiel irgendwo in die Schublade mit der Brustwarzen-Schrundensalbe und den Stilleinlagen.

Mit den Nerven am Ende, fuhren wir anschließend zur

nächsten Polizeidienststelle, aber ich hatte keine großen Hoffnungen, dass jemand die Tasche abgegeben hatte.

Aber manchmal gibt es eben noch ehrliche Menschen auf der Welt. Die Polizeibeamtin drückte mir meine Tasche in die Hand und erklärte, sie wäre vor nicht mal fünf Minuten abgegeben worden, wir hätten die Finder gerade so verpasst.

Ich ließ mir die Kontaktdaten der ehrlichen Menschen geben, weil ich so erleichtert war. Zu Hause angekommen, rief ich die Dame an. Sie war nett und freundlich und freute sich, dass sie etwas Gutes vollbracht hatte. »Das macht man doch so«, sagte sie! Ja. Manche machen das glücklicherweise so. Es gibt noch ganz viele tolle Menschen auf der Welt. Weil sie nichts als Finderlohn haben wollte, habe ich für ihr Enkelkind ein großes Spielzeug gekauft und am nächsten Tag vorbeigebracht. Das war ihr damals furchtbar unangenehm, und sie schämte sie dafür, dass sie »Umstände machte«.

In meinem Geldbeutel fehlten damals zwar 20 Euro, aber ich weiß, dass es nicht die Patientin war, die nun vor mir sitzt. Eher habe ich den jungen Mann in Verdacht, der bei meinem Anblick weggelaufen ist.

Ich erzähle also Frau Keller die gesamte Geschichte, und sie freut sich ebenso wie ich, dass wir uns hier wiedersehen. Ob die Tasche auch in der Großstadt zurückgegeben worden wäre? Ich bezweifle es. Dass ich mich dann auch noch bei ihr bedanken konnte, weil wir nahe beieinanderwohnen, und ich sie Jahre später als Ärztin wiedersehe, das geht doch nur auf dem Land, oder?

Summ dich glücklich

Um 10:30 Uhr betritt ein Pärchen die Praxis. Sie sind beide Mitte achtzig, langsam altersbedingt etwas geschwächt und in ihrem menschlichen Umgang sehr miteinander verwoben. Man bekommt als Hausärztin viel Einblick in familiäre Verhältnisse der Menschen, urteilen kann und will ich darüber nicht, weil wir nicht immer hinter die Fassade blicken können. Ich finde es schön, wenn ich Paare sehe, die im Alter noch beieinander sind. Aber nach vielen Jahren Ehe oder Partnerschaft benehmen sich Lebensgefährten zuweilen auch merkwürdig. Und viele Paare sind nach den Jahren so zusammengewachsen, dass sie nicht alleine in die Sprechstunde kommen. Der Praxisbesuch, ein Pärchen-Event by Jochen Schweizer sozusagen. Ein Gespräch mit einem der beiden Beteiligten kann dann hin und wieder schwierig werden.

Und so stehen sie beide nun an der Anmeldung, zücken die Krankenkassenkärtchen, er hilft ihr galant aus der Jacke, und sie treibt ihn ins Sprechzimmer. »Mach doch mal!«, schimpft sie ruppig, während er selig lächelt und ihr die Tür aufhält.

Es handelt sich um ein Ehepaar mit den üblichen Erkrankungen der älteren Menschen: Diabetes mellitus, etwas hoher Blutdruck, ein kleiner Krebs. Nichts Weltbewegendes für Herrn Körner. Er sei alt, der Krebs eben da, er möchte nichts mehr dagegen unternehmen. Wir reden darüber, wie es weitergeht, was passieren kann, welche Möglichkeiten es zur Therapie oder Linderung von Problemen gibt. Er sagt Danke, er wisse jetzt Bescheid, und er mache nichts mehr. Er sei so oder so in ein paar Jahren tot, weil alt. Das ganze Prozedere mit OP und Bestrahlung und Chemotherapie sei nichts mehr für ihn. Ich finde es nachvollziehbar, und wir belassen es dabei. Bis sein Tumor Probleme macht, könnten noch einige Jahre vergehen, und man muss nicht immer etwas tun. Wenn Patienten, egal wie alt sie sind, im Vollbesitz ihrer geistigen Fähigkeiten sind, dann sollte man den freien Willen akzeptieren.

Das Gespräch ist beendet, und Herr Körner beginnt zu summen.

Die Ehefrau ist wütend auf ihn, schimpft über seinen Krebs und dass sie nie an der Reihe ist, etwas zu sagen. Und überhaupt, er solle jetzt endlich mal still sein. »Jetzt bin ich mal dran!«, herrscht sie ihn an.

Er summt unbeeindruckt weiter.

Ich versuche, ihr meine ganze Aufmerksamkeit zu widmen, während er im Hintergrund sitzt. Und summt.

Ich mag ihn wirklich, er ist ein so netter Mensch. Aber ich würde ihn gerne hinausbitten. Das geht bei diesem Paar allerdings nicht, weil sie ohne einander nicht bestehen. Sie kommen gemeinsam in die Sprechstunde, sie haben beide ihre Sprechzeit bei mir, sie schimpft, er summt. Ein festes Schema, wie ein Ritual, das kenne ich schon. Sie schildert ihre Beschwerden und Sorgen, redet gegen sein Summen an. Mittendrin dreht sie sich zu ihm und motzt: »Kannst du nicht einfach mal still sein!«

Das Summen stoppt. Für dreißig Sekunden. Dann summt er wieder und scheint dabei völlig in Gedanken versunken zu sein.

Schließlich haben wir alles besprochen. Sie steht auf und klatscht ihm mit der flachen Hand gegen die Schulter. »Komm schon!« Er hilft ihr in die Jacke (natürlich summend und lächelnd), sie nimmt seine Hand, und sie verlassen die Praxis. Dieses Pärchen hat eigene Kommunikationswege gefunden: Summen und Schimpfen. Er summt sich glücklich, sie schimpft gegen ihre Angst, ihn zu verlieren.

Aber er muss jetzt die Äpfel pflücken!

Der Oktober ist ja ein Erntemonat, und hier, am Rande der Wetterau, hat man Apfelbäume in seinem Besitz. Das gehört schon fast zum guten Ton. »Was, du hast keine Äpfel?« Oder: »Oha. Der Heinz hatte ja mal welche, aber das macht jetzt der Sohn.« Aha und soso. Aber ich gebe zu, ich hätte auch gerne Apfelbäume und eine Streuobstwiese. Zwetschgen, Mirabellen, Birnen, hach ... Das prähistorische Sammler-Gen ist wohl in meinem Bauplan erhalten geblieben.

Herr Lesniak muss auch sammeln beziehungsweise pflücken, nämlich die Äpfel. Aber das geht heute nicht so gut, denn er fühlt sich nicht wohl. Herr Lesniak kommt gerade in Begleitung seiner Frau in die Sprechstunde, und bevor ich die beiden begrüßen kann, redet sie laut und gestikuliert dabei wild. Das liegt daran, dass Frau Lesniak etwas aufgebracht ist, weil es ihm nicht gut geht. Ihrer Sorge verleiht sie Ausdruck, indem sie sich darüber empört, dass er nun nicht die Äpfel pflücken kann.

Das Paar ist seit vielen Jahrzehnten verheiratet, sie sind beide etwa fünfundsiebzig Jahre alt, und es scheint, als könnten sie – wie die Körners – nicht mit-, aber auch nicht ohne einander. Er sitzt schweigsam und mit knapper Luft neben ihr, atmet immer wieder tief ein, müsste also dringend ins Krankenhaus, aber harrt geduldig der Dinge, die da kommen mögen.

»Ins Krankenhaus? Das geht auf gar keinen Fall!« Ihre Stimme wird laut und überschlägt sich, Frau Lesniak rutscht unruhig auf dem Stuhl im Sprechzimmer hin und her. Er, um den es eigentlich geht, sitzt ruhig und besonnen daneben und schaut mich friedlich an. Er lächelt immer wieder und nickt. Herr Lesniak hat innerhalb der letzten zwei Wochen sieben Kilogramm zugenommen, seine Beine sind massiv angeschwollen, und als ich seinen Brustkorb abhöre, unterbrochen von den

Schimpftiraden seiner Gattin, vernehme ich ein leises Blubbern über der Lunge. Sein Herz ist schwach, und das Wasser hat sich in die Lunge gestaut. Es führt kein Weg daran vorbei: Das Problem kann ich ambulant nicht lösen. Äpfel hin oder her, in dem Zustand kann er sowieso auf keinen Baum klettern. Die Einweisung in eine Klinik kommt also erst recht einer Rettungsaktion gleich.

Ich ergreife das Wort: »Frau Lesniak, Ihr Mann hat viel Wasser im Körper, weil das Herz zu schwach ist. Er muss heute noch in einem Krankenhaus behandelt werden.«

Sie ist nicht amüsiert und fährt mit ihren Argumenten aufgebracht fort: »Und außerdem muss ich in den Supermarkt, wer fährt mich denn dann?!« Ihre Augen funkeln mich böse an.

Ich würde gerne ihr Problem lösen, denn bekanntermaßen sind Hausärzte auch Problemlöser (würde sich auf dem Namensschild gut machen: »Dr. med. U. Koock, Hausärztin und Problemlöserin«), aber erst einmal muss ich mit dem Patienten die Einweisung besprechen. Er sollte immerhin einverstanden sein, denn über seinen Kopf kann ich nichts entscheiden (das macht seine Frau ja sonst schon für ihn).

Herr Lesniak hat indes von der Lage nichts mitbekommen, denn er schaut aus dem Fenster in den Garten. Recht hat er. Der Blick in den Garten ist viel schöner, als sich im Sprechzimmer rumzustreiten.

»Sind Sie denn mit einer Einweisung einverstanden?«, frage ich ihn und bin gespannt, wie die Ehefrau reagiert, weil ich mich so über ihren Kopf hinwegsetze.

Derweil sitzt sie mit verschränkten Armen vor mir, hat sich zurückgelehnt und schaut mich trotzig an. Sie kann nicht nachvollziehen, dass ich das wahre Problem – nämlich ihres – nicht verstehe.

»Wenn's denn hilft«, sagt Herr Lesniak zwischenzeitlich kurzatmig.

Das werte ich als Einverständnis, sodass ich nun endlich das Krankenhaus und den Rettungsdienst informieren und die Einweisung vorbereiten kann. Einige Minuten später sind die Sanitäter auch schon vor Ort und versorgen Herrn Lesniak mit Sauerstoff, einer Venenkanüle, kleben ein EKG an seine Brust und umsorgen ihn lieb und freundlich. Dann fahren ihn die Sanitäter auf der Trage zum Rettungswagen. Mein Patient macht den Eindruck, als sei er erleichtert, denn er nickt allen noch zufrieden zu und schließt dann müde die Augen. Seine Frau steht im Flur und kann nicht fassen, dass ihr so etwas angetan wird. Der Supermarkt. Und die Äpfel!

Sie ist offenbar vergrämt, weil sie nun so vieles alleine erledigen muss. Da die beiden so verwoben sind, gleicht diese Situation für sie einer Katastrophe. Sie versteht es als persönlichen Affront, dass er sie alleine lässt und ich mich über sie hinweggesetzt habe. Sie funkelt mich weiterhin böse an, und ich verstecke mich lieber im Büro, plündere die Süßigkeitenschublade und finde Merci-Schokolade. Merci, danke!

Es ist mir klar, dass Frau Lesniak keinen Grund findet, sich zu bedanken. Sie kennt es vielleicht nicht, alleine zu sein, und nun spricht die Angst aus ihr. Ich verstehe sie, aber ihm geht es gerade schlechter. Viele Menschen sehen sich außerdem selbst gerne im Mittelpunkt des Geschehens, und wann immer etwas Schlechtes passiert, denken sie: Warum wird gerade *mir* so etwas angetan?« Auch wenn es gar nicht um sie geht.

Manchmal sagen Patienten mit schweren Krankheiten: »Jetzt kann die Familie mal sehen, was sie davon hat.« Und die Familie schimpft: »Das macht sie doch mit Absicht.« Oder: »Bis ins Grab will sie uns ärgern!« Oder: »Der Alte wird noch aus dem Himmel Ärger machen!« Dabei schütteln sie die Fäuste.

Man kann nicht immer hinter die Kulisse schauen und erfassen, welche Gräben über die Zeit in manchen Familien oder Ehen entstanden sind. Es steht mir, wie gesagt, auch nicht zu, darüber zu urteilen. Ich versuche, medizinisch und hausärztlich das Beste aus der Situation zu machen, das ist meine Aufgabe.

Und jetzt Schokolade essen, das ist auch meine Aufgabe. Die guten Sorten sind schon aufgegessen, also muss ich mich mit Marzipan zufriedengeben. Warum passiert so was ausgerechnet *mir?!*

Ja, ihr reanimiert. Aber kann ich meine Spritze haben?

Euren Job hätte ich ja gerne«, sagt eine Patientin nach ihrem Termin, als sie schon die Türklinke in der Hand hat. Es klingt ein bisschen, als freue sie sich über ihren gelungenen Scherz. »'n bisschen an der Anmeldung sitzen und dabei gemütlich Kaffee trinken.«

Da fallen mir doch vor Schreck fast mein vierter Kaffee und die Boulevardzeitung aus der Hand. Menno. Immer diese Langeweile hier. Ich bin sprachlos und stehe noch da, als meine Patientin schon das Sprechzimmer verlassen hat und sich auf den Flur begibt. Dorthin, wo es laut ihren Worten so schön ist, dass man den Job locker ausführen könnte. Die vielen Menschen im Wartezimmer, das Hintergrundsummen der Gespräche, das pausenlose Telefonklingeln. 400 Anrufe am Morgen haben wir mal gezählt.

Eine MFA ist keine Anmelde-Dame. Eine MFA ist eine qualifizierte medizinische Fachkraft, und ohne sie würde eine Praxis nicht funktionieren. Die MFAs machen die Anmeldung, natürlich. Aber nicht nur. Sie verwalten die Termine und kennen jeden Patienten mit Namen und dazugehöriger Krankheit.

Hier auf dem Land zusätzlich den Nachbarschaftskummer mit Heinz und die Familienprobleme von Gerda, die Backkünste von Frau Will und wer wann von wem Besuch hatte. MFAs organisieren das Labor, nehmen Blut ab, zentrifugieren Urine und bestimmen die Marcumar-Dosis, sie kümmern sich um die Rezepte, um Überweisungen und Verbände. Sie tapen, sie kleben, sie hören zu. Sie telefonieren, organisieren und schreiben. Sie machen Hausbesuche als Nicht-ärztliche Praxisassistentin (NäPA) und als Versorgungsassistentin in einer Hausarztpraxis (VERAH) und erledigen die Abrechnung. Schon alleine dafür müssten sie einen Orden erhalten, denn das ist eine hohe Kunst. Immer neue Regelungen, diverse Abrechnungssysteme und Ziffern, Ziffern, Ziffern bestimmen, was quartalsweise an Geld fließt und die Praxis erhält. So altruistisch wir alle im Inneren sind (oft viel zu sehr) – ohne Geld keine Praxis.

Und das soll ein Job sein, der einfach mal so zu machen ist? So nebenbei beim Kaffeetrinken? Ich ärgere mich wirklich über die Patientin, auch wenn sie es sicher nicht so gemeint hat. Sie ist manchmal ein wenig gedankenlos, aber sonst wohlmeinend.

In dem Moment, in dem ich aus dem Zimmer gehe, stürmt Tanja ins Zimmer und ruft: »Notfall!« Und dann steht die Praxiswelt still.

Wie in Zeitlupe, aber maximal aufmerksam nehme ich den Menschen wahr, der leblos auf dem Flurboden liegt. Und auch wenn ich alle Patienten in diesem Buch anonymisiert habe, werde ich hier nicht mal das Geschlecht nennen und auch nicht die Erkrankung, weil es eine für eine Hausarztpraxis ungewöhnliche Situation ist. Und daher möge man mir die unpersönliche Anrede »der Mensch« verzeihen.

Wir drehen die Person mit den blauen Lippen und Händen auf den Rücken, testen in Sekundenbruchteilen die Atmung und den Puls. Nichts. Ein Nichts zu fühlen ist beängstigend.

»Ich drücke«, sage ich und knie mich seitlich neben den leblosen Körper, starte mit der Herzdruckmassage. Tanja hat schon den Reanimationskoffer geholt, den Beatmungsbeutel zusammengesteckt und setzt ihn auf dem Gesicht der leblosen Person an. Dreißigmal drücken, zweimal beatmen. Wir müssen nicht reden, wir haben es oft genug in Schulungen durchexerziert. Alle sind hoch konzentriert, alles läuft Hand in Hand. Der venöse Zugang wird gelegt, das EKG angeschlossen, eine von uns drückt hundertmal in der Minute regelmäßig auf den Brustkorb, eine andere pumpt im Wechsel Luft in die Lunge. Die Blaufärbung der Lippen und Hände lässt etwas nach, und der Notarzt ist unterwegs. Wir spritzen Medikamente, drücken, beatmen, wechseln uns ab und sind wie in einem Tunnel.

Ein Tunnel, der gerne auch mal von fremden Menschen beäugt wird. Daher schirmen die anderen Kolleginnen den Bereich mit Decken ab. Ein Mann blickt neugierig um die Ecke, und wir verweisen ihn auf seinen Platz. Manchmal muss man nicht freundlich sein.

Eine Reanimation ist eine herausfordernde Situation, keine Frage, denn zum einen sieht man so was normalerweise nur im Fernsehen, und zum anderen sieht man es dort immer (ich wiederhole: immer!) falsch. Da wird dann vier-, fünfmal mit einer sachten Frequenz der Brustkorb gestreichelt, und jemand ruft theatralisch: »Bleib bei mir!« Der Patient wird angesichts der liebevollen Rettungsmaßnahme sofort wach, hustet (immer!), und alle freuen sich herzlich.

Eine Reanimation ist knochenharte Arbeit, und kein Mensch säuselt theatralische Sehnsuchtsformeln. Der Brustkorb wird auch nicht sanft eingedrückt, sondern es wird mit einer Tiefe von fünf Zentimetern gegen die knöcherne Spannung des Thorax angekämpft. Dabei brechen gelegentlich Rippen. Man spürt das Reiben unter den Händen, dennoch macht man weiter, weil die gebrochene Rippe in diesem Moment ziemlich egal ist, es sei denn, sie steckt in der Lunge. Doch auch dann wäre die Aufrechterhaltung des Kreislaufs höher auf der Prioritätenliste angeordnet, man würde weiterdrücken und gegebenenfalls eine Drainage in den Brustkorb legen.

Jeder Mediziner ist selbst der Herzattacke nahe, wenn man im Fernsehen die Defibrillation einer Nulllinie im EKG beobachtet. Ich erläutere das kurz: Wird ein Mensch reanimationspflichtig, dann deshalb, weil sein Kreislauf zusammengebrochen ist. Das Herz schlägt gar nicht mehr oder zu schnell, und manchmal funktioniert zwar noch die »Elektrik«, aber die Mechanik hat versagt.

Ein Herz, das rast (kaputte Elektrik), hat keine Pumpleistung und muss elektrisch mittels Defibrillator neu gestartet werden. Ein Herz, das keine elektrische Aktivität mehr zeigt und damit die berühmte flache (isoelektrische) Linie im EKG, kann man nicht neu starten, weil die Herzmuskelzellen nicht auf den Strom reagieren. In dem Fall spritzt man Medikamente, die das Herz wieder ankurbeln sollen.

Wenn nun im Fernsehen jemand brüllt: »Weg vom Patienten«, den Defi nimmt und *auf den Klamotten* eine Nulllinie defibrilliert, dann fallen deutschlandweit nicht nur die Kardiologen in Ohnmacht.

Und so bekommen wir, die gerade die Person zu retten versuchen, nur am Rande mit, was alles um uns passiert. Die MFAs schließen geistesgegenwärtig alle Türen, verkleben das Fenster in der Tür zum Wartezimmer mit Papier und »entfernen« Patienten, die sich das Spektakel ansehen möchten. Decken werden weiter hochgehalten.

Die Rettungsmannschaft trifft ein und übernimmt, der Mensch wird in ein Krankenhaus gebracht, und wir stehen im Flur, kraftlos, ratlos, geschafft. »Eigentlich brauchten wir jetzt mal fünfzehn Minuten Pause«, sagt eine Kollegin und kämpft mit den Tränen. »Wir sind doch keine Roboter.«

Aber wir nehmen uns nur fünf Minuten, denn der Praxisbetrieb stand eine Stunde lang still. Als ich in den Pausenraum gehe, spricht mich jemand an: »Ich hätte ja nur schnell meine Spritze gebraucht …« Ich gehe einfach weiter, ignoriere es, weil ich sonst meinen Glauben an die Menschheit verliere.

»Frau Wittmann ist aus dem Laborfenster geklettert«, sagt eine MFA fassungslos.

»Und Herr Seyfang fragte an der Anmeldung, warum wir nicht vorgewarnt haben, dass es heute länger dauert«, erzählt eine andere Kollegin.

Hm, das nächste Mal also als Vorankündigung im Wochenblatt: »Am kommenden Donnerstag werden wir aufgrund eines lebensbedrohlichen Notfalls Ihre Anliegen erst später bearbeiten können. Bitte haben Sie Verständnis, dass wir akut *keine* Spritzen geben können, der Laborbetrieb stillsteht und Sie darüber hinaus nichts zum Gucken haben werden.«

Jetzt hätte ich gerne Schnaps, denn Mon Chéri würde jämmerlich versagen.

Der Tag geht aber weiter. Wir schweben weiter durch den Raum, arbeiten weiter.

Wir müssen leider draußen bleiben

Kurz vor Ende der Sprechstunde erscheint dann noch eine spezielle Spezies Mensch, die ich weniger gerne in der Praxis sehe. Der Pharmavertreter (m/w/d).

Pharmavertreter sind ein bisschen wie Heuschrecken, und auch wenn sie privat bestimmt sehr nette Menschen sind, so kann ich mit dem Verkaufsgetue nichts anfangen. Um ehrlich zu sein: Ich hasse es. Pharmavertreter sollen die neuesten medizinischen und wissenschaftlichen Informationen weitergeben, portioniert in kleinen Häppchen mit einem Sträußchen Petersilie on top (oder wahlweise einer Deko-Kirsche), damit wir als Ärzte ja kapieren, dass wir nur deren Produkt kaufen sollen. Und dafür lernen sie dann Verkaufsstrategien und Fragestellungen, die uns auf den richtigen Weg schicken sollen.

»Ja, Frau Doktor …«, sagt nun der wesentlich jüngere Mann, den ich eben reingebeten habe. Oha. Es wird ernst. Er sitzt breitbeinig vor mir, ein Bein über das andere geschlagen, sodass der schicke, hellbraune Lederschuh auf seinem Knie ruht. Er hat sich gemütlich zurückgelehnt, und ich kriege bei seinem Anblick akute Krätze.

»Wiiiee behandeln Sie denn Harnwegsinfekte?«, fragt mich der sprechende Lackschuh flötend und beugt sich zu mir vor.

Ich fühle mich wie im Staatsexamen. Unangenehm. »Erzählen Sie mir doch einfach, was Sie loswerden wollen«, entgegne ich genervt.

Der Herr Anzugträger ist konsterniert. Vielleicht bin ich zu pampig, dennoch nervt mich diese Verkaufs- und Ausfragestrategie kolossal, weil ich nicht als Ärztin arbeite, um ein Medikament an den Mann oder die Frau zu bringen, sondern um die richtige Medizin an den Mann oder die Frau zu bringen.

Mein Gegenüber, das sicher zehn Jahre jünger ist als ich und sich seine Charmeoffensive gut zurechtgelegt hat, scheitert bei mir und ist darüber sichtlich erschüttert. »Wir machen Schulungen, wie wir Ärzten begegnen und wie wir fragen sollen«, erklärt er.

Egal, ich habe keine Lust, Opfer von Verkaufstaktiken zu sein.

An dieser Stelle muss ich gleich mal einschieben, dass es auch sehr reizende Personen gibt, die einfach nur ihren Job machen, fundierte sachliche Informationen geben und bei kritischen Nachfragen, wenn es um Studien geht, mitreden können. Es gibt Pharmareferenten, die wirklich die richtige Therapie an den Mann oder die Frau bringen wollen. Manche sehen auch, wie viel gerade in der Praxis los ist, und wollen meine Zeit nicht verschwenden. »Ich lasse Ihnen nur diesen Flyer da und die Einladung für die Fortbildung. Brauchen Sie einen Kuli?« Aber hallo. Ich liebe Kulis! Denn ich leide unter der weitverbreiteten Mediziner-Krankheit, der Kuli-Kleptomanie. Jeder Kuli, der meinen Weg kreuzt, ist verdammt. Aber genau hier liegt die Krux. Man hat herausgefunden, dass selbst so kleine Mitbringsel wie Kugelschreiber einen Arzt nicht unbeeinflusst lassen, selbst wenn nahezu alle sich für nicht manipulierbar halten.

Ein Kugelschreiber hat ja faktisch keinen Wert. Plastikware, ab tausend Stück kosten die Stifte nur Cent-Beträge. Aber dennoch haben wir den Berater, der uns das wichtige Utensil aushändigte, im Gedächtnis und den Kuli täglich in der Hand. Gut, dass größere Geschenke und Gaben per Gesetz nicht mehr erlaubt sind.

Beim Thema Pharmavertreter scheiden sich übrigens die Geister. Für dieses Buch habe ich viele Ärzte dazu befragt. Einige sagen, dass man ja sowieso keine Geschenke bekommt und auch nichts annehmen dürfe, sie aber die Informationen und den Small Talk schätzen. Andere lassen kein gutes Haar an den Verkaufsgenies.

»Ich lasse ja auch keine Staubsaugervertreter rein.«

»Vertreter jeglicher Art sind nervig.«

»Werbung beeinflusst immer, auch wenn wir glauben, immun zu sein.«

»Ich lehne sie komplett ab.«

»Zeitverschwendung und Gequatsche.«

»Die lügen einem eh ins Gesicht.«

Aggressive Marketingstrategien, vorenthaltene Informationen und Einladungen zu gesponserten Fachveranstaltungen mit Verpflegung und Unterbringung im »angemessenen Rahmen« haben ihre Wirkung, wenn sich auch jeder Beteiligte für neutral hält.

Die Pharmabranche hat sich selbst Kodizes auferlegt, mit denen sie sich kontrollieren will. Doch wo liegt die Grenze? Welche Unterbringung ist beispielsweise bei Tagungen »angemessen«? Wird sich der Chefarzt einer Klinik in einem sauberen Einzelzimmer eines kleinen Hotels unterbringen lassen, wo er immerhin eine Schlafmöglichkeit und ein normales Frühstück bekäme? Oder muss es eine Suite in einem Sterne-Hotel mit luxuriösem Frühstücksbuffet sein? Kann man von einem Praxisbesitzer erwarten, in einem unscheinbaren Hotel unterzukommen und Mehrkosten für die mitreisende Ehefrau, Freundin, Geliebte selbst zu bezahlen?

Ja, kann man.

Kann man erwarten, dass Fortbildungen nicht von der Pharmabranche finanziert werden und das Mittagessen auf Kosten der Besucher geht?

Ja, kann man.

Es gibt beispielsweise von allen Landesärztekammern Fortbildungen, die natürlich Geld kosten, aber entweder vom Arbeitgeber übernommen werden oder teilweise von der Steuer absetzbar sind. Zudem liegen die Kosten in einem überschaubaren Rahmen.

Und kann man erwarten, dass man von Pharmavertretern nicht wie ein Trottel behandelt wird?

Ja, kann man.

Die Referenten sind darauf geschult, uns einzulullen und mit Fragestrategien auf den »richtigen Pfad« zu bringen.

Ende Juni 2015 legten vierundfünfzig Pharmakonzerne offen, wie viel Geld sie an Ärzte in Deutschland zahlen. 71 000 Ärzte und Fachkreisangehörige wie Apotheker sowie 6200 medizinische Einrichtungen haben laut *Spiegel Online* und der Recherchedatenbank »Correctiv« 575 Millionen Euro erhalten. Ein Drittel der Ärzte stimmte zu, dass die Beträge, die sie erhalten hatten, veröffentlicht werden dürfen. Spitzenreiter war ein Arzt aus Essen, er bekam über 200 000 Euro für Beratung, Vorträge, Fortbildungen und Spesen.

Außerdem werden manchen Ärzten Honorare für Anwendungsbeobachtung gezahlt. Das bedeutet, ein Arzt verschreibt seinem Patienten ein bestimmtes Medikament und beantwortet dann Fragen zu Nebenwirkungen und Verträglichkeit. Ob man solche Studien als Quelle zum Erkenntnisgewinn bei bereits geprüften und zugelassenen Medikamenten heranziehen kann, sei jetzt mal dahingestellt. In der Praxis hätte ich nicht mal die Zeit, Fragebögen auszufüllen. Abgesehen davon, dass die KV, die Kassenärztliche Vereinigung, den niedergelassenen Ärzten sowieso schon genug Vorgaben macht, welche Medikamente und wie viele Generika (also wirkstoffgleiche Medikamente ohne Markennamen) sie verschreiben dürfen.

Um es vorweg zu sagen: Ich möchte nicht über die »böse Pharmaindustrie« im Allgemeinen, im Generellen und sowieso überhaupt herziehen. Ich war selbst in der klinischen Forschung beschäftigt, und ich weiß um die Gelder, die für die Produktion eines einzigen Arzneimittels fließen *müssen,* weil die Entwicklung und Herstellung Jahre dauern, Misserfolge bedeuten, langjährige Studien im Labor und am Menschen nach sich ziehen und das Wissen über das neue Medikament auch veröffentlicht werden muss. Wir brauchen Forschung und Pharmakologie. Wir brauchen aber auch unabhängige Ärzte. Fortbildungen und Vorträge könnten aus einem Pool finanziert werden, in den diverse Firmen einzahlen, ohne dass Ärzte wissen, welche Firma beteiligt ist. Die Unabhängigkeit wäre also gewahrt.

Man kann sich die Informationen, die Pharmavertreter liefern, gerne anhören. Wenn man sie mit einem ausreichenden Abstand betrachtet, nicht unberücksichtigt lässt, dass sie von

den Verkaufszahlen profitieren und dann gerne auch mal flötend Komplimente vorbringen.

So wie die Dame, die einmal vor mir saß und mich dauerhaft
anstrahlte, als hätte sie von ihren Medikamenten einige zu viel
inhaliert. Sie referierte sich in Rage: »Dieses viel bessere Produkt ›ImmerGesund‹ (Name erfunden) macht alle Menschen
gesund, wie aktuelle Studien beweisen. Schauen Sie hier!« Sie
tippte auf ihrem Tablet herum und zeigte mir glückliche Menschen und gesund aussehende Statistiken. Ich hätte wetten mögen, dass man auch den Klimawandel mit »ImmerGesund«
abwenden konnte. »Es ist natürlich im Gegensatz zum anderen
Mitbewerber ›NichtImmerGesund‹ (Name ebenfalls erfunden)
viel besser und schont das Praxisbudget.«

Wenig interessiert und vor allem müde vom Tag, sagte ich
eloquent und neugierig »Aha« und »Mhmhm«.

Sie bemerkte mein Aufmerksamkeitsdefizit und wechselte
die Strategie. Es folgte die Small-Talk-Attacke.

»Und Sie sind also neu hier?«

»Ja ... seit zwei Jahren«, antwortete ich. Voll neu. In Online-
shop-Maßstäben wäre meine Garantie bereits abgelaufen.

Die Dame reagierte entzückt: »Woooaas? Aber ich habe Sie
hier noch nie gesehen?«

»Wahrscheinlich, weil ich meist nur vormittags da bin«, antwortete ich und schielte zur Tür. Und der Vormittag nun vorbei ist, dachte ich im Stillen.

Die Pharmareferentin lächelte interessiert (oder tat so):
»Aha, aha ... soso. Ja, wieso das?«

»Ja, nun, ich habe Kinder«, entgegnete ich und wollte in die
Mittagspause gehen. Aber vorher musste ich mir noch die Komplimente anhören, die es gratis zum Produkt gab.

»Nooooin, das hätte ich ja nicht gedacht«, flötete sie.

»Haha, ja, doch, zwei liebe Kinderlein«, antwortete ich und
winkte beschämt ab. Small Talk par excellence.

Nun die Kür: »Toll, Sie sehen noch sooo jung aus. Aber ich weiß, wie es ist. Ich habe ja auch Kinder!«

So battelten wir uns noch ein wenig im Komplimente-Austausch und schlossen die Konversation mit einem versonnenen Lächeln: »Ach ja …«, und schauten beseelt drein.

Die Pharmareferentin erhob sich dann, und wir wünschten uns alles Liebe und Gute und sagten, wiiiee toll es doch sei, sich kennengelernt zu haben. Die Dame ging mit der Gewissheit, das Produkt mal wieder gut vermarktet zu haben. Sie hoffte sicher auf eine Menge Verordnungen, damit ihre Provision ihr Gehalt aufbesserte. Ich schmiss das Infoblatt in den Müll und ging in die Pause. Hätte sie mir Mon Chéri mitgebracht, hätte ich sehr mit meiner Ehre gekämpft.

Fisimatentenfreitag
KATHETER, KATER UND KONTROLLEN

Das macht der Hausarzt

Die letzte Sprechstunde in dieser Woche. Manchmal fühlt es sich vorher so an, als bereite man sich auf einen Marathon vor. Nun bin ich zwar noch nie einen Marathon gelaufen, aber rein theoretisch muss das so sein, denn selbst bei einem Marathon zuzuschauen ist ja schon anstrengend. Das Wissen, dass man nun fünf, sechs Stunden durchrennt (derart lange würde ein Marathon bei mir dauern), lässt einen noch kurz Luft holen, sich sammeln und auf ein langes Dauerfeuer vorbereiten. Schließlich möchte man jedem Patienten gerecht werden, ihm helfen und keine Fehler machen. Vor dem Wochenende ist erfahrungsgemäß recht viel zu tun, schlussendlich ist zwei Tage kein Arzt verfügbar. Himmel, hilf.

Ich habe gerade die Praxis betreten, da kommt Carmen auf mich zu und gibt mir zu verstehen: »Du denkst daran, dass du vor der Sprechstunde den Blasenkatheter bei Frau Ilmenau legst?«

»Ja. Selbstredend. Natürlich. Aber sicher habe ich daran gedacht. Wie könnte ich das vergessen …«, möchte ich antworten. Aber leider hatte ich den Blasenkatheter nicht mehr parat und sage verlegen: »Ähm. Nein. Danke für die Erinnerung.« Ich räuspere mich und grinse. Ich erinnere mich aber, dass ich mich furchtbar über diese Aufgabe geärgert habe. Nicht über die Patientin oder meine MFA oder das Legen des Katheters an sich. Sondern darüber, wie umständlich es den Patienten gemacht wird. Frau Ilmenau hat heute einen Termin in einer Klinik für eine Untersuchung. Weil sie dabei nicht zur Toilette gehen kann, sollen wir einen Blasenkatheter legen. Ich empfinde die Tatsache, dass wir den Katheter legen, die Patientin dann ins Krankenhaus fährt, auf die Untersuchung wartet und so lange mit dem Schlauch durch die Öffentlichkeit rennt, sehr unlogisch. Einen Katheter zu legen dauert nur wenige Minuten – es stört mich auch nicht aufgrund der Zeit. Sondern weil ich es als eine Zumutung für die Patientin empfinde. Die wenigen Minuten könnte man ebenso in der Klinik aufbringen.

Aber es hilft ja kein Jammern und kein Klagen, und damit wäre am wenigsten Frau Ilmenau geholfen. Also gehe ich in den Behandlungsraum, und die Patientin empfängt mich freundlich. Glücklicherweise scheint sie das alles nicht so zu ärgern wie mich.

»Guten Morgen, wollen wir mal?«, frage ich.

Motiviert sagt sie: »Los geht's!« Und dann geht's los.

Fünf Minuten später ist die Prozedur beendet. Mit liegendem Katheter kleben wir den Beutel noch an ihrem Bein fest und rufen ihr ein Taxi für die Fahrt zur Klinik. Frau Ilmenau verabschiedet sich guter Dinge.

Ich spule an dieser Stelle etwas vor, damit ich die Geschichte dieser Patientin zu Ende erzählen kann.

Sechs Stunden später, die Sprechstunde ist vorbei: Plötzlich klingelt es an der Praxistür. Wir haben schon abgeschlossen, aber selbstverständlich schauen wir nach, denn es könnte dringend sein. Und das ist es auch. Denn Frau Ilmenau steht vor der Tür, verschämt, mit dem Katheterbeutel in der Hand, ihre Hose ist großflächig durchnässt.

»Wurde Ihnen der Katheter nicht gezogen?«, frage ich wie vom Donner gerührt. Es ist eine Sache, den Katheter nicht legen zu wollen, weil mannigfaltige Gründe (die Abrechnung, die Buchhaltung, der Konzern, eine innere Stimme oder die Gesellschaft im Allgemeinen) dagegensprechen. Aber den Katheter nicht zu ziehen, weil man etwas Wasser aus einem kleinen Ballon ablassen müsste, kann ich nicht nachvollziehen.

Ich bitte Frau Ilmenau in das Behandlungszimmer und befreie sie von dem vollkommen überfüllten Beutel, der einfach kein Volumen mehr fassen kann und deshalb bereits ausgelaufen ist. Die arme Frau saß so im Taxi hierher. Als der Katheter gezogen ist, ist Frau Ilmenau sichtlich erleichtert. Sie ist auch nicht erbost oder verbittert, sondern schlingt sich ihren Mantel um die nasse Hose und verlässt erlöst die Praxis.

Eine Erläuterung zum Blasenkatheter: An dem Ende, das in der Blase liegt, besitzt er einen kleinen Ballon, etwa von der Größe eines kleinen Flummis. Dieser Ballon wird mit medizinischem Wasser (Aqua Dest) aufgefüllt, damit der Schlauch nicht wieder aus der Blase rutscht, quasi ein Ankerhaken ohne Haken. Soll ein Blasenkatheter im Nachhinein entfernt werden, saugt man mithilfe einer Spritze das Wasser aus dem Ballon und kann den Schlauch ganz sanft ziehen. Es dauert etwa eine Minute. Also keine Tätigkeit, die man an andere abgeben muss.

»Das macht der Hausarzt« ist jedoch ein gängiger Ausspruch in allen Abteilungen und Kliniken, die eben nicht »der Hausarzt« sind.

Man geht am Wochenende mit starken Kopfschmerzen in die Notaufnahme? »Das macht der Hausarzt.«

Eine Entlassung aus der Klinik nach einer Blutdruckentgleisung. »Das mit den Medikamenten macht der Hausarzt.«

Laboruntersuchung nach Lungenentzündung. »Hausarzt.«

Fäden ziehen nach Knie-OP. »Hausarzt.«

Reha beantragen nach Herzinfarkt. Na? Genau. Hausarzt.

Und es stimmt. Das alles macht ein Hausarzt, denn mit solchen Aufgaben muss man ja nicht die Kliniken überfüllen.

Manche von ihnen haben aber tatsächlich einen sehr guten Sozialdienst, der sich um Anträge für die Anschlussheilbehandlung oder die Reha kümmert. Oder um die Pflegestufe. Und vor Untersuchungen einen Blasenkatheter zu legen (oder gar zu ziehen), das kann man auch vor Ort machen, weil es dem Patienten entgegenkommt.

Aber ich gebe zu, ich war in der Notaufnahme auch das eine oder andere Mal dabei, als es hieß: »Medikamente? Da müssen Sie leider zum Hausarzt gehen.« Und warum? Weil es oft nicht anders geht. In der Klinik darf man keine Arznei mitgeben. Maximal ist das für den Tag der Entlassung möglich, damit der Patient zum Arzt und zur Apotheke gehen kann. Und am Wochenende ist der ärztliche Bereitschaftsdienst zuständig.

Auch kann man nicht jeden Menschen mit Beschwerden in der Notaufnahme behandeln, denn leider sind sie überfüllt. Weil Patienten keine Termine bei Haus- oder Fachärzten erhalten. Huhn oder Ei, was war zuerst? Das Dilemma unseres Gesundheitswesens.

Wir Hausärzte sind an vorderster Front und gleichzeitig letzte Instanz. Man geht zuerst zu uns und am Schluss auch wieder. Zuweilen nimmt das aber absurde Formen an, wie das Beispiel von Frau Ilmenau deutlich zeigt.

Schwerstarbeit für die Leber

Herr Moreno wohnt seit einem Umzug weiter weg, ist der Praxis aber treu geblieben, weil er sich keinen neuen Hausarzt suchen kann oder will. Vielleicht findet er auch einfach keinen, das wäre heutzutage nicht ungewöhnlich. Landärzte werden immer seltener, und für Patienten wird es schwieriger, sich einen neuen Hausarzt zu suchen. »Wir haben Aufnahmestopp«, heißt es bei den meisten Praxen.

Heute kommt er zu einem Ultraschall des Bauchraums, denn seine letzten Blutwerte waren nicht optimal, insbesondere die Leberwerte waren auffällig.

Er sitzt schon im Sonografie-Raum, und als ich die dunkle Kammer betrete und den kräftigen, sehr gelassen wirkenden Mittvierziger begrüße, wabert mir der zarte Duft von Alkohol in die Nase. Desinfektionsmittel ist es nicht, das riecht eher frisch und steril. Und mein von Kneipenjobs geschultes Näschen wittert: Bier. Obergärig. Hefiger Anteil. Getrunken gestern. Menge: reichlich. So bemüht ich auch bin, die Marke des Bieres kann ich nicht erschnüffeln.

Herr Moreno grüßt freundlich zurück, und ich schalte das Sono-Gerät an. Bevor ich mit dem Ultraschall starte, werfe ich noch mal einen Blick auf die Blutwerte und frage meinen Patienten, ob er Beschwerden hat. Übelkeit, Bauchschmerzen, Veränderungen der Stuhlgewohnheiten, Gelbfärbung der Haut aufgefallen? Er schüttelt den Kopf.

»Nein. Ich lasse beim Betriebsarzt einmal im Jahr Blut abnehmen, das ist bei uns so üblich. Da kamen die erhöhten Leberwerte raus, und das war jetzt bei Ihnen die Kontrolle. Die Werte haben sich aber nicht verbessert, oder?«

»Sie sind aber auch nicht schlechter geworden«, sinniere ich vor mich hin. »Okay, wir wollen trotzdem mal auf die Leber schauen. Hat der Betriebsarzt eine Hepatitis-Diagnostik gemacht?«, frage ich weiter, und Herr Moreno bejaht. Beruflich hat er Kontakt zu vielen Menschen, sodass man auch an infektiöse Krankheiten denken muss. Hepatitis, Zytomegalie und Pfeiffersches Drüsenfieber sind Viruserkrankungen, die »auf die Leber« gehen können. Auch Medikamente (selbst pflanzliche), Übergewicht und natürlich Alkohol lassen die Leber zuweilen ächzen.

Ich will nichts außer Acht lassen und frage nach: »Wie sieht es denn mit Alkohol aus?«

»Nicht besonders viel. Schnaps nur selten, wenn man krank ist zum Beispiel, das desinfiziert ja auch!« Er grinst.

»Aber? Bier?«

»Joa, so ein Feierabendbierchen eben. Und mittwochs mal mehr, weil ja quasi Bergfest ist. Wochenmitte, gell.« Gestern war Donnerstag, also gab es kein Bergfest zu feiern. Vielleicht der Tag vor dem Wochenende? Er grient erneut und setzt seine Erläuterungen fort. »Und samstags kommt Fußball, da trinke ich auch mal ein bisschen mehr.«

»Wie viel ist denn *ein bisschen mehr?*«, frage ich vorsichtig nach. Zum Thema Alkohol hat jeder eine andere Meinung, wie viel »viel« ist.

»So 'n Sixer. Mehr nicht«, erklärt er.

»Über die Woche verteilt?«

Er stutzt. »Nein. Am Abend, also mittwochs und samstags. Ist das viel?«

Ich nicke. Das ist viel.

Bei vielen Menschen ist das berühmte Feierabendbierchen gar kein Alkohol, weil es sich nicht um Schnaps handelt. Es ist eine Zeremonie, eine Entspannungstechnik am Abend, etwas ganz Natürliches. Und »natürlich« impliziert »gesund«. Sie kennen das aus der Werbung: ausschließlich natürliche Zutaten und klares Quellwasser. Es folgt der Jingle, und dann werden wahlweise Bäume durch Bier gerettet oder bärtige (natürliche) Männer hissen die Segel.

Schwierig. Ich bin immer wieder überrascht, wie sehr Alkohol für viele Menschen zum Alltag gehört. Und vor allem, in welchen Mengen.

Ich will nicht Moralapostel spielen, denn ich trinke hin und wieder ebenfalls Alkohol. Ich habe ein Faible für Wein, und gegen einen Aperol an besonderen Tagen habe ich nichts einzuwenden. Es darf nur nicht zur Gewohnheit werden. Ein Bier am Abend ist eine Sucht, wenn man es zur Entspannung dringend braucht.

Herr Moreno schaut ganz bedröppelt und scheint sich schuldig zu fühlen, aber ich will ihm gar keine Vorwürfe machen. Das steht mir auch nicht zu. Ich muss nun aber gemeinsam mit ihm überlegen, wie wir seine Situation verbessern können.

»Schaffen Sie es, eine Weile auf Alkohol zu verzichten?«

»Bestimmt. Wenn's hilft«, sagt er und scheint entschlossen zu sein.

Nun schaue ich mir im Ultraschall seine Leber an und sehe eine leichte Verfettung, die durchaus auf den Alkohol zurückgeführt werden kann, dazu gesellt sich sein Übergewicht. Dennoch lasse ich Blut abnehmen, um die infektiösen Ursachen auszuschließen.

Alkohol ist akzeptierte Droge und weitverbreitet. Er wird generell nicht so wirklich als Droge angesehen. Drogen, das sind in landläufiger Meinung diese Pülverchen und Pillchen, die große oder kleine Pupillen machen und Menschen in halluzinatorische Höhen katapultieren. Aber Drogen sind eben auch alkoholische Getränke, denn sie veranlassen die Menschen, für ihr Wohlbefinden mehr von ihrem Stoff zu brauchen. Es ist gesellschaftlich akzeptiert.

Beim Essengehen trinkt man Wein oder Bier, und wer ein Wasser ordert, wird schief angeschaut. Oder man fragt: »Wieso bestellst du Wasser?« Wieso muss man das erklären? Der durchschnittliche Pro-Kopf-Konsum beträgt nach dem Drogen- und Suchtbericht 2019 elf Liter Reinalkohol pro Jahr in Deutschland. Frauen und Männer haben ein unterschiedliches Konsumverhalten, wobei Frauen insgesamt weniger Alkohol vertragen, zudem trinken sie aus anderen Gründen.

Ich war noch Stationsärztin, als über die Notaufnahme unseres Krankenhauses eine Patientin mit Bluterbrechen aufgenommen wurde. Auf den ersten Blick fiel auf, dass die Haut der gepflegten und gut gekleideten Frau gelblich erschien. Wir versorgten die Patientin in der Notaufnahme. Es wurden Braunülen (Venenverweilkatheter) gelegt, Blut für Untersuchungen abgenommen und Infusionen zur Aufrechterhaltung des Kreislaufs verabreicht. Mit Verdacht auf eine obere gastrointestinale Blutung (also am ehesten aus dem Magen) wurde die etwa fünfundvierzigjährige Frau notfällig gastroskopiert, um die Blutungsquelle ausfindig zu machen. Der Magen war zwar zum Teil mit Blut gefüllt, doch eine beschädigte Magenschleimhaut konnte nicht ausfindig gemacht werden. Man fand stattdessen mehrere Krampfadern in der Speiseröhre, die nur bei einem schweren Leberschaden entstehen.

Der Verdacht lag nahe, dass die Patientin an einer Blutung aus einer der Krampfadern litt, einer sogenannten Ösophagusvarizenblutung, doch auch hier wurde man nicht fündig.

Die Laboruntersuchungen zeigten einen deutlichen Blutverlust. Auffällig war, dass die Gerinnungswerte nicht messbar waren. Die aufgenommene Frau hatte außerdem einen »Wasserbauch« – das klassische Bild einer zirrhotischen Leber mit einem stark aufgetriebenen Bauch, der manchmal sogar wie ein Schwangerschaftsbauch aussieht.

Am Folgetag kam es wieder zu Blutverlusten, und diesmal offenbarte sich die Blutungsquelle: Die Patientin blutete diffus aus dem gesamten Mundraum. Aus kleinsten Schleimhautrissen, die aufgrund des Leberversagens und der damit fehlenden Gerinnungsfaktoren nicht zu verschließen waren. Und wer aus der Mundschleimhaut blutet, verliert sicher auch diffus Blut im Magen. Es wurden schließlich Transfusionen mit Gerinnungsfaktoren verabreicht, um die Blutungen zu stoppen.

Wir führten viele Gespräche, um die Ursache für den Leberschaden ausfindig zu machen. Ein starker Alkoholkonsum wurde von der Patientin verneint. »Gelegentlich mal ein Glas

Wein«, sagte sie. Es war ein »schwieriger Fall«, denn alle anderen Ursachen für eine Leberzirrhose waren negativ.

Irgendwann, da war die Mittvierzigerin schon einige Tage bei uns und eine ganze Reihe an Diagnostik war gelaufen, bat mich der Ehemann um eine Unterredung. Er arbeite sehr viel, erklärte er, befinde sich häufig auf Geschäftsreisen, und die Kinder seien recht jung aus dem Haus gegangen. In dem Gespräch unter sechs Augen berichtete der Ehemann auch, dass seine Frau seit Jahren heimlich Wein trinke. Sie saß daneben und insistierte: »Das ist nicht viel!«

Wie viel, könne er nicht sagen, fuhr er fort, während sie die Augen rollte. Aber er habe im Keller hinter einem Vorhang einen Tetra Pak Wein und ein Glas gefunden. Zum Vorschein kam, dass die Patientin bereits seit Jahren über den Tag verteilt ein bis zwei Liter Wein trank.

Frauen trinken häufig aus psychischen Problemen und aus dem Wunsch heraus, sich das Leben zu erleichtern. Die alltäglichen Belastungen, angestrebter Perfektionismus oder traumatische Erlebnisse sind häufige Auslöser, wenn Frauen zur Flasche greifen. Männer trinken oft aus Spaß, in geselligen Runden und als Männlichkeitsritual. Das beginnt schon in der frühen Jugend. Der pubertierende Junge, der mit einer Alkoholvergiftung in die Notaufnahme eingeliefert wird (und damit auf Kosten des Gesundheitssystems gesoffen hat), kann nach seiner Entlassung für den Rest seines Lebens einen Schwank aus seiner Jugend erzählen. Haha, wie lustig, darauf ein Getränk, Prost. Männern wird früh beigebracht, dass Trinken (in Form von Alkohol konsumieren) »männlich« ist: je mehr, desto besser; je mehr, desto männlicher.

Mit Herrn Moreno bespreche ich, dass er für vier Wochen keinen Alkohol trinkt und wir dann die Werte kontrollieren.

Um es vorwegzunehmen: Ich konnte bei diesem Patienten keine infektiöse Ursache finden. Und nach seiner Alkoholkarenz normalisierten sich die Leberwerte. Selbst eine Leberverfettung kann zurückgehen, sofern noch keine strukturellen Umbauten der Leber aufgetreten sind. Wenn die Leber erst einmal im Stadium der Zirrhose angekommen ist, kann sie nicht mehr gerettet werden. Dann hat man sich seine Leber und sein Leben kaputt getrunken. Ohne Leber kein Leben.

Die lieben Haustierchen

Mein Leberpatient ist gerade gegangen, und vor der Tür sitzt schon meine nächste Patientin. Frau Hornbach hat keinen festen Termin, sondern kommt als Akuttermin, und ich sehe sofort, wieso: Sie hält sich den Arm, um dessen Hand ein Küchenhandtuch gewickelt ist. Ein wenig schimmert das Blut durch, aber es scheint nicht zu fließen. Oder es hat bereits aufgehört zu fließen.

Ich bitte sie in das Zimmer, und Frau Hornbach wickelt das Handtuch von der Hand. An der Beugeseite des Handgelenks, sprich »innen«, sehe ich eine eher überschaubare Wunde, wie ein kleines Loch, und einige Kratzer am Handrücken und am Unterarm.

»Wie ist das denn passiert?«, frage ich Frau Hornbach

»Meine Katze hat mich gebissen«, antwortet sie.

Ich habe es befürchtet. Das kleine Loch am Handgelenk und die Kratzspuren waren recht eindeutig.

»Ich habe es schon gereinigt, aber ich dachte, Sie können die Wunde vielleicht noch richtig verbinden. Dann gehe ich zur Arbeit.«

Sie schaut mich fröhlich an. Ich schaue nicht fröhlich zurück.

»Frau Hornbach, das mit der Arbeit wird heute nichts mehr.

Ich verbinde das jetzt sauber, und Sie stellen sich damit bitte in der nächsten chirurgischen Ambulanz vor.«

Sie schaut mich verblüfft an. »Wieso? Die Wunde ist doch ganz klein?«

»Aber sie ist von einer Katze. Tierbisse sind meist nicht ungefährlich, weil sie viele Keime aus dem Mundraum übertragen können. Und Katzenbisse sind besonders gefürchtet, weil ihre Zähne Kanäle in die Haut beißen, in denen die Bakterien in tiefe Gewebeschichten transportiert werden. Und am Handgelenk sind viele Sehnenfächer. Wenn sich dort einmal eine eitrige Entzündung festgesetzt hat, dann ist damit nicht zu spaßen.«

Tiere können Krankheiten übertragen oder Verletzungen verursachen. Ein Katzenbiss wie bei Frau Hornbach kann unter Umständen Verlust der Extremität, »Blutvergiftung« oder Endokarditis (Entzündung der Herzinnenhaut) bedeuten.

Meine Patientin beugt sich ihrem Schicksal, ruft ihren Mann an und lässt sich von ihm umgehend in die Notaufnahme fahren. Man wird ihr die Wunde chirurgisch säubern, also mindestens mit einem scharfen Löffel auskratzen, um die Keimbelastung zu reduzieren. Sie wird einen Gips zum Ruhigstellen bekommen und Antibiotika, damit die Wunde sich nicht infiziert.

Auch Hunde übertragen zuweilen Bakterien, die abwehrgeschwächten Menschen bereits schaden können, wenn der Hund über das Gesicht leckt. Daher rate ich immer davon ab, sich von seinen Hunden »küssen« zu lassen, auch wenn vielen Hundebesitzern dabei das Herz aufgeht. Hunde und Katzen haben nicht unser Hygieneverständnis. »Ich schnuffel mal nicht an dem anderen Hundepopo, auch wenn ich so gerne möchte, aber dann darf ich mein Herrchen nicht mehr ablecken!« Das ist in der Form in keinem Hundegehirn verankert.

Ich habe schon diverse Tierbisse antibiotisch behandeln müssen. Doch selbst ohne Bisse und Verletzungen bringen Haustiere gelegentlich Mitbewohner heim.

Wie bei einer Patientin, die einmal zu mir in die Sprechstunde kam, Frau Nickel. Ich kannte sie: eine sehr kräftige Frau, mitten im Leben stehend, Workaholic. Nun sah sie müde aus, ausgelaugt, und sie hatte massiv abgenommen. »Ich musste dringend abnehmen«, sagte sie. Sie sei immer sehr dick gewesen und habe sich damit auch nicht schlecht gefühlt. Aber dann habe sie ihrer Gesundheit doch einen Gefallen tun wollen. Und das hatte sie getan: Etwa vierzig Kilo habe sie in kürzester Zeit verloren, erzählte sie weiter. Sie sei aber seitdem nur noch erschöpft. Die Knochen schmerzten überall, außerdem habe sie Beulen in beiden Leisten.

Beulen in den Leisten? Ich hörte genau hin, denn Beulen in den Leisten sind selten gesund. Sie können vergrößerte Lymphknoten sein. Aber auch eine Leistenhernie, ein Leistenbruch, wobei ein solcher allerdings selten auf beiden Seiten gleichzeitig vorkommt und bei Frauen zudem seltener als bei Männern. Bei der Untersuchung konnte ich schon fühlen, dass es sich um Lymphknotenpakete handelte. Die Knoten waren fest, hühnereigroß und kaum verschieblich, was nie ein gutes Zeichen ist. Alarmiert schaute ich mir diese dann im Ultraschall an, konnte allerdings noch eine angedeutet erhaltene Struktur der Lymphknoten erkennen. Sie waren also nicht komplett verändert.

Wir nahmen ein umfangreiches Labor ab, das ein großes Blutbild, die Leber-, Nieren- und Bauchspeicheldrüsenwerte, Eisen, Entzündungswerte, Fette, Elektrolyte, Zucker und Langzeitzucker beinhaltete. Und, auch wenn es aufgrund glücklicher familiärer Umstände unwahrscheinlich war: Wir einigten uns auch auf die Untersuchung von HIV und anderer Geschlechtskrankheiten.

Ich bestellte die Patientin für den übernächsten Tag ein. Zwar konnte ich ihr mitteilen, dass alle getesteten Blutwerte in

Ordnung seien, aber wir dennoch nicht so recht wüssten, was ihr fehle. Die großen Lymphknoten mussten dringend abgeklärt werden.

Sie berichtete noch, sie habe plötzlich wieder zwei Kilogramm zugenommen – über Nacht. Ihre Beine seien geschwollen. Und sie habe irgendwie Luftnot und sei noch erschöpfter als vorher. Als hätte sie einmal kräftig »Hier« geschrien, schien jetzt auch die Herzleistung abgenommen zu haben, wie die Beinödeme vermuten ließen.

Also ordnete ich ein EKG an, das einen schnellen Herzschlag (Tachykardie) und unspezifische Veränderungen der Herzstromkurve zeigte.

Mit dem Verdacht auf eine Herzmuskelentzündung wies ich die Patientin mit Blaulicht und Tatütata in die nächste große Klinik ein.

Und hörte wochenlang nichts von ihr.

Irgendwann fiel mir der Arztbrief aus der Klinik in die Hand. Frau Nickel war noch wochenlang durch alle Abteilungen rotiert, nachdem man keine Herzmuskelentzündung nachweisen konnte. Zuerst wurde von einem unspezifischen Infekt ausgegangen, und sie erhielt diverse Antibiotika, aber die Lymphknoten und die Symptome der Infektion bildeten sich nur langsam zurück. Doch immerhin taten sie es. Das Fieber verschwand nach und nach, die Lymphknoten wurden kleiner. Bösartig veränderte Lymphknoten sprechen nicht auf eine Behandlung mit Antibiotika an, es war also ein gutes Zeichen. Schließlich landete sie, um ganz sicher zu sein, bei einem Onkologen, der eine bösartige Tumorerkrankung (wie zum Beispiel ein Lymphom) ausschloss. Trotzdem ging es Frau Nickel nur langsam besser, und es wurde ein prolongierter Virusinfekt vermutet. Sprich: ein Infekt, der lange zur Heilung benötigt.

Inzwischen war die Patientin wieder in der Sprechstunde aufgetaucht und hatte ihre Arbeit aufgenommen. Was sie gehabt hatte – wir wussten es auch nach Sichtung aller Unterlagen nicht.

Nochmals einige Wochen später bekam ich ohne beigefügtem neuen Arztbrief die Laborwerte nachgeschickt. Die Klinik hatte alle relevanten Laboruntersuchungen erledigt und sie abermals auf HIV und andere Infektionskrankheiten geprüft, denn manche Werte sind meist erst nach einer längeren Zeit »positiv«. Die Parameter, die auffällig waren, zeigten eine akute Toxoplasmose mit erhöhten IgM-Werten – Antikörper als Zeichen der akuten Immunreaktion – und leicht erhöhten IgG-Werten, die als Antikörper eine ältere Auseinandersetzung des Immunsystems mit dem Erreger anzeigen. Die Konstellation der Parameter sprach deutlich für eine zum damaligen Zeitpunkt akute Infektion mit *Toxoplasma gondii* – einem Parasiten.

Damit fügte sich nach Wochen alles ins Bild, und ich rief Frau Nickel an, um ihr davon zu berichten. Da sie während des Klinikaufenthalts einige wirksame Medikamente erhalten hatte, bestellte ich sie erst einmal zur Verlaufskontrolle und Blutabnahme ein.

Die Krankheit, die primär Katzen befällt, kann sich parasitär als Zwischenwirt auch bei Menschen einnisten. Gefährlich wird sie, wenn Schwangere sich infizieren, denn das führt in den meisten Fällen zu Fehlgeburten und schwersten Behinderungen. Daher rät man werdenden Müttern dringend, auf ungekochtes Fleisch und rohe Produkte zu verzichten. Bei sonst gesunden Menschen stellt sich die Symptomatik eher harmlos dar: leichte Lymphknotenschwellungen, Fieber, Müdigkeit.

Warum bei Frau Nickel die Toxoplasmose so heftig verlief, kann ich nur mutmaßen: Die Arbeitsbelastung zusammen mit der raschen (gewollten) Gewichtsabnahme haben das Immunsystem nicht unbedingt gestärkt.

Wichtig ist, dass es ihr wieder gut ging und sie wieder voller Tatendrang Workaholic sein konnte.

Ich kann auf der Arbeit nicht fehlen!

Ich schätze, ich bin auch so ein bisschen ein Workaholic, wie wohl alle Ärzte. Anders könnte man in diesem Gesundheitssystem nicht bestehen. Und manchmal schleppt man sich krank zur Arbeit, obwohl man das nicht tun sollte. Denn die Viren und Bakterien verbreiten sich schnell. Aber nicht nur das. Wer wirklich erkältet ist, Gliederschmerzen hat oder sogar eine echte Influenza, der gehört ins Bett und muss sich schonen. Denn die Viren können Herzmuskelentzündungen verursachen, und das kann richtig gefährlich werden. Aktuell sind wir sogar mitten in einer Coronavirus-Pandemie. Es gilt also noch viel mehr: Wer krank ist, gehört nach Hause und nicht mitten unters Volk.

In der Inneren Medizin habe ich mehrere Patienten gesehen, die sich regelrecht kaputtgearbeitet haben und nach einem heftigen Infekt eine Herzmuskelentzündung und damit eine Herzschwäche oder einen implantierten Defibrillator davontrugen oder sogar auf der Warteliste für die Herztransplantation standen.

Damit es keinen Aufschrei gibt: Ich rede nicht davon, dass jeder Schnupfen bedrohlich ist. Wer aber hohes Fieber hat und Gliederschmerzen, sollte sich nicht mit Ibuprofen und anderen Medikamenten zu Höchstleistungen antreiben.

Das gilt aber nicht nur für infektiöse Krankheiten. Herr Noell, erst Ende dreißig, sitzt jetzt bedrückt vor mir und hält mir einen Arztbrief entgegen. Er war vergangene Woche im Krankenhaus, in der Kardiologie, weil er einen »kleinen« Herzinfarkt hatte.

Erst einmal zum Verständnis: Ein Herzinfarkt kommt zustande, wenn die den Herzmuskel versorgenden Blutgefäße verstopfen. Die Blutgefäße führen wie drei Arme um das Herz herum und versorgen den Herzmuskel mit Sauerstoff. Durch jahrelanges Rauchen, Übergewicht, erhöhte Fettwerte, genetische Veranlagung oder Diabetes mellitus (»Zucker«) bilden sich Ablagerungen in den Herzkranzgefäßen, die dann nach und nach die Gefäße verschließen oder verstopfen. In seltenen Fällen werden auch kleine Blutgerinnsel eingeschwemmt und bleiben in der Herzkranzarterie hängen. Wird die Blutversorgung nicht wiederhergestellt, droht der Herzmuskel abzusterben, und dann ist der Ärger vorprogrammiert. Denn tote Zellen können nicht mehr pumpen und haben keine elektrische Funktion mehr, sodass es zu gefährlichen Herzrhythmusstörungen kommen kann. Außerdem leiert der Muskel an der Stelle aus und kann sackförmige Hohlräume, sogenannte Aneurysmen, bilden. Alls nix Gutes, wie man in Hessen so nett sagt. Sprich: So etwas Scheußliches will niemand haben.

Verständlicherweise ist mein Patient nun geknickt, ängstlich, verstört und sitzt mit hängenden Schultern vor mir. Er, der vom Typ Mensch ein gestandener Mann ist, groß, kräftig, mitten im Leben stehend, jeden Tag arbeitend und seine Familie versorgend, wurde nun in seiner Selbstsicherheit und in seiner Kontrolle über sein Leben und seine Gesundheit gewaltig erschüttert.

Jetzt brauche ich etwas Zeit für ihn und lese erst einmal den Arztbrief durch. Er hat Risikofaktoren, so viel steht fest. Und zwar durch das Rauchen, und er ist nicht ganz schlank. Und er hat Stress. Ständig. Jeden Tag. Andere Erkrankungen hat er nicht, sein Blutdruck war immer gut.

»Ich kann auf der Arbeit nicht fehlen«, sagt er in diesem Moment, zwei Tage nach seinem Herzinfarkt. Dass er schon wieder beinahe genesen erscheint, liegt daran, dass man heutzutage durch sogenannte Stents, also kleine, kunstvoll durch Katheter in die Herzkranzgefäße eingeführte Röhrchen, die Blutgefäße wieder freibekommt (korrekt heißt der Herzkatheter Koronarangiografie). Anschließend können die Patienten oft rasch entlassen werden. Manche Patienten sind jedoch überwachungsbedürftig und liegen auf Intensivstationen, manche Kliniken sind auch je nach Schwere des Infarktes bemüht, die Patienten in einer Rehabilitationsmaßnahme unterzubringen. Aufgrund des Personalmangels überlassen aber viele Kliniken den Hausärzten diese Aufgabe. So wie in diesem Fall.

Herr Noell ist vollkommen ratlos und weiß nicht, wie es weitergehen soll.

Also erkläre ich ihm, dass wir nun eine Reha beantragen und ich ihm sehr davon abrate, sofort wieder mit vollem Tempo arbeiten zu gehen. Kleinlaut gibt er nach, und wir vereinbaren einen Termin, um den Papierkram für die Reha auszufüllen.

Das »Funktionieren-Müssen« begegnet mir in der Praxis immer wieder. So arbeitete eine junge Karrierefrau aus Frankfurt sechzig Stunden in der Woche, und ihr Blutdruck spielte verrückt. Mit 160/90 mmHg (mmHg steht für »Millimeter Quecksilbersäule«) war er für eine Frau in ihren Zwanzigern eindeutig zu hoch. Nach einer Woche im Krankenstand aufgrund der Überlastung hatten sich die Blutdrücke normalisiert. Schließlich wechselte sie den Job. »Ich habe nur eine Gesundheit«, konstatierte sie. Eine weise Entscheidung.

Oder die Geschichte mit der Krankenpflegerin: Sie wurde immer dünner, die Augenringe wurden immer dunkler, die Stimmung immer bedrückter. Gleichwohl sie ihren Job mit Herzblut ausführte, sagte sie, dass sie die Belastung im Schichtdienst kaum noch aushalte. Aber es sei niemand da, der sie ersetzen könne. Und so schleppte sie sich Tag für Tag zur Arbeit. Nach mehreren Gesprächen bewarb sie sich um eine Stelle in der administrativen Tätigkeit, die sie auch bekam – und wurde wieder glücklich.

Auch in der Notaufnahme begegnete mir das Phänomen: »Ey, Uli, ich hab dir mal einen jungen Mann ins Zimmer gesetzt. Schau dir den mal eben kurz an«, wurde ich einmal gerufen. Aus dem *mal eben* wurde eine Einweisung mit RTW in die nächste Stroke Unit – die auf Schlaganfälle spezialisierte Abteilung eines Krankenhauses.

Der junge Mann – groß, stämmig, Ende dreißig, in Werkstattkleidung – war in der Mittagspause von der Arbeit rübergekommen. Er habe auch gar nicht lange Zeit, erklärte er, aber die Frau habe gesagt, er solle doch wenigstens mal nachsehen lassen. Er habe am Vortag plötzlich seine Beine nicht mehr gespürt und sei einfach weggeknickt. Das sei bestimmt nur der Stress, aber seine Frau … »Sie wissen ja, wie die Frauen sind. Ein bisschen übervorsichtig.« Er zuckte die Schultern. »Ich habe nichts.« Zu gern hätte ich seiner Frau ein »Sie haben so recht«-High-Five geben wollen.

Ich war und bin zwar keine Neurologin, aber ein CT vom Kopf wollte ich wenigstens anfertigen lassen, weil ein Mensch nicht mir nichts, dir nichts seine Beine nicht mehr spüren sollte. In einem Schädel-CT sieht man zwar keine frischen Infarkte, aber Blutungen sehr gut. Und bei dem jungen Mann sah ich das von ihm diagnostizierte »Nichts«: Er hatte eine Blutung in den sogenannten Stammganglien, die für die Ausführung von Bewegungen essenziell sind. Sein Blutdruck lag bei 190/110 mmHg und war eine überhöhte Katastrophe, die er nicht mal wahrnahm, weil er sich offenbar daran gewöhnt hatte. Wie hatte er es nur geschafft, wieder auf die Beine zu kommen und zu arbeiten?, wollte ich von ihm wissen. Seine Antwort: »Ich hab mich den restlichen Tag ausgeruht.« Ausruhen gegen Hirnblutung – ob man das in den Therapierichtlinien übernehmen würde?

Ich jedenfalls organisierte die Aufnahme in der nächsten Schlaganfallabteilung und rief den Rettungsdienst an, damit sie ihn dorthin transportierten.

»Aber ich kann auf der Arbeit nicht fehlen«, sagte auch Herr Noell.

Es ist eine Gratwanderung. Einerseits möchte ich meinen Patienten zu verstehen geben, dass sie auf sich und ihre Gesundheit achten sollen, denn sie haben nur eine, wie die junge Karrierefrau aus Frankfurt klug festgestellt hatte. Andererseits ist ein Schnupfen kein Grund, zu Hause zu bleiben. Und auch mit gerissenen Bändern am Sprunggelenk kann man arbeiten gehen, sofern man sein Bein im Büro hochlegen kann und nicht als Paketbote, am Fließband oder in anderen körperlich anstrengenden Jobs arbeitet.

Herr Noell ist fort, und der nächste Patient wartet.

Impfen macht erst recht krank

Es gibt diese kleinen gelben Ausweise. Jeder hat einen, keiner versteht ihn. Selbst für Ärzte, die sich nicht regelmäßig mit den Impfausweisen beschäftigen, sind die Angaben zum Teil kryptisch. Das Impfen, die Empfehlungen der STIKO, der Ständigen Impfkommission, und das Lesen des Ausweises ist eine kleine Wissenschaft für sich, letztlich aber nicht so kompliziert, wenn man sich einmal damit beschäftigt hat. Vor allem, weil es enorm wichtig ist.

»Ich möchte nicht, dass meine Tochter gegen HPV geimpft wird! Ich habe gelesen, dass die Impfung schwere Nebenwirkungen hat!« Der Ton von Frau Junker ist etwas scharf, ich schweige erst einmal bedächtig und lasse sie ausreden. Unterdessen sitzt die dreizehnjährige Mareike neben der Mutter, und ihr Gesicht hat die Farbe der leuchtenden Herbstblätter vor dem Fenster angenommen. Sie starrt betreten zu Boden.

Frau Junker redet sich warm. »Sie hat ja keinen Freund, dafür ist sie ja noch viel zu jung. Und wenn, dann kaufen wir ihr

Kondome.« Gerade hat sich der Erdboden mit einem markerschütternden Rutsch über der Tochter verschlossen.

Puh, das wird schwierig. Zum einen ist die Tochter in einem Alter, in dem sie ihren Eltern möglicherweise (munkelt man) nichts von einem Freund erzählt – den sie ja selbstverständlich und selbstredend nicht hat. Und womöglich geht sie (hoffentlich) Kondome kaufen, auch wenn die Eltern es nicht wissen. Oder ihr (natürlich nicht vorhandener) Freund hat welche besorgt.

Als ich fünfzehn war und einen Freund hatte, wollte meine Mutter mir ebenfalls Kondome kaufen. Ich verweigerte dies, es wäre eine Schmach gewesen. Und verschwendetes Geld, denn wir waren vier Wochen schwer unschuldig verliebt, und danach war das Ganze zu Ende (ich weiß nicht mal mehr, wieso). Aber niemals hätte ich gewollt, dass meine Eltern von meinen körperlichen Erkundungstouren gewusst hätten. Damals gab es die HPV-Impfung noch nicht, und Kondome schützen vor den humanen Papillomviren auch nicht immer. Daher ist die Impfung sinnvoll – übrigens für beide Geschlechter.

Im Fall von Mareike Junker geht es also um die Impfung gegen Gebärmutterhalskrebs, die Mädchen – und seit 2018 auch Jungen – im Alter von neun bis vierzehn Jahren empfohlen wird, um eine Infektion mit den Humanen Papillomviren, die so unschöne Dinge wie genitale Feigwarzen und eben Gebärmutterhalskrebs verursachen, zu vermeiden.

Da fragte mich zum Beispiel mal eine Mutter, warum denn der Sohn die Impfung brauche. Er habe ja keine Gebärmutter. Dennoch: Auch Männer können erkranken und das Virus weitergeben, daher tragen auch sie eine Verantwortung.

Frau Junker legt mir gerade das Für und Wider von Impfungen dar (mehr das Wider als das Für) und dass sie die Masern-Impfpflicht auch ziemlich schlimm findet. Grundrecht! Selbstbestimmung! Und überhaupt, das Aluminium.

Ich befinde mich im Impfgegnerstrudel.

Aber ich möchte aufklären: dass HPV nicht nur Krebs verhindert, sondern auch unschöne blumenkohlartige Gewächse am Genital. Dass Impfstoffe kein Quecksilber mehr enthalten, was man früher zwecks Konservierung zugesetzt hat. Dass Aluminium als Wirkverstärker in geringen Mengen enthalten sein kann und dann auch sehr sinnvoll ist, aber der Körper es über die Niere wieder ausscheidet. Dass es früher Krankheiten gab, die Kinder in Eiserne Lungen (maschinelle Beatmung) beförderten (Poliomyelitis, auch Kinderlähmung genannt), und Menschen in Schlangen anstanden, weil eine Impfung ein Segen war. Dass Impfungen keinen Autismus verursachen. Dass ich junge Frauen erlebt habe, die mit Ende zwanzig schon ihre Gebärmutter entfernt bekamen, weil sie Krebs am Gebärmutterhals hatten – diese Frauen sind nicht nur durch die Erkrankung beeinträchtigt. Sie müssen auch ihre gesamte Lebensplanung umordnen, falls Kinder gewünscht waren.

Also kläre ich auf. Jedenfalls, so gut es mir gelingt. Und sage all die Dinge, die passieren können, sei es beim Impfen oder bei einem Verzicht darauf. Denn hat jemand eine massive Abneigung gegen das Impfen, stecken meistens Ängste um die eigene Gesundheit oder die seiner Lieben dahinter – und nur das Wissen um die Nützlichkeit einer Impfung kann beruhigen. Wirke ich genervt oder werde angreifend, erreiche ich das genaue Gegenteil.

Und Frau Junker wird nach einer Weile tatsächlich etwas ruhig. Dass ich ihr keine möglichen Nebenwirkungen verschweige, scheint sie zu besänftigen. Und ebenso, dass ich niemandem etwas aufdrängen möchte, was er nicht benötigt. Sitzt ein Mensch den lieben langen Tag in seiner hübschen Stadtvilla in Berlin, dann muss er sich nicht gegen FSME (Hirnhautentzündung, übertragen durch Zecken) impfen lassen, weil er wahrscheinlich nie im Leben einer Zecke begegnen wird. Macht

195

er aber regelmäßig Ausflüge in den Schwarzwald, dann ist die Impfung sehr zu empfehlen.

Gerade in den letzten Jahren hat die Anzahl der Impfverweigerer deutlich zugenommen. Ich sage es, wie ich es sehe: Seine eigenen Kinder nicht impfen zu lassen ist fahrlässig, egoistisch und eine klassische Wohlstandspsychose, weil man die Herdenimmunität der anderen ausnutzt und sich auf unserer modernen Medizin ausruht.

Als in den Fünfzigerjahren die Kinder an Polio starben oder in der Eisernen Lunge lagen, hätte sicherlich kein Elternteil überlegt, ob ein kleiner Piks dem Kind schaden würde. Die Impfung war Lebensrettung. In vielen ärmeren Ländern gibt es diese Wahlfreiheit nicht. Impfungen sind zum Teil einfach nicht möglich. Eltern können es sich finanziell nicht leisten, die nächste Anlaufstelle ist zu weit entfernt, oder Konflikte erschweren den Zugang dorthin.

Verschiedene Organisationen versuchen, Impfungen zu ermöglichen, indem sie zum Beispiel mit Polio-Schluckimpfungen durch Kriegsgebiete gehen und Kinder impfen.

In den Jahren 2015 und 2016 gab es Ausbrüche von Poliomyelitis in Laos, woraufhin im März 2018 rund 460 000 Kinder geimpft wurden. Tetanus bei Müttern und Neugeborenen, welches meistens tödlich verläuft, konnte durch Impfungen in fast allen Ländern eliminiert werden.

Aber hierzulande entscheiden sich immer mehr Eltern dagegen. Angebliche Beistoffe, Angst vor Aluminium oder Quecksilber oder vor Autismus und plötzlichem Kindstod bringen Eltern dazu, ihren Kindern den Impfschutz zu verweigern. Die meisten dieser Eltern handeln aus Sorge um ihre Kinder, manchen geht es aber auch darum, sich nicht den »bösen Pharmakonzernen« unterzuordnen. Einige denken auch, wir Hausärzte würden uns daran bereichern wollen. Aber etwa sieben, acht Euro beispielsweise für eine Grippeimpfung, von denen noch Praxis- und Personalkosten sowie Steuern abgezogen werden, machen Ärzte nicht reich.

Aufklärung ist alles, und wenn man sich die Zeit nimmt, kann man viele Ängste zerstreuen. Frau Junker räumt sich Bedenkzeit für sich und ihre Tochter ein und will sich wieder melden.

Ich bin net so de Aazdgänger

Inzwischen ist der Vormittag vorbei, aber es gibt noch viel zu tun. Gerade erschien ein älterer Herr, der über Luftnot klagt. Der Freitagsklassiker. Bis ich den Patienten aufrufe, der ohne Termin erschien, ist es 12:15 Uhr. Es ist Herr Ogal, wir kennen uns bislang nicht, weil er eigentlich nie zum Arzt geht. Was von alleine kommt, geht auch von alleine. So ein Mensch ist er.

Gemächlich rollt er mit seinem Rollator ins Sprechzimmer, parkt das Gefährt neben sich, macht es sich bequem und sagt nach einem tiefen Atemzug: »Isch krieg so schlescht Luft. Aber isch bin nej erkälded.«

Er klingt sehr kurzatmig, und der Brustkorb hebt und senkt sich in rascher Folge. »Un die Brust tut schmerze«, fügt er an.

»Schmerzen in der Brust?«, frage ich nach.

Herr Ogal führt seine Beschwerden etwas aus: Er habe seit einer Wochen Schmerzen im Brustkorb, die zum Teil auch in den Rücken ausstrahlen.

Ich muss ihn untersuchen, also bitte ich ihn, sich frei zu machen. Nachdem er sich aus seiner Oberbekleidung (drei Schichten: Unterhemd, Hemd, Pullover) geschält hat, höre ich ihn ab. Die Lunge ist frei. Kein Anzeichen einer Lungenentzündung, und Wasser rasselt auch nicht. Aber die Sauerstoffsättigung ist eher suboptimal. 92 Prozent. Nicht richtig schlecht, aber auch nicht gut.

Der Patient ist nicht erkältet, hat und hatte kein Fieber, der Blutdruck liegt mit 135/85 mmHg im hochnormalen (und für sein Alter eher guten) Bereich, der Puls stolpert ab und an.

»Herr Ogal, ich möchte mal Ihre Beine ansehen.« Ich vermute Wassereinlagerungen, denn die gesamte Symptomatik weist auf eine Herzinsuffizienz hin – eine Schwäche des Herzens, das Blut kräftig zu pumpen. Dadurch sammelt sich Wasser in den Beinen und in der Lunge.

»Momentschen. Jetzt zieh 'isch misch erstmol an«, sagt der Patient und wurschtelt seine Hemden und seinen Pullover in die Hose und setzt sich hin. So viel Zeit muss sein.

»Isch hob aber ei lange Unnerhos an, das gehd jetzt ned.«

Unüberwindbare Hürden vermögen wir Hausärzte aber zu bezwingen.

»Ich mache mir schon Platz an Ihren Beinen«, antworte ich.

Herr Ogal lacht, und ich knie zu seinen Füßen nieder. Die dicke Stoffhose umhüllt seine in eine lange Unterhose gesteckten dünnen Beine. Doch nur das eine Bein ist dünn, das andere dick. Und rot. Und warm.

»Des is schon länger so dick«, erklärt mein Patient gleichmütig.

Das ist schon länger eine Thrombose, denke ich. Meine Verdachtsdiagnose steht also: eine Thrombose im Bein, die zu einer Lungenembolie geführt hat.

»Herr Ogal, wir machen jetzt ein EKG und nehmen Ihnen Blut ab, dann sehen wir weiter.« Ich erkläre ihm noch den Sachverhalt und welche Tests ich machen muss: einen auf das Enzym Troponin, das das Absterben von Herzmuskelgewebe anzeigt. Und einen auf die Abbauprodukte aus der Blutgerinnung, die D-Dimere, die bei Thrombosen und Lungenembolien positiv sind. Der Schnelltest auf D-Dimere ist zugegebenermaßen etwas unsicher, weil er auch bei Entzündungen oder nach Operationen auffällig sein kann. Ist er jedoch negativ, kann man recht sicher eine Thrombose oder Embolie ausschließen.

Inzwischen ist es 12:30 Uhr, und die Ergebnisse der Untersuchungen sind da: Das EKG zeigt keine Hinweise für einen Herzinfarkt, aber auch keine für eine Lungenembolie. Allerdings ist ein Blutwert auffällig: Die D-Dimere sind positiv. Daraus ergibt sich die Verdachtsdiagnose einer Lungenembolie.

»Herr Ogal«, sage ich. »Wir haben nun die Ergebnisse, und ich habe den dringenden Verdacht, dass Sie eine Thrombose und dadurch eine Lungenembolie haben. Ihr Bein ist sehr dick und heiß, das sieht schon sehr nach Thrombose aus. Daraus könnte sich ein Blutgerinnsel gelöst haben, das in die Lunge geschwemmt wurde.« Er nickt und lauscht. »Sie müssen ins Krankenhaus. Jetzt«, insistiere ich.

Er habe nun wirklich keine Zeit, ins Krankenhaus zu gehen, protestiert wiederum Herr Ogal. Er habe Briefe dabei, die müssen zur Post. Und morgen komme sein Freund zum Kaffeetrinken.

Nach weiteren fünf Minuten, in denen ich eindringlich auf ihn einrede, lenkt er ein, und ich setze mich mit der nächsten Klinik in Verbindung und ordere den Rettungswagen. Das ohnehin schon mühsame Laufen ist jetzt für den Patienten tabu, denn sonst könnte sich ein (weiteres) Gerinnsel lösen.

Der Rettungswagen kommt, und ich mache eine Übergabe an die Kollegen. Die Sanitäter bugsieren Herrn Ogal behutsam in den Tragestuhl und befragen ihn währenddessen: »Wie lange haben Sie denn schon Luftnot?«

»Och, so a Woch bestimmd«, antwortet er sehr entspannt.

»Und warum waren Sie nicht eher beim Arzt?«, hakt der Sanitäter nach und wirft mir einen erstaunten Blick zu.

»Eija, isch bin net so de Aazdgänger«, erwidert er schulterzuckend.

Der Sanitäter grinst mich an und zuckt ebenfalls mit den Schultern. Die einen gehen zu viel zum Arzt, die anderen zu wenig. Kann man sich nicht in der Mitte treffen?

Ein Schluck Brühe

Die Woche ist nun fast geschafft, noch eine Stunde gilt es zu arbeiten, und es scheint auch langsam etwas ruhiger zu werden. Die akuten Termine sind abgearbeitet, der Patient mit der Lungenembolie auf dem Weg in die Klinik, und ich kann noch mit etwas weniger Hektik die geplanten Termine abarbeiten. Als ich das Sprechzimmer betrete, sitzt meine nächste Patientin schon dort. Frau Herrmann ist etwa fünfundsiebzig, hat wallendes, graues Haar und trägt bunte Leinenkleidung im Bohemian Style. Ein Hauch von Festival und Achtundsechziger umweht sie. Sie ignoriert mein Erscheinen und sieht mich auch nicht an, als ich sie begrüße und mich an meinen Schreibtisch setze. Stattdessen kramt sie ununterbrochen in ihrer gigantischen farbenfreudigen Handtasche, als suche sie dringend etwas.

»Was kann ich denn für Sie tun?«, frage ich.

Stille. Ich warte kurz. Räuspern.

»Frau Herrmann?«

Ich bin selbst ein wenig überfordert von der Situation, weil sie mich keines Blickes würdigt und mir auch nicht antwortet.

Ich warte wieder. Mein Kopf spielt Fahrstuhlmusik, was ja durchaus entspannend sein kann. Währenddessen durchsucht Frau Herrmann immer noch stetig ihre große Handtasche. Dann plötzlich legt sich gewissermaßen ein Schalter um, und sie schaut etwas verwirrt nach oben, als sei sie aufgewacht und müsse sich erst mal orientieren, wo sie sich gerade befindet und wer da mit ihr spricht. Dann sieht sie gleich wieder weg und wühlt enthusiastisch weiter.

»Ach ja … ähm … ich hätte nur gerne meine Medikamente«, murmelt sie schließlich.

Gut. Wir sind also einen Schritt weiter.

»Welche denn genau?«

»Alle.« Verallgemeinerungen sind ja bekanntermaßen stets/immer/generell nicht hilfreich. Und diese wenig konkrete Aussage heißt: Ich muss jetzt die Liste im Computer durchsehen, aber damit kann ich arbeiten. Ich suche also in ihrer Patientenakte nach den Medikamenten, die sie in der letzten Zeit verschrieben bekam.

»Ramipril?«, frage ich. Verschrieben, um ihren Bluthochdruck zu behandeln.

Einsilbige Antwort: »Ja.«

»Torasemid?« Gegen Wasseransammlungen.

Murmelnde Zustimmung.

So arbeite ich mich durch die Liste mit diversen Arzneimitteln und mache die entsprechenden Rezepte fertig. Wir haben kaum gesprochen, sie scheint keine Fragen zu haben, und auch sonst macht sie nichts, außer dauerhaft in der Handtasche zu wühlen. Dann plötzlich hat sie wohl das Objekt ihrer Begierde gefunden. Es erhellt sich ihr Gesicht, und sie blickt mich an, in der Hand einen kleinen braunen Behälter, der aussieht, als sei es ein Schraubverschlussglas für Instant-Gemüsebrühe. Frau Herrmann öffnet den Drehverschluss, drückt sich eine Tablette aus einem Blister, den sie ebenfalls aus der Bohemian-Tasche gefischt hat, und spült mit einem Schluck Brühe die Pille hinunter. Dabei ist sie ein bisschen zu schwungvoll, und ein Teil der Brühe landet auf dem Sprechzimmerfußboden, den sie diskret mit den Schuhen verreibt. Dann schraubt sie das Glas wieder zu und packt es zurück in die magische Tasche.

Mir erschließt sich nicht, warum sie hier und jetzt mit einem Schluck Brühe (oder Wasser) ihre Medikation einnimmt, aber sie wird ihre Gründe dafür haben. Ich denke, dass sie nun fertig ist, also erhebe ich mich.

Aber nein. Frau Herrmann zückt noch einen Kamm und einen Handspiegel aus der übergroßen Mary-Poppins-Tasche und frisiert sich in aller Seelenruhe die Haare, während sie den silbernen Handspiegel (mit Griff und Schnörkeln) hin und her wendet, um sich zu begutachten. Die Hand prüft den korrekten Sitz der Haarpracht, bevor sie diese Utensilien wieder einräumt. Jetzt erst steht sie auf. Ihre riesige Tasche in der Hand sieht schwer aus, und sie läuft gebeugt und ohne ein Wort langsam zur Tür.

Ich stehe noch etwas verblüfft im Türrahmen, denn hohe ärztliche Kunst habe ich gerade nicht betrieben. Sie scheint aber zufrieden zu sein, mit Brühe und Frisur, und das ist die Hauptsache.

Einmal die Pille danach

Es ist 13:30 Uhr, und es sind nicht mehr so viele Patienten in der Praxis, das undurchdringliche Stimmenwirrwarr des Vormittags hat nachgelassen. Ich setze mich auf den Stuhl an der Anmeldung, packe mir genüsslich ein Mon Chéri aus und bin der festen Überzeugung, dass nun nichts mehr passieren kann.

Was. Für. Ein. Fataler. Fehler. Wie eine Anfängerin. Dabei weiß doch jeder, der in der Medizin beruflich tätig ist, dass es ein ungeschriebenes Gesetz gibt. Es lautet: Sprich nie aus, dass nun kein Patient mehr kommt. Dass es heute ruhig ist. Dass gerade nichts los ist. Dass es ganz schön langweilig ist. Dass doch um Himmels willen bitte ein wenig Arbeit kommen möge.

»Ruhig« gibt es nicht. In der Medizin ist es höchstens die Ruhe vor dem Sturm. Das Aufatmen, bevor der Andrang losgeht. Andächtige Stille, bevor das Chaos ausbricht. Wenn es »ruhig« ist, kann man Briefe abarbeiten, ausführliche Visiten machen, Fälle besprechen. Spricht man dies aber aus, hat man den Zauber der Ruhe zerstört.

Im hausärztlichen Bereich sammeln sich dann alle Patienten des Dorfes vor der Praxis, um die letzten zehn Minuten der Sprechstunde noch schnell zu nutzen, um ein Rezept zu holen, eine Überweisung ausdrucken zu lassen oder vor dem Wochenende noch rasch mit dem Arzt zu sprechen.

Im Krankenhaus bedeutet der ausgesprochene Satz »Heute ist es ja mal ruhig«, dass durch die unheimliche, ehrfürchtig und ängstlich ertragene Stille ein deutlich hörbares Aufstöhnen durch alle Flure wabert und der gesamte Personalstand sich geschlossen mit der flachen Hand gegen die Stirn klatscht. Das Hand-Stirn-Geräusch sucht sich dann seinen Weg durch belebte Straßen und enge Gassen der Stadt zu den umliegenden Pflegeheimen. Dort ergreift die dortigen Mitarbeiter ein unspezifisches Gefühl. Sie spitzen die Ohren, reiben sich die Hände und freuen sich. »Ha! Es ist ruhig da drüben im Krankenhaus! Lass mal einweisen!«

Auch auf Intensivstationen spürt man die Folgen des fatalen Satzes. Es streiken akut die Beatmungsgeräte, und die freien Betten fahren ihre Greifarme in Richtung OP-Saal aus, um dem Operateur das Skalpell aus der Hand rutschen zu lassen.

Deswegen bleibe ich hier auf meinem Stuhl sitzen, esse meine Praline und freue mich still und in aller Ruhe auf den bevorstehenden Feierabend.

Da bewegt sich die Türklinke.

Mein Fehler, ich hätte die Tür nicht ansehen dürfen.

Eine junge Frau, etwa zwanzig Jahre alt, betritt die Praxis und sieht etwas bedrückt aus. Ob sie noch mit jemandem reden könne?, fragt sie. »Am besten mit einer Frau.« Sie sieht flehentlich zu mir. Ich lasse die Hand mit meiner Praline sinken.

Die Kollegin an der Anmeldung erledigt die Formalitäten, und dann nehme ich die Patientin gleich mit in mein Zimmer. »Ich brauche die Pille danach«, sagt sie leise und schaut zu Boden. Die Pille danach bekommt man rezeptfrei in der Apotheke – weshalb ist sie hier?

»Das ist kein Grund, im Erdboden versinken zu wollen«, sage ich und zucke mit den Schultern. »Das ist uns allen schon mal passiert.«

Sie schaut zu mir hoch, verwundert, dann grinst sie erleichtert.

»Das Kondom ist gerissen. Und die Pille nehme ich nicht.«

Kondome sind sehr widerstandsfähig. Aber lange Fingernägel, Hektik im Eifer des Gefechts, Bodylotion oder falsche Gleitmittel schaden ihnen.

»An welchem Zyklustag befinden Sie sich denn? Und wann war der Geschlechtsverkehr?«, frage ich, denn die Pille danach wirkt nur in einem gewissen Zeitfenster.

»Zyklustag?«, fragt sie verwundert. »Ich hab keine Ahnung.«

»Wann war denn Ihre Periode?«

»So vor zehn Tagen.«

Mist. Mitten ins Schwarze. Voll fruchtbar.

Der weibliche Zyklus scheint für viele Menschen ein absolutes Mysterium zu sein. Frauen nehmen häufig die Pille und bekommen von ihm nichts mit, außer dass in der Pillenpause die Abbruchblutung einsetzt. Denn unter der Antibabypille gibt es keine normale Menstruation, sondern die Frau blutet, weil die tägliche Pille ausbleibt.

204

Und die meisten Männer haben sowieso keinen Schimmer, wann und ob und warum da gerade ein Ei springt. Und warum Frauen bluten. Und warum sie schwanger werden.

Wir leben in einer total aufgeklärten Welt, überall gibt es schöne nackte Menschen, und Jugendliche sehen sich mit dreizehn schon Pornos auf dem Smartphone an. Aber dass Frauen bluten, Kinder bekommen können und wie das Ganze funktioniert, scheint in den Köpfen nicht verankert zu sein.

Also starten wir die Aufklärungsstunde.

Der weibliche Zyklus ist normalerweise etwa sechsundzwanzig bis dreißig Tage lang und beginnt an Tag eins. Und zwar mit dem Einsetzen der Monatsblutung. Die Blutung dauert in der Regel (man beachte das Wortspiel) etwa vier bis sechs Tage und kommt zustande, weil im vorherigen Zyklus keine Befruchtung stattgefunden hat und die Gebärmutter ihre Schleimhaut abstößt. Deswegen besteht das Blut nicht nur aus Blut, sondern auch aus Bröckchen und Schleim. Wurde die Schleimhaut abgestoßen, muss sie sich für eine mögliche neue Schwangerschaft aufbauen. Hormonelle Mechanismen sorgen dafür, dass die Schleimhaut dies tut, und normalerweise ist dies um den vierzehnten Zyklustag herum geschehen, sodass sich eine befruchtete Eizelle in ihr einnisten könnte. Parallel findet der Eisprung statt, und die Eizelle ist etwa vierundzwanzig Stunden lang befruchtungsfähig. Nur einen Tag! Aber da Spermien fünf bis sieben Tage im weiblichen Körper überleben können und auf die Eizelle warten, sind auch die Tage vor den Eisprung »gefährlich«. Einen Tag nach dem Eisprung ist eine Befruchtung also nicht mehr möglich. Aber welche Frau weiß nun ganz genau, wann der Eisprung war?

Die Pille danach setzt nun hormonell vor dem Eisprung an und verschiebt ihn um ein paar Tage nach hinten. Damit die Spermien vergeblich auf ihre angebetete Eizelle warten, bis sie zugrunde gehen. Es gibt zwei Wirkstoffe, die ein unterschiedliches Wirkfenster haben. Ulipristalacetat (ellaOne®) wirkt bis kurz vor dem Eisprung und kann bis zu 120 Stunden (fünf Tage) nach dem ungeschützten Geschlechtsverkehr eingenommen werden. Levonorgestrel (zum Beispiel PiDaNa®) wirkt kurz vor dem Eisprung nicht mehr und kann bis zu zweiundsiebzig Stunden (drei Tage) nach dem ungeschützten Verkehr verwendet werden. Wichtig ist aber eine möglichst schnelle Einnahme der Pille danach, am besten innerhalb von zwölf Stunden nach dem Verkehr. Und: Nicht immer kann durch sie eine Schwangerschaft verhindert werden.

An dieser Stelle sei noch gesagt, dass bei ungeschütztem Verkehr Geschlechtskrankheiten übertragen werden können, vor denen die Pille danach nicht schützt. Auch darüber rede ich mit meiner Patientin, aber der »Unfall« ist in einer seit Jahren stabilen Beziehung passiert, sodass sie sich darüber keine Sorgen macht.

Ein Rezept kann ich ihr nicht ausstellen, aber sie will in die Apotheke gehen und sich die Pille danach holen. Dort wird sie nochmals beraten werden.

Wichtig ist noch: Die Pille danach ist keine Abtreibungspille!

Und ein schlechtes Gewissen ist ebenfalls nicht angebracht. Frauen sind diejenigen, die eine Schwangerschaft austragen müssen. Frauen müssen zwar auch die Nebenwirkungen der Pille danach aushalten, aber die hören wieder auf.

Die junge Frau verlässt die Praxis, und ich wende mich wieder meinem bequemen Stuhl zu. Da öffnet sich die Tür abermals.

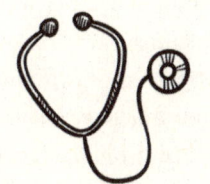

Herzinfarkt vor Dienstende

Es ist 13:45 Uhr, das Wochenende steht vor der Tür. Und Frau Groll. Wie in einem schlechten Sketch will ich mich endlich meiner Praline zuwenden, da höre ich, wie sie an der Anmeldung über Schmerzen in der Brust berichtet. Schnell stopfe ich mir die Praline in den Mund, denn ich weiß, dass jetzt Arbeit auf mich zukommt.

Brustschmerz – das ist das Codewort für den Eintritt in jede Praxis und jede Notaufnahme. Dabei kann so vieles dahinterstecken, angefangen bei Wirbelblockaden und Sodbrennen über Interkostalneuralgien (Nervenschmerzen), Lungenentzündungen und Bronchitis bis hin zu Lungenembolien und Herzinfarkten. Doch wir müssen immer genau hinsehen, auch wenn Brustschmerz häufig harmlos ist. Denn wenn wir etwas Gefährliches übersehen, kann das übel enden.

Der lehrbuchartige Brustschmerz wird Angina pectoris genannt, und der Name ist Programm: Brustenge. Wie ein Elefant, der auf der Brust sitzt, fühlt es sich an. Oder wie ein Gürtel, der sich immer enger um diese schnürt. Oft tritt er nach einer Belastung auf und kommt mit starker Angst einher.

Der klassische Herzinfarktpatient ist ein Mann in den mittleren Lebensjahren, der sich nach dem Rasenmähen plötzlich an die Brust greift. Oder der Managertyp, der immer Stress hat, immer angespannt ist, immer perfektionistisch und ungeduldig – und irgendwann tot vom Bürostuhl fällt. Noch vor Kurzem wurden diese Menschen als Typ-A-Persönlichkeit bezeichnet. Inzwischen wurde jedoch festgestellt, dass diese Merkmale eher in einem Spektrum von Verhaltensweisen auftreten und nicht als Entweder-oder-Eigenschaft.

Und natürlich trifft ein Herzinfarkt auch Frauen, diese haben allerdings oft weniger offensichtliche oder schlicht andere

Anzeichen. Die Gendermedizin beschäftigt sich mit den speziellen Krankheitsausprägungen und -symptomen bei Männern und Frauen, dem unterschiedlichen Wirken von Medikamenten und mit der Frage, wie medizinisches Personal Männer und Frauen unbewusst anders behandelt. So besteht die Gefahr, dass eine Frau mit den Symptomen eines Herzinfarkts weniger ernst genommen wird und ihre Beschwerden der Psyche zugeschoben werden. Und weiterhin, dass ein Infarkt bei Frauen häufig andere Symptome macht, die von den klassischen Anzeichen abweichen: Magenschmerzen, Übelkeit, Erbrechen, Kieferschmerzen. Auch ich bin nicht gefeit dagegen, das alles korrekt zu erkennen, und handle daher manchmal zu vorsichtig. Lieber ein EKG zu viel gemacht, als einen Herzinfarkt nicht erkannt zu haben.

Meine Praline hat endlich den Weg in den Magen gefunden, und ich bitte Frau Groll ins Sprechzimmer. Aufgeregt, gestresst und hektisch stolpert sie ins Zimmer. Sie macht einen aufgelösten Eindruck, als sie mich begrüßt.

»Ich habe Schmerzen!«, bringt sie hervor, greift sich dabei an die Brust und schließt länger die Augen.

»Setzen Sie sich doch erst mal«, bitte ich sie, weil ich etwas Ruhe in die Lage bringen möchte, und sie kommt dem nach.

»Und jetzt bitte von vorne: Seit wann haben Sie die Schmerzen?«

»Seit gestern schon.«

Hm. Der geschilderten Symptomatik zufolge hatte ich angenommen, dass sie akut die Probleme entwickelt hatte.

»Es fing gestern Morgen an«, erläutert Frau Groll weiter. »Dann bin ich zur Arbeit gegangen, und es war etwas besser. Am Nachmittag war es immer noch da.«

»Warum sind Sie denn dann nicht gestern oder heute Morgen zu uns gekommen?« Ich bin besorgt, ob wir nicht wichtige Zeit verloren haben.

»Ej, weil ich jetzt erst von der Arbeit heimgekehrt bin. Und weil ich weiß, dass um diese Zeit weniger los ist.«

Ich ärgere mich schon etwas, dass sie erst jetzt, so kurz vor »Ladenschluss«, auftaucht. Medizinisch ist das auch unverständlich, wenn die Schmerzen wirklich so ausgeprägt sind. Ja, sie hatte offensichtlich ihre Gründe. Aber keine, die mich besänftigen würden. Aber es führt kein Weg daran vorbei, eine genaue Diagnostik ist durchzuführen. Ich möchte nichts übersehen, denn immer wieder gibt es Geschichten von Frauen, die tagelang mit Schmerzen herumliefen, die als »beginnende Bronchitis« oder Interkostalneuralgie bewertet wurden, und dann steckte doch etwas viel Ernsteres dahinter.

»Ich möchte Sie mal abhören, den Blutdruck messen, ebenso ein EKG machen«, erkläre ich Frau Groll das weitere Vorgehen.

Also höre ich sie ab, kann aber nichts Pathologisches feststellen. Sie hat auch kein Fieber und keine Anzeichen eines grippalen Infekts. Dann untersuche ich ihren Rücken, weil sie ja eine Wirbelblockade haben könnte, und prüfe, ob der Schmerz auf Druck auflösbar ist. Ferner, ob ich Verspannungen ertasten kann, aber es ist nichts feststellbar.

»Frau Groll, Sie gehen bitte einmal ins Nebenzimmer zum EKG, aber machen vorher noch einen Umweg über das Labor. Wir nehmen Blut für einen Schnelltest auf Troponin ab, das zeigt das Absterben von Herzmuskelgewebe an, falls Sie einen Herzinfarkt haben sollten.«

Sie nickt und verschwindet im Labor. Auf den Schnelltest muss ich ein paar Minuten warten, bis ich ihn auslesen kann, ähnlich wie bei einem Schwangerschaftstest. Mit dem Unterschied, dass bei einem Schwangerschaftstest ein positives Ergebnis etwas Schönes ist. Bei einem Herzinfarkt ist ein positives Ergebnis etwas Schlechtes. »Positiv« heißt in der Medizin lediglich, dass etwas nachgewiesen werden konnte. Bei dem

Schwangerschaftstest das Hormon hCG, beim Herzinfarkt das Enzym Troponin, bei HIV die Antikörper gegen die Erkrankung.

Während wir warten, macht meine Kollegin das EKG. Ich stehe daneben und messe den Blutdruck. 180/110 mmHg. Deutlich zu hoch.

»Frau Groll, wie war Ihr Blutdruck denn gestern Abend und heute Morgen? Haben Sie ihn gemessen?«

»Ja, da war er auch schon hoch«, antwortet sie.

»Und haben Sie Ihre Blutdrucksenker genommen?«

»Nein, meine Heilpraktikerin sagte, ich solle mal ohne Medikamente auskommen«, erklärt sie.

In diesem Moment fühle ich meinen Blutdruck ansteigen, denn ihre gesamte Symptomatik scheint nicht von einem Herzinfarkt, sondern von der Hypertonie zu kommen, weil sie ihre Tabletten nicht einnehmen will beziehungsweise einen schlechten Rat von ihrer nicht umsichtigen Heilpraktikerin bekam. Hoher Blutdruck bleibt hoher Blutdruck und ist nur aufgrund von eingenommenen Medikamenten niedrig. Diese ohne Rücksprache auszusetzen macht nicht viel Sinn.

Ich freue mich immer, wenn ich bei Patienten die Tabletten reduzieren kann und sie mit weniger »Chemie« auskommen. Aber dafür braucht es oft eine Umstellung der Lebensumstände: weniger Gewicht, Nikotinverzicht, Alkoholverzicht, Einbau von Bewegung in den Alltag und – soweit möglich – Stressreduktion. Dann kann man seine Tablettenmahlzeit pro Tag verkleinern. Aber nicht »einfach so«, weil Tabletten Gift sind oder die Heilpraktikerin es empfiehlt.

»Ich will nicht immer diese Chemie in mich hineinstopfen«, rechtfertigt sie sich.

»Und wie sieht es mit Zigaretten aus?«, erkundige ich mich.

»Ja, hm. Das kann ich nicht sein lassen.«

Finde den Fehler.

Frau Grolls EKG ist gut und ohne Zeichen eines Herzinfarkts. Das heißt aber nicht immer Entwarnung, denn es gibt auch Infarkte ohne Pendant im EKG.

»Troponin ist negativ«, poppt eine Meldung am PC auf, also kann ich Frau Groll nun aufgrund des normalen EKGs und des negativen (unauffälligen) Laborwerts Entwarnung geben.

Sie bekommt von mir noch einen schnell wirkenden Blutdrucksenker, und ich weise sie darauf hin, bitte ihre Medikamente wieder regelmäßig einzunehmen. Ob sie es macht, steht in den Sternen.

Eines steht aber fest: dass ich jetzt nach Hause gehe.

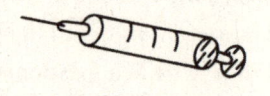

Supersamstag

STUDENTENJOBS, SUPERMARKT UND SPITZENKARRIERE

Was war ich müde

Nun ist es also schon wieder Wochenende, und weil das Ausschlafen so schön ist, bin ich um 6:30 Uhr von meinen Kindern mit einem liebevollen »MAAAAMAA« geweckt worden. Apathisch sitze ich nun über meinem zweiten Kaffee und lasse die Woche Revue passieren, während die Kinder ihre Haferflocken löffeln. Ich bin wirklich passionierte Frühaufsteherin, aber morgens muss ich ein bisschen sinnierend vor mich hin starren.

Die Woche hatte es in sich. Viele Menschen, eine Reanimation, mein Notarztpraktikum und ganz viele Gedanken zum Thema Niederlassung. Mache ich es? Mache ich es nicht? Gehe ich das Risiko ein? Sind niedergelassene Ärzte noch Freiberufler, oder werden sie zunehmend kontrolliert? Und wenn ja, würde mich das stören? Als Ärztin in einem Krankenhaus kann ich schließlich auch nicht immer tun, was mir gefällt, und muss meine Arbeit vor den Vorgesetzten rechtfertigen. Gibt es nicht in jedem Beruf gewisse Freiheiten und auch Vorschriften, die man einhalten muss? Ist es Jammern auf hohem Niveau?

Während ich meine Kaffeetasse halte, schweifen meine Erinnerungen fast fünfzehn Jahre zurück, zu einer Zeit, als ich gar nicht gerne früh aufstand und im Stationszimmer eines Krankenhauses saß.

Aber von Anfang an: Es war 4:30 Uhr morgens. Ich war Mitte zwanzig und so unendlich müde. So müde, dass ich kaum meine Augen aufhalten konnte und beim Zähneputzen im Stehen hätte einschlafen können. Mein BAföG war gekürzt worden, von 600 Euro auf 100 Euro pro Monat. Der Grund: Mein Bruder hatte eine Ausbildung begonnen. Nun ging man davon aus, dass die gesamten restlichen familiären Reichtümer an mich weitergeleitet wurden. Das Problem war nur: Die Reichtümer waren nicht vorhanden. Verzweifelt schrieb ich E-Mail um E-Mail, graste Jobangebote ab, wurde fündig: Seit einigen Tagen arbeitete ich nun als Pflegehilfe in der Inneren Medizin in einem Darmstädter Krankenhaus.

Der Arbeitstag begann um 6:00 Uhr. Weil ich einmal halb durch Darmstadt fahren musste, stand ich um 4:30 Uhr auf. Weckerklingeln um 4:30 Uhr bedeutete Folgendes: Was habe ich getan, dass ich so gequält werde?

Aber das Geld musste her. Also wartete ich um 5:15 Uhr an der Straßenbahnhaltestelle und fuhr dann mit erstaunlich vielen Menschen um diese unmenschliche Uhrzeit durch die Stadt. In der Bahn schlief ich fast ein. Um 5:45 Uhr betrat ich das Krankenhaus. Um 6:00 Uhr war Dienstbeginn. Wir starteten mit der Frühbesprechung, und ich wunderte mich, dass die älteren Kräfte (ab fünfunddreißig aufwärts war für mich jede Pflegekraft »älter«) morgens schon so munter waren. Ich versuchte meine Augen geöffnet zu halten und hörte den Erläuterungen der »Nachtschwester« (damals sagte man noch »Schwester« zu den weiblichen Pflegekräften) zu. Herr Matthes war wieder die ganze Nacht herumgewandert. Und Frau Pein hatte Luftnot. Ich hatte Schlafmangel.

Nach der Besprechung startete mein Part um 6:30 Uhr mit der Morgenrunde. Das heißt, wir weckten die Patienten. Beim Öffnen der Türen waberte mir aus manchen Zimmern der Schlafmief entgegen, und ich wunderte mich, wie man so nächtigen konnte. Wir rissen die Fenster auf. Manche Menschen hielten uns verschlafen den Arm zum Blutdruckmessen hin, andere saßen bereits auf einem Stuhl und warteten, dass wir die Betten machten.

Wir fingen damit an, die Vitalparameter zu messen: Blutdruck, Puls, Temperatur. »Hatten Sie Stuhlgang? Breiig. Aha.« Ich notierte.

Vierundzwanzig Patienten und eine Stunde später holte ich mir eine Waschschüssel und begann, zusammen mit den Auszubildenden, die Patienten zu waschen. An manchen Tagen waren es acht, an anderen zehn, an manchen zwölf.

Ein Mann kriegte beim Waschen eine Erektion. Eine Frau saß nackt auf dem Stuhl und verschmierte mit ihren Händen Kot an der Wand. Ich bugsierte sie sanft und mit zwei Paar Handschuhen in die Dusche. Der nächste Patient war ein schwerer Pflegefall und bekam von seiner Umgebung nichts mehr mit. Der Stuhl in seinen Windeln (korrekt: Inkontinenzhose) war überall. Vorne, hinten, oben, unten. Er nestelte mit seinen Händen in der Windel und tat mir unendlich leid.

Die nächste Patientin hatte sich den Blasenkatheter gezogen. Mitsamt dem geblockten Cuff, einer aufblasbaren Manschette, damit der Schlauch nicht aus der Blase rutscht. Ich war verwundert und erleichtert, dass sie nicht verletzt war.

Nach dem Waschen von allen erdenklichen Körperteilen wurden die Patienten gelagert und parallel die Betten gemacht. Pflege ist ein Knochenjob. In einer Tour ging die Klingel. Immer wollte jemand etwas. Ständig gab es etwas zu tun. Die erfahrenen Pflegefachkräfte richteten Infusionen und Medikamente, gingen mit auf die Visite und arbeiteten die Anordnungen ab.

War der Waschmarathon beendet, kümmerten wir uns um das Essen. Wir verteilten es, portionierten es in mundgerechte Stücke, reichten an und räumten wieder ab. An einem Tag brachte ich einem Patienten Erdbeeren mit, weil er im Sterben lag und noch einmal Erdbeeren schmecken wollte.

Es war 13:00 Uhr, und ich hatte sieben Stunden Arbeit hinter mir. Ich durfte etwas früher gehen, weil ich noch zu meinem zweiten Job nach Frankfurt musste. Um 15:00 Uhr hatte ich dort in einer Eventhalle zu sein, um bei einem Catering-Service mitzuhelfen. Also fuhr ich mit der Straßenbahn schnell zu meiner Wohnung, schaufelte mir eine Portion Spaghetti in den Bauch und lief hektisch zum Südbahnhof, wo um vierzehn Uhr mein Zug nach Frankfurt fuhr. Ich war müde (erwähnte ich das schon?) und schlief im Zug kurz ein.

An diesem Tag hatte ich noch bis drei Uhr nachts als Servicekraft gearbeitet. Laufen, lächeln, Leute glücklich machen. Wein einschenken, Geschirr abräumen, Kaffee kochen. Hätte mich nicht ein Cateringkollege um vier Uhr mit nach Darmstadt genommen, wäre ich erst viel später zu Hause gewesen. So lag ich also »schon« um fünf Uhr morgens im Bett – nach dreiundzwanzig Stunden. Noch heute weiß ich, wie sehr die körperliche Erschöpfung schmerzte. Es gab keine Faser, die nicht wehtat. Doch es war eine gute Übung für die späteren Bereitschaftsdienste.

Verdient hatte ich in diesen dreiundzwanzig Stunden 153 Euro, und das bedeutete Reichtum für mich.

Dankbar, dass mein Leben inzwischen so viel leichter geworden ist, genieße ich aber erst einmal meinen dritten Kaffee (Stichwort: gesunde Lebensführung) und mein Wochenende und tue das, was ich in meiner Freizeit so mache: Zeit mit den Kindern verbringen, fünf Maschinen Wäsche waschen, putzen, aufräumen, einkaufen.

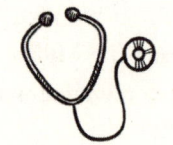

Gelbwurstscheiben für Frau Doktor

Wir müssen gleich einkaufen!« Als ich meinen Kindern die frohe Kunde überbringe, reagieren sie mit einem enthusiastischen »Och nööö, nicht schon wieder!«, dabei habe ich mir den Spaß die gesamte Woche extra für diesen Samstag um die Mittagszeit aufgehoben. Schließlich kann ich im Supermarkt, beim Metzger oder in der Apotheke auch am Wochenende und in der Freizeit Ärztin sein und Ratschläge über die Tiefkühltruhe hinweg geben.

Deswegen schaue ich im Supermarkt meist nicht nach rechts und nicht nach links, wenn man von den Produkten in den Regalen einmal absieht, weil ein Blick nach weiter oben bedeuten könnte, einem Patienten oder einer Patientin zu begegnen. Und das kann fatale Folgen haben. Entweder erfährt man die neuesten, intimsten Untersuchungsergebnisse (»Frau Doktor, ich war ja jetzt auch beim Proktologen!«), oder man wird um ein Rezept oder sogar um eine kurze Untersuchung gebeten (»Nur mal eben in den Hals schauen?«).

Selbst das netteste Gespräch sorgt für ungeduldige und wie wahnwitzig im Laden herumrennende Kinder, einstürzende Regale und brennende Einkaufszentren. Das kennt man ja aus gängigen Actionfilmen.

Und auch dieses Mal werde ich nicht verschont. Gleich auf dem Parkplatz vom Baumarkt, unserer ersten Etappe beim Einkaufsmarathon (ich benötige gelbe Farbe, um meine Küche aufzuhübschen), werde ich von einer Frau, ungefähr Mittfünfzigerin, angesprochen.

»Frau Doktor, wo ich Sie gerade treffe!«

Ich liebe diesen Satz.

»Sie wissen ja, ich war beim MRT.«

Mein Gehirn sucht verzweifelt nach den Patientenakten,

aber ich kann die Frau im Mantel und mit den halblangen, braun getönten Haaren beim besten Willen nicht zuordnen. Nicht mal ihr Name will mir einfallen.

»Hm, hm«, antworte ich, während die Kinder neben mir stehen und ungeduldig tippelnd auf mich warten. Das stört Frau Unbekannt aber nicht.

»Also, da ist nichts rausgekommen. Aber ich dachte, Sie verschreiben mir mal Massage oder Fango, damit die Schmerzen ein bisschen weggehen.«

Hier auf dem Parkplatz möchte ich mich keiner Diskussion über mein Verschreibeverhalten von Notfall-Fangopackungen hingeben, außerdem habe ich mein mobiles Kartenlesegerät, den Drucker und das Druckerpapier nicht in meiner Handtasche, somit sage ich, sie solle bitte Anfang der Woche in der Praxis anrufen, damit wir alles in Ruhe besprechen können.

Frau Unbekannt scheint zufrieden zu sein und zieht von dannen. Nun können wir endlich einkaufen.

Nach dem Baumarkt geht es in den Supermarkt. Dort muss ich mich dem Einkauf für das Wochenende und die nächste Woche widmen und schicke meine Kinder zwecks Beschäftigungstherapie quer durch den Laden. »Holt mal die Butter … den Käse … die Gurke.«

Als ich gedankenversunken den Zuckergehalt von Fruchtjoghurts studiere, erklingt ein erfreutes Rufen über die Kühltheke hinweg: »Frau Doktor!«

Ich höre es nicht.

»Frau Dohoktor!« Melodischer Singsang.

Damit bin nicht ich gemeint.

»FRAU DOKTORRR!«

Langsam hebe ich den Kopf. Es gibt an diesem Ort bestimmt noch andere Doktoren, die sich am Kühlregal herumtreiben und die Welt da draußen ignorieren. Das Herbeiwünschen von anderen Ärzten erinnert mich an eine Situation aus einem Zug vor einigen Monaten. Es kam die Durchsage: »Gibt es einen Arzt an Bord? Bitte in Waggon 9, einen Arzt bitte in Waggon 9.« Also ging ich in das entsprechende Abteil und sah mehrere Menschen, mutmaßlich Mediziner, um eine blasse, junge Frau herumstehen. Die Patientin lag quer auf der Sitzreihe und hatte die Augen geschlossen. Die Herren unterhielten sich angeregt, diskutierten den »Fall«, und die Frau dämmerte so vor sich hin. Die Kollegen stellten sich als Herzchirurg, Labormediziner und Gastroenterologe vor. Ich war die Hausärztin. Aber die Einzige, die zum Äußersten schritt und mit der jungen Frau sprach, während ich parallel den Blutdruck maß. Es war, was ich vermutet hatte: Es handelte sich um eine Person mit generell niedrigem Blutdruck, die weder gegessen noch getrunken hatte. Es folgte der Kollaps am frühen Mittag. Der Blutdruck lag bei müden 85/55 mmHg. Unter diesen Umständen würden wir alle zu Pudding werden. Das Zugpersonal organisierte Brühe und etwas zu essen, wir legten ihr die Beine hoch, und die Spezialisten fachsimpelten weiter vor sich hin. Schließlich verabschiedeten sie sich per Handschlag und mit kollegialer Wertschätzung und dem guten Gefühl, ihre ärztliche Pflicht getan zu haben.

An der Kühltheke hoffe ich vergebens auf den Herzchirurgen, den Internisten und den Labormediziner. Denn mit dem freudig geschmetterten »Frahau Dohoktoor« war tatsächlich ich gemeint.

Ich reiße mich von meinem Joghurt los, und vor mir steht Herr Hummel und strahlt mich an. Er ist ungefähr in meinem Alter und hat dennoch schon eine lange Patientengeschichte hinter sich. Vielleicht bin ich auch einfach nicht mehr so jung, wie ich mich manchmal fühle.

»Ich muss nächste Woche wieder ins Krankenhaus«, sprudelt es aus ihm heraus. »Darmspiegelung, und der Magen auch. Ich hatte ja Blut im Stuhl, Sie erinnern sich?«

Oft kann ich nach der Sprechstunde nicht mal mehr sagen, wer sich bei mir im Einzelnen vorgestellt hat, dann, wenn es zu viele Patienten waren. Fängt man mich aber in freier Wildbahn ab, sind die Daten und Fakten zu den Menschen nur bedingt abrufbar, es sei denn, ich betreue sie schon länger.

Warum ich mich an Herrn Hummel erinnere und an die Dame im Baumarkt nicht? Nun ja, Herr Hummel ist prädestiniert dafür, dass man sich an ihn erinnert, weil er stets viel und ausführlich über seine Krankengeschichte redet. Und geböte man ihm keinen Einhalt, er würde bis in die Unendlichkeit und darüber hinaus darüber sprechen.

Und nun hat er mich hier vor der Kühltheke abgefangen. Raffiniert.

Ich stelle den Joghurt weg und plane den Rückzug.

»Jedenfalls haben Sie mir ja die Überweisung gegeben, aber weil ich so viele Krankheiten habe, will der Internist das lieber stationär machen«, erklärt er unterdessen heftig gestikulierend.

»Aha. Ja. Hm. Das ist doch gut.« Mehr fällt mir nicht ein, weil ich gedanklich meinem Joghurt hinterhertrauere. Außerdem sucht mein eines Auge chamäleonartig den Laden nach den Kindern und den Notausgängen ab.

Herr Hummel berichtet noch ein wenig von seinem Termin beim Proktologen, derweil wünsche ich mir nun regelrecht, dass meine Kinder den Laden verwüsten, damit ich eine Ausrede habe, zu gehen. Diesmal tun sie mir nicht den Gefallen. Doch inzwischen bin ich in kleinen Rückwärtsschritten an der Kasse angekommen und lade alle Einkäufe auf das Warenband. Wurst, Käse, Brot, Süßigkeiten, Obst, Gemüse, das Übliche eben. Als ich Tampons der Größe »Torpedo« auf das Band feuere, sehe ich, dass vor mir eine Dame steht, die mir ebenfalls bekannt vorkommt. Es könnte mir egal sein, sie ist auch eine Frau. Sie kennt das Problem. Und dennoch werde ich als Hausärztin auf dem Land mehr beäugt als die normale, Torpedos

219

kaufende Frau. Aha, sie kauft auch Tampons, die Frau Doktor, scheint sich die Kundin zu denken und schielt auf meine Einkäufe. Und wieder zu mir. Wieder auf das Kassenband und wieder zu mir. Verlegenes Lächeln ihrerseits.

Natürlich besteht immer eine deutliche Schieflage im Arzt-Patienten-Gefüge: Die Patienten wissen über mich nur, was sie vom Hörensagen mitbekommen oder was ich mal habe durchsickern lassen. Ich hingegen kenne von ihnen private Probleme, psychische und physische Leiden und habe alle ihre Körperteile in Großaufnahme gesehen. Es hat auch einen gewissen Sinn, wenn man sich etwas abgrenzt, auch wenn mir das zugegebenermaßen schwerfällt.

Die Kassiererin zieht nun meine Waren über den Scanner, während sie in vorwurfsvollem Ton sagt: »Ich war ja vor zwei Wochen in der Praxis, aber Sie waren nicht da.«

»Ähm, ja. Ich hatte einige Tage frei«, antworte ich und habe prompt ein schlechtes Gewissen.

»Ich musste dann zu einer Vertretung gehen.« Der schnippische Unterton ist nicht zu überhören.

Ich sage nichts. Ärzte dürfen auch mal freihaben. Das handhaben viele Hausärzte – egal ob in der Stadt oder auf dem Land – komplett unterschiedlich. Einige schließen die Praxen jedes Quartal für ein oder zwei Wochen, weil sie bereits so viele Patienten versorgt haben, dass sie Probleme mit der Plausibilitätsprüfung bekämen. Bei dieser Prüfung wird von den Kassenärztlichen Vereinigungen nachgerechnet, ob der Vertragsarzt seine Leistungen überhaupt erbracht haben kann, also beispielsweise die Menge an Patienten. Sind es zu viele, werden Leistungen gestrichen oder zurückgefordert. Andere wiederum genehmigen sich maximal drei Wochen Urlaub im Jahr, weil sie ihre Patienten nicht alleine lassen wollen.

Ich bin in der Praxis angestellt und kann mich auf meine sechs Wochen Erholungsurlaub im Jahr berufen. Ich brauchte kein schlechtes Gewissen zu haben, dennoch nagt es ein wenig an mir, dass sich meine Patientin offenbar im Stich gelassen fühlt.

Die Einkäufe sind bald darauf im Auto verstaut, und wir fahren die dritte Station unserer Einkaufstour an: den Metzger. Auf dem Land trifft sich die Bevölkerung bei ihm, der samstägliche Klatsch und Tratsch ist hier institutionalisiert. Gerne würde ich das umgehen, aber da ich ja ein Faible für gutes Essen habe, kaufe ich Wurst und Fleisch bei ihm.

»Morgen«, murmle ich, als sich die zwei Schiebetüren öffnen und wir den Laden betreten.

»Gemoje« und »Gude« hallt es zurück, und ich bin froh, keine bekannten Gesichter zu sehen.

Meine Kinder und ich stellen uns in die Schlange und lauschen den Erzählungen vor der Fleischtheke.

»Was mächt'n dei Häzz?«, fragt die rundliche Fleischverkäuferin, die schon in Rente ist, aber sich nicht zur Ruhe setzen will.

»Eja, alls so weida«, antwortet der Herr vor der Theke. »Isch nemm jetzt des Marcumar und derf des Grünzeusch nimmi essen.«

»Prima, gut für uns«, antwortet die Metzgerin, und der gesamte Laden lacht.

Ich übersetze mal: »Was macht dein Herz?« – »Ach ja, es muss ja. Ich nehme jetzt Marcumar und darf das Grünzeug nicht mehr essen.« Die Hessen sind ein tolles Volk, ich mag diesen Menschenschlag sehr.

Schließlich sind wir dran, und die lieben Kleinen bekommen erst einmal eine Gelbwurstscheibe von der Dicke eines gängigen Holzfällersteaks. Wunderbar. Damit sind die Kinder ruhiggestellt, und ich kann meine Bestellung aufgeben. Zentimeterdicke Gelbwurstscheiben sind eine Annehmlichkeit des Landarztdaseins, die ich sehr zu schätzen weiß.

So, nächster Stopp: die Apotheke. Ich muss ein Rezept einlösen und darf die Nasentropfen nicht vergessen, denn die Kinder sind etwas verschnupft und ich möchte angesichts des bevorstehenden Sonntags für alle Eventualitäten vorgesorgt haben.

Auch hier entdecke ich niemanden, der mir bekannt vorkommt. Müsste ich intime Dinge kaufen (Pille, Pille danach, Spirale, Kondome, Vaginalzäpfchen, Klistiere oder alles zusammen), würde ich nicht in die Dorfapotheke gehen, sondern in das nächstgrößere Einkaufszentrum. Klar wahren die Apothekenmitarbeiter ihre Schweigepflicht, aber man weiß nie, wer hinter einem steht.

Heute kaufe ich nur die Nasentropfen und müsste 2,99 Euro zahlen, aber die Apothekerin sagt freudestrahlend: »2,50 Euro, bitte.« Einen Rabatt in einer Apotheke zu erhalten, finde ich großartig. Wie man sieht, hat es einige Vorteile, ein kleines Z-Sternchen zu sein.

Ich störe doch nicht etwa?

Das Wetter spielt heute fantastisch mit, und meine Kinder gehen jetzt zu Oma und Opa, sie wollen dort auch übernachten. Oma und Opa sind feste Bezugspersonen und nicht wegzudenken. Daher: Ein Hoch auf Großeltern, insbesondere auf unsere. Denn die Kinderbetreuung in Kliniken ist leider nach wie vor unterirdisch. In manchen großen Häusern gibt es angeschlossene Kindertagesstätten und Kindergärten, die allerdings lange Wartelisten haben und selten Öffnungszeiten, die über das normale Maß hinausgehen. Was wir brauchten, wären Betreuungszeiten, die flexibel an die Dienste angepasst werden. Niemand möchte sein Kind vierundzwanzig Stunden lang in eine Fremdbetreuung geben. Aber es wäre eine Erleichterung, wenn Kinder bereits ab den frühen Morgenstunden oder länger am Abend betreut wären, damit man seine Arbeit in Ruhe zu Ende bringen kann. Ärzte sind oft bereits um sieben Uhr in der Klinik, Pflegekräfte noch früher.

Die Oma steht schon an der Tür, als ich in die Einfahrt fahre, und die Jungs rennen voller Freude auf sie zu.

»Du trinkst noch einen Kaffee mit uns, ja?«, fragt meine Schwiegermutter. Wir haben trotz der Scheidung in der gesamten Familie ein sehr inniges Verhältnis.

Natürlich. Hallo? Es ist Nachmittag, und mir wird Kaffee angeboten. Und ein Schwätzchen, bei dem mal jemand mir zuhört. Ich genieße die halbe Stunde Familienzeit und mache mich dann auf den Heimweg, denn mein Mountainbike scharrt schon mit den Rädern und will gefahren werden. Bevor die kalte Jahreszeit beginnt, möchte ich in den Wald. Dorthin, wo ich auf niemanden treffe.

Nach zwanzig Minuten auf dem Bike klingelt mein Handy, und obwohl ich normalerweise beim Sport keinen Grund habe, das Klingeln zu beantworten, bremse ich und schaue auf das Display. Es könnte ja etwas Wichtiges mit den Kindern sein.

Ein anonymer Anruf. Ich wundere mich und hebe ab.

»Hallo?« Schwer schnaufend spreche ich ins Telefon.

»Ja! Hiiiiiii!« Eine Stimme flötet fröhlich in mein Ohr.

»Wer ist da?«, hechle ich.

»Die Moooni«, säuselt Moni. »Stöör ich etwa?«

Ach herrje. Die Moni. Moni ruft des Öfteren an. Meist wegen ihrer Kinder Henning-Pascal oder Lea-Aurelie. Wir sind nicht wirklich befreundet, aber haben sporadisch über die Kinder Kontakt.

»Ich bin gerade auf meinem Bike im Wald unterwegs«, antworte ich, aber das war wohl zu wenig abweisend.

»Ach so, schön.« Moni findet es also schön, was ich gerade

mache, merkt aber nicht, dass ich es schön fände, weiterzufahren. »Ich wollte mal fragen: Die Lea-Aurelie hat so einen Ausschlag.«

Einen Ausschlag telefonisch zu beurteilen ist ganz hohe ärztliche Kunst. Eine, zu der man sich nicht verleiten lassen sollte, insbesondere wenn man den Patienten nicht kennt oder das Krankheitsbild an ihm oder ihr nicht gesehen hat. »Keine Diagnose durch die Hose«, lautet hierzu ein schönes Sprichwort.

»Moni, das kann ich so nicht beurteilen. Du musst in die Praxis kommen.«

»Aber da ist es am Montag immer so voll«, jammert Moni.

Aber ich kann ihr nicht helfen. Private, unentgeltliche Hausbesuche mache ich nur für Freunde in Notsituationen. Und ein Ausschlag ohne hohes Fieber ist kein Notfall. Ich klappere anamnestisch schnell die Warnhinweise für schwere Erkrankungen ab. Fieber? Gegen alles geimpft, vor allem Masern? Irgendwelche Seuchen in der Schule? Allergie bekannt? Atemnot (falls Lea-Aurelie allergisch ist, muss man auch an anaphylaktische Reaktionen denken)?

Moni verneint alles. Das Kind isst und trinkt, hat kein Fieber, spielt fröhlich und beklagt lediglich den juckenden Ausschlag. Ich gebe Moni ein paar Pflegetipps und sage, sie soll am Montag in die Praxis kommen, wenn es sich nicht gebessert hat. Dann fahre ich weiter. Meine via Tracking-App aufgezeichnete Zeit ist leider verhunzt, was mich ein wenig ärgert. Doch nach nur zwei Sekunden bei voller Geschwindigkeit ist mein Frust verschwunden. Ich bike durch den Wald und an den Bahnschienen entlang, genieße den warmen Oktobertag und den Fahrtwind um die Nase. Meine teils exzessiven Trainingseinheiten brauche ich, um Abstand vom Berufsleben zu gewinnen, denn manchmal nehme ich die Geschichten und das Leiden meiner Patienten mit nach Hause.

Das freut mich einerseits, andererseits bin ich das eine oder andere Mal überfordert. Wahrscheinlich blogge und schreibe ich deswegen auch. So kann ich Dinge reflektieren und verarbeiten. In meinem Landärztinnen-Tagebuch. Geschichten über Menschen, die Drogen nehmen, die keine Kraft mehr haben zu arbeiten, die weinend zusammenbrechen und um eine Klinikeinweisung bitten, über Frauen, die von ihren Männern geschlagen werden, sich aber aus finanzieller Not nicht von ihnen trennen können, über Patienten, die nur noch auf einen krankheitsbedingten Tod warten.

Manchmal mache ich keine Medizin. Manchmal mache ich nur Lebenshilfe. Dabei bin ich keine Psychologin und keine Psychotherapeutin. Ich bin nicht einmal uralt und weise. Aber ich bin ein Sack. Einmal alle Sorgen hier hinein bitte, nur nicht drängeln, schön der Reihe nach! Das kann ich gut. Zuhören, auffangen. Manchmal nehme ich Menschen auch in den Arm. Den Sack nehme ich dann mit nach Hause. Dort modert er manchmal so vor sich hin.

Nach Feierabend alles ausblenden? Nein, geht leider nicht. Den Schalter habe ich noch nicht gefunden. Deswegen auch das Biken, Schwimmen und Laufen, das schaltet den Kopf aus. Was im Sack ist, bleibt auch dort. Aber ich muss ein wenig Platz drin lassen. Denn meine Kinder brauchen ihn auch. Und meine Freunde und meine Familie. Und manchmal hätte ich gerne meinen persönlichen Sack, den ich mit meinen Sorgen beladen kann.

Der Wald rauscht an mir vorbei, und meine Sorgen lösen sich auf. Als ich den Wald verlasse, fühle ich mich erschöpft und gelöst und freue mich auf meine Dusche.

Wundversorgung am Küchentisch

Allerdings habe ich mich zu früh gefreut, denn als ich verschwitzt und müffelnd zu Hause ankomme, steht schon ein Bekannter vor der Tür und hält sich die linke Hand mit der rechten fest, ein blutgetränktes Papiertuch um den Finger gebunden.

»Uli, ich war eben im Garten von der Nachbarin und habe den Rasen gemäht. Da hat sich ein Grasbüschel im Messer verhakt. Ich wollte es entfernen, dabei habe ich mich geschnitten.«

Oha. Ich hatte schon einmal ein ärztliches Rasenmäher-Erlebnis, als eine Freundin mich anrief und berichtete, ihr Mann sei sich mit dem Rasenmäher über den Fuß gefahren und vom großen Zeh sei nun nicht mehr viel zu erkennen. Ich war dann ziemlich schnell bei ihr, um mir das Massaker anzusehen, weil es Wochenende war (in Deutschland wird ja samstags der Rasen gemäht, wie sich das so gehört) und die Kinder zu Hause waren. Mit übermähtem Fuß fährt es sich schlecht Auto, und mit Kindern die Notaufnahme aufzusuchen ist auch kein bevorzugtes Ziel für einen Wochenendausflug.

Als ich bei dem Verunglückten ankam, war der Zeh bereits hochgelegt und etwas abgedeckt. Ich hatte Verbandsmaterial mitgebracht und machte mich ans Werk. Glücklicherweise war nur der große Zeh in Mitleidenschaft geraten, und nachdem die Blutung nachgelassen hatte, sah es gar nicht mehr so wüst aus. Der Nagel war etwas abgerissen und ein Stückchen Haut großflächig abgesäbelt. Schmerzhaft ja, aber kein Fall für die Notaufnahme. Tetanusschutz war auch vorhanden, also verband ich lediglich den Zeh.

Meinen Bekannten bitte ich nun in die Wohnung und plündere die Medikamenten- und Verbandsschublade im Bad.

»Magst 'n Kaffee?«, brülle ich in die Küche, wo er sitzt.

»Eja«, lautet die ausschweifende hessische Antwort.

Mit Verband, Desinfektionsmittel und Gewebekleber laufe ich – immer noch verschwitzt und müffelnd – in die Küche und schalte die Kaffeemaschine an. Prioritäten sind in unserem Beruf sehr wichtig. Dann wickle ich das Papiertuch vom Finger. Ein tiefer Schnitt zieht sich über den linken Zeigefinger, es blutet wie Hölle. Erst mal Kaffee. Ich stelle ihm die Tasse vor die Nase.

»Oje«, sage ich.

»Oh ja«, sagt er und trinkt einen Schluck. Ich tue es ihm gleich.

»Hm. Also, das müsste eigentlich genäht werden.« Wir trinken immer noch Kaffee. Einen Hessen kann so schnell nichts erschrecken.

»Vergiss es«, sagt er nach Sekunden des Sinnierens. »Ich setze mich jetzt nicht in eine Notaufnahme und warte drei Stunden.«

Kann ich verstehen. Mein Bekannter würde sich eher selbst den Finger à la McGyver nähen, bevor er jetzt zum Arzt ginge. Also zu einem richtigen Arzt.

»Der Schnitt ist tief. Ich kann es kleben, aber wie schön die Narbe dann wird, weiß ich nicht. Und so steril, wie man das im Krankenhaus macht, kann ich das hier auch nicht, das kann sich entzünden«, kläre ich ihn auf.

Er nickt. »Passt schon.« Das war Hessisch für »Ich habe verstanden und akzeptiere das Risiko«.

Also säubere ich die Wunde, kippe Desinfektionsmittel drauf, quetsche Gewebekleber hinein und versuche, die Wundränder sauber zu adaptieren, damit es nicht zu hässlich wird. Dann verbinde ich es mit einem sterilen Verband. Et voilà.

Wir reden noch eine Kaffeelänge. Er erträgt meinen Schweiß und ich sein Blut, dann geht er wieder Rasenmähen und ich endlich duschen.

Ein Hausbesuch am Wochenende

Frisch geduscht bin ich nun wieder startklar und überlege mir gerade, wann ich das Haus verlassen soll, denn später bin ich mit zwei Ärztinnen und einer befreundeten Journalistin verabredet. Wir wollen reden. Über Frauen in der Medizin, über das Projekt meiner Freundin, die in der Lehre sehr aktiv ist und uns ins Boot geholt hat, und unser weiteres Projekt, das die Vereinbarkeit von Kind und Karriere in der Medizin fördern soll.

Mein Telefon klingelt, eine sehr gute Freundin ist dran. Wenn sie anruft, weiß ich, dass es ernst ist, denn wir kommunizieren normalerweise über geschriebene Nachrichten und persönliche Treffen. Ungefähr so: »Morgen Kaffee?« – »Ja, 15:00 Uhr.«

Ich nehme das Gespräch an. Es ist, wie ich befürchtet habe, ein Notfall. Meine Freundin berichtet, ihrer Oma gehe es schlecht, sie kriege kaum Luft. Ob ich mal kommen könne?

Als ich mit dem Auto eintreffe, sehe ich die Tür am anderen Ende der Hofeinfahrt bereits geöffnet, und ich gehe direkt durch den Flur ins Wohnzimmer. Meine Freundin hat sich neben ihrer Großmutter platziert, ihr Vater ist auch da. Die Großmutter sitzt im Ohrensessel und schnauft, neben ihr befindet sich das Sauerstoffgerät. Die Beine sind massiv angeschwollen, die Lippen bläulich verfärbt. Alles schreit nach einem schweren Herz- oder Lungenproblem. Mein Gehirn überschlägt kurz die Differenzialdiagnosen: Für eine dekompensierte Herzinsuffizienz sprechen die beidseits dicken Beine, das Sauerstoffgerät. Für eine Lungenembolie hingegen die dicken Beine und die Atemnot. Dass sie ein Sauerstoffgerät hat, zeigt aber, dass es ein chronisches Luftproblem sein muss. Erst einmal weitere Informationen einholen.

Ich schaue mich um. Die Wohnung ist die von älteren Herrschaften: Die Wände sind tapeziert mit einer Strukturtapete in Bahamabeige, überall schwere Möbel in Eiche rustikal und ein Fliesentisch in der Mitte des Raums. In der Ecke eine Essecke mit Sitzbank und Zierdeckchen. Eine Frau steht neben der Patientin und bügelt in aller Seelenruhe.

Meine Freundin umarmt mich. »Seit wann hat deine Oma die Luftnot so schlimm?«, frage ich. Ich erfahre, dass es seit den frühen Morgenstunden immer schlechter wurde. Danach lasse ich mir alte Arztbriefe zeigen. Natürlich bin ich jetzt nicht als Notärztin unterwegs und kann nur versuchen, Entscheidungen zu treffen, denn ich habe weder Medikamente noch anderes Equipment dabei. Aber die Arztbriefe sagen mir, dass die Patientin schon lange mit kardialen, also herzbedingten Beschwerden zu tun hat. Sie hat einen Herzinfarkt hinter sich und eine massiv eingeschränkte Pumpleistung (daher die Wassereinlagerung in den Beinen). Als ich sie abhöre, rasselt es über der gesamten Lunge, weil das Herz das Blut nicht mehr ausreichend weiterbefördert und es sich in der Lunge staut. Und das behindert den ungestörten Gasaustausch. Das ist bei ihr jedoch kein neues Problem, denn sonst hätte sie kein Sauerstoffgerät. Aber augenscheinlich dekompensierte die Herzinsuffizienz, und das benötigt medizinische Hilfe: Das Wasser muss raus aus dem Körper.

Nun muss ich mit der Patientin und meiner Freundin und ihrem Vater besprechen, wie es weitergeht. Viele alte Menschen möchten nicht mehr ins Krankenhaus gehen, was manchmal einfach zu respektieren ist. Rechtlich kann es jedoch ein Problem werden, wenn es wirklich darum geht, ob jemand kurz vor dem Ableben steht. Dann braucht es Patientenverfügungen oder glaubhafte Aussagen von nahen Angehörigen. Jetzt ist aber die gesamte Familie da, und wir können alles in Ruhe besprechen.

Das Sauerstoffgerät pfeift im Hintergrund, die Büglerin stellt mir ein Glas Wasser hin. Ich erkläre meiner Freundin und ihrem Vater die Dringlichkeit und dass ein Rettungswagen gerufen werden muss, da die Patientin auf dem Transport in die Klinik Sauerstoff bräuchte. Ich sehe mir noch die Medikamente durch, erhöhe die Dosis der »Wassertabletten« und bitte sie, mich über die Entscheidung auf dem Laufenden zu halten. Dann fahre ich wieder nach Hause.

Arztdeutsch für Patienten

Bis zur abendlichen Verabredung habe ich noch etwas Zeit. Die kann ich jetzt mit spannenden Dingen füllen, die ohne Kinder am besten funktionieren: Wäsche machen, aufräumen, Kram sortieren. Mit einer Tasse Tee setze ich mich aufs Sofa, nehme mir einen der gefühlt acht Wäschekörbe und beginne andächtig, die Wäsche zusammenzulegen, während ich eine Fernsehserie schaue.

Es brummt. Da macht man das Handy schon leise, aber vergisst, das Brummen auszuschalten. Es brummt erneut, und ich schaue in die Nachrichten. Eine sehr liebe und gute Bekannte schickt eine verzweifelte Bitte. Ob ich ihr den Arztbrief und die Laborwerte ihrer Mutter interpretieren könnte. Sie sei im Krankenhaus gewesen, wegen einer Blutung aus dem Magen, und dann vergangene Woche bei ihrem Hausarzt gewesen. Aber den Arztbrief habe ihr niemand so richtig erklärt, und die Mutter habe nicht nachfragen wollen, weil sie sich so dumm vorkam.

Ich gebe zu, Arztdeutsch zu verstehen ist nicht so leicht, und viele Kollegen verstehen sich auch nicht darauf, das im Studium Gelernte in verständliche Worte zu packen. Oft ist das kein böser Wille, sondern nur angelerntes »Arztsprech«. Ich war auch einmal in der Situation, in der mir das deutsche Wort für Schlüsselbein nicht einfiel. Dauernd deutete ich verzweifelt auf meines, um dem Patienten zu erklären, er habe eine Schlüsselbeinfraktur. »Das da ist kaputt«, sagte ich schließlich, und er begriff. Man bricht sich wirklich keinen Zacken aus dem Krönchen, wenn man »Blut aus dem Magen oder Darm« statt »gastrointestinale Blutung« sagt. Aber so, wie für viele Kollegen das Stethoskop um den Hals gehört, damit auch jeder sie als Arzt erkennt, möchten einige über ihre Sprache identifiziert werden.

Also schreibe ich meiner Bekannten, dass sie mir den Arztbrief gerne zuschicken kann. Als sie es getan hat, übersetze und interpretiere ich die Laborwerte in einer langen Sprachnachricht, die sie mit vielen Herzchen und Küsschen beantwortet.

Gelegentlich finden sich auch wunderschöne und lustige Wortverdreher in Arztbriefen. Als mein Sohn an den Rachenmandeln (Tonsillen, Stichwort Arztdeutsch) operiert wurde, stand in seinem Brief, dass er wegen »nächtlichen Schlafens« in die Klinik aufgenommen wurde. Kein Wunder, dass die Kliniken überlastet sind, wenn alle nachts Schlafenden operiert werden. Selbstredend war das »nächtliche Schnarchen« gemeint. Mein persönlicher Favorit ist das »Vorhautflattern« eines Patienten, das ein Vorhofflattern (eine spezielle Form von Herzrhythmusstörungen) war. Der arme Mann.

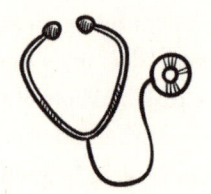

Ich, die Postbotin

Man muss ja auch mal gönnen können. Und zwar sich selbst. Was Qualitätszeit ist (ein tolles, modernes Wort, das aus zwei Minuten Zeit sofort ein qualitatives Tageshighlight werden lässt), definiert nun jeder anders. Für manche ist es Shoppen, Kino oder Tanzen. Für andere ein Urlaub, und für mich sind es Unternehmungen mit meinen Kindern, gutes Essen, mein Garten und Zeit mit Familie und Freunden. Deswegen habe ich mich am »kinderfreien« Abend mit Freundinnen zum Reden verabredet. Zwei Ärztinnen und eine Journalistin on tour.

Wir sitzen in einem schönen Bistro und unterhalten uns bei einem Glas Wein über die Sache mit dem Job, den Kindern und den Männern. Wir schweifen ins Persönliche ab und erzählen uns, dass wir Ärztinnen manchmal Schwierigkeiten haben, einen Partner (m/w/d) zu finden. Denn einige altmodische Menschen mögen keine schlauen Frauen, und darüber hinaus fehlt oft die Zeit, jemanden kennenzulernen. Was wahrscheinlich der Grund für so manche Krankenhausaffäre ist. Mit den Kollegen verbringt man zuweilen mehr Zeit als mit der Familie, und die eine oder andere Liebschaft soll daraus entstanden sein.

An mir ging dieser Kelch vorüber, ich war zu der Zeit bereits verheiratet und mit Kindern gesegnet. Vielleicht bin ich auch etwas naiv und blind, aber ich habe selten von Besenkammer- und Bereitschaftszimmeramüsements gehört. Einmal hörte ich von einem Chirurgen, der im Untersuchungszimmer eine Krankenpflegerin geküsst haben soll. Aber gut, das ist ja sehr jugendfrei. Ich selbst wurde von einem Oberarzt einmal feixend gefragt, ob er mich nicht heiraten könne. Ich antwortete, dass ich erst ab einem gewissen Jahreseinkommen des Mannes heirate, ohne Geld liefe hier mal gar nichts, und er hätte dann auch meine Kinder zu versorgen. Er stutzte, lachte und parierte: Das sei alles gar kein Problem. Er sei natürlich schwerreich, aber so was von. Damit war das Eis gebrochen, und er nahm mich von nun an sehr ernst.

Meine Freundin, die gerade an ihrer Weinschorle nippt, sagt: »Ich war gestern tanzen. Da spricht mich so ein Typ an und fragt, was ich so mache. Ich sage, dass ich mit Freundinnen da bin. Und er: ›Nein, ich meine beruflich.‹ Ich antworte, dass ich Ärztin bin. Und er: ›Was?‹ Es war ja laut, ich dachte, er hätte mich nicht verstanden. Ich wiederhole also: ›Ich bin Ärztin.‹ Er lacht und sagt: ›Na klar.‹ Ich: ›Wirklich!‹ Und er wieder: ›Jetzt sag mal echt.‹ Da lachte ich auch und erklärte ihm, ich sei Postbotin. Und er: ›Wusste ich doch.‹ Danach war seine Welt wohl wieder in Ordnung.«

Die Medizin wird weiblich. Zwei Drittel der Studierenden sind Frauen, aber nur knapp zehn Prozent sitzen in den oberen Chefetagen. Warum das so ist, haben viele Studien untersucht. Teils sind es andere Erwartungen und Wünsche an das Leben, teils sind es gefühlte Verpflichtungen, die eine Konzentration auf das berufliche Leben schwierig machen, aber auch verkrustete Strukturen und Denkweisen in den oberen beruflichen Ebenen.

Aber wir sind überzeugt, auch bei uns klappt es manchmal mit der Spitzenkarriere. Hauptsache, wir networken – und essen zusammen was Leckeres.

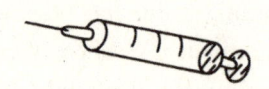

Sentimentaler Sonntag

DANKBARKEIT, DEMUT UND DEFIS

Nicht nur gerührt, wenn Wunder geschehen

Es ist Sonntag. Zeit, andächtig zu sein. Nun bin ich weder ungemein religiös noch eine Kirchgängerin, aber ich bin von einem Elternteil sehr christlich und von dem anderen sehr atheistisch erzogen worden. Die Werte habe ich verinnerlicht und konnte mir dennoch immer mein eigenes Bild über Religion und den Glauben machen. Ich entschied mich dagegen. Spätestens, als meine Mutter mit der Bibel unterm Kopfkissen an Krebs starb, war auch mein Glauben dahin. Er war sowieso nicht mit meinen naturwissenschaftlichen Grundgedanken vereinbar. Dennoch lohnt es sich, über Dankbarkeit, Sinn und Besinnlichkeit nachzudenken, weil wir als Menschen einen Sinn im Leben suchen und brauchen.

Warum wurde ich Hausärztin? Eine wunderschöne Seite an diesem Beruf ist, dass man Menschen über lange Zeit begleitet und eine besondere Verbindung zu ihnen aufbaut. Das ist anders als in der Klinik. Dort sieht man seine Patienten in der Notaufnahme nur wenige Stunden oder auf Station einige Tage. Manchmal sind es auch Wochen, allerdings kommt das recht selten vor, weil unser deutsches Abrechnungssystem (DRG) eine lange Liegedauer mit finanziellen Verlusten be-

234

straft. Das prägte den Begriff der »blutigen« Entlassung, heißt: Patienten werden nach Operationen viel zu schnell wieder entlassen (quasi noch blutig). Auch in der Inneren Medizin behandelt man nicht mehr allumfassend, sondern das Krankheitsbild, mit dem der Patient eingewiesen wurde. Für diese Hauptdiagnose gibt es eine gewisse Liegedauer, die höchstens von bestehenden Nebendiagnosen beeinflusst werden kann.

Manche Patienten schließt man ins Herz – und dann sind sie nach ein paar Tagen wieder weg. Eine Patientin aus meiner Zeit in der Onkologie hat mich lange begleitet, weil wir uns auch privat gut verstanden haben. Als sie nach einigen Jahren ihrer Krebserkrankung erlag, war ich sehr traurig. Generell kommt eine solche enge Verbindung zu Patienten in der Klinik seltener vor.

Besonders in der Weihnachtszeit wird die Dankbarkeit deutlich, die Menschen entwickeln, wenn sie mit ihrem Hausarzt glücklich sind. Es war 2018, die Grippewelle wollte gerade in die erste Runde gehen. Eine mir gut bekannte und sehr geschätzte Patientin betrat mein Sprechzimmer. In der Hand hielt sie eine gigantische blaue Tasche eines schwedischen Möbelhauses, gefüllt mit irgendetwas in Zellophan. Sie stellte die Tasche geheimnisvoll lächelnd zur Seite und setzte sich zu mir. Wir besprachen ihr Anliegen und waren nach ein paar Minuten auch schon fertig. Eigentlich hatte sie »nichts«, sodass ich dachte, sie war wegen der ominösen Tasche und ihrem Inhalt gekommen. Sie stand dann auch auf, ging zu ihrer Tüte, hielt mir den gesamten Inhalt hin und sagte: »Suchen Sie sich einen aus!« Verwundert schaute ich hinein und sah zehn unterschiedlich große Bascetta-Sterne. »Aber Sie müssen einen von den großen nehmen«, sagte sie. »Das sind Sie wert!«

Ich war mehr als gerührt, denn diese Patientin hatte sich stundenlang Arbeit gemacht, um für jeden Mitarbeiter in der Praxis einen Stern zu basteln. Wer nicht weiß, was ein Bascetta-Stern ist, kann sich die Anleitung im Internet ansehen. Ich habe das an diesem Tag zu Hause auch getan. Dieser Stern ist ein mühsam, in stundenlanger Kleinstarbeit zusammengefalteter Papierstern, der aus dreißig quadratischen Blättchen besteht. Man benötigt weder Schere noch Klebstoff, aber viel Geduld und gute Bastelkünste.

Zudem hatte meine Patientin in die großen Sterne je eine Lichterkette hineingelegt, sodass sie leuchteten. Ein anderes Geschenk, das mich sehr rührte, war eine selbst genähte Tasche, die ich noch jetzt gerne verwende. Das ist alles nicht nötig, wir machen ja nur unseren Job. Dennoch habe ich mich bislang über jedes Dankeschön sehr gefreut.

An die Weihnachtstage in der Notaufnahme habe ich ebenfalls schöne Erinnerungen. Das Personal, das die Stellung halten muss, macht sich die Zeit so angenehm wie möglich. Es gibt noch mehr Kekse und Plätzchen als sonst, und manchmal wird Weihnachtsmusik gespielt. Die Besinnlichkeit hält dann sogar an diesem Ort, der manchmal so viel Stress und Leid beherbergt, Einzug. Die Patienten sind an Weihnachten im Krankenhaus entweder besonders dankbar oder besonders traurig. Wenn die Familie die Großmutter oder den Großvater über die Feiertage »abgeschoben« hat, weil man in Ruhe feiern will, geht einem das nahe. Wenn etwas Schreckliches an Weihnachten passiert, erscheint es einem noch schrecklicher. Wenn etwas Schönes passiert, erscheint es wie ein Weihnachtswunder. Denn an diesen Tagen sind viele Menschen sensibler und emotionaler. Sowohl Mitarbeiter als auch Patienten.

Ich bin dankbar. Für diese Zeit in der Notaufnahme, weil sie mich geprägt hat. Und jetzt bin ich dankbar, dass diese Zeit vorbei ist. Wie sagt man so schön? Alles hat seine Zeit.

Demütig bei den Toten

Die Kinder kommen in etwa zwei Stunden nach Hause – und ich schwelge noch etwas in Erinnerungen. Etwa an meine pathologischen Zeiten. Die Pathologie (Kaltchirurgie) habe ich als die Mutter aller medizinischen Disziplinen gesehen, und auch heute noch bin ich davon überzeugt, dass alle Mediziner dort einige Wochen oder Monate verbringen sollten, da dieses Fach immens hilft, Krankheiten zu verstehen.

Viele Menschen haben eine falsche Vorstellung davon, was dieses Fach beinhaltet, und denken an Rechtsmediziner aus amerikanischen Fernsehserien, in denen Pathologinnen in High Heels den Ort eines Verbrechens betreten und auf den ersten Blick erkennen: »Es war Mord! Der Mann wurde um 11:23 Uhr getötet. Mit einem Giftpfeil zwischen der ersten und zweiten Zehe rechts. Aber ich muss noch Untersuchungen machen.« Dann folgt theatralisches, bedauerliches Kopfschütteln mit Blick zuerst auf die Leiche, dann gedankenverloren ins Nirgendwo. Der oder die Tote wird eingepackt, und die Pathologin stöckelt hinterher. Wahlweise ist der TV-Pathologe auch ein charakterloser Mistkerl, der sein Hühnchen zum Mittagessen mit dem Skalpell seziert, nachdem er dieses lässig am Hemdsärmel abgewischt hat.

Was definitiv richtig ist: Pathologen sind ein Völkchen für sich, mit einem eigenen Humor und einer eigenen Ekelgrenze. Das liegt unter anderem daran, dass sie sehr viel alleine arbeiten. Denn ein Pathologe sitzt die meiste Zeit in seinem Zimmer am Mikroskop. Er arbeitet nicht an Tatorten, er hat keine Wasserleichen und Mordopfer zu untersuchen, er muss auch keine DNA-Proben aus Fingernagelrändern kratzen. Nein, das sind alles Aufgaben eines Rechtsmediziners.

Ein Pathologe beschäftigt sich mit der Entstehung und dem

Verlauf von Krankheiten, bis bin zum Tod. Ein sehr geringer Arbeitsanteil fällt dabei auf die Obduktionen, und wenn obduziert werden muss, dann handelt es sich um Verstorbene in der Klinik, die unter krankheitsbedingten Umständen verstarben: Krebs, Sepsis, Herzinfarkt.

Die Hauptarbeit besteht darin, Krankheiten unter dem Mikroskop zu diagnostizieren und damit einen wichtigen Beitrag zur geplanten Therapie derselben zu liefern. Dabei kommt alles unter die Linse, was irgendwo aus einem Menschen entfernt wurde. Angefangen bei Wurmfortsätzen (Blinddärme) über Gallenblasen, Leberflecken und diverse Tumoren bis hin zu gynäkologischen Abstrichen.

Hat ein Mensch einen neu entdeckten Krebs, werden Proben entnommen, und der Pathologe untersucht diese Probe, um die genaue Art des Tumors festzustellen. Dies ist wichtig für die Festlegung der späteren Therapie: Chemotherapie? OP? Bestrahlung? Denn nicht jeder Krebs spricht auf jede Therapie an. Manchen Krebsarten muss man mit Chemotherapie gar nicht erst kommen, sie reagieren nicht darauf. Nach einer Tumoroperation wird erforscht, ob der Krebs die Organgrenzen bereits überwunden hat, ob es Metastasen in den umgebenden Lymphknoten gibt und in welchem Tumorstadium sich der Krebs befindet. Auch molekularpathologisch wird viel Diagnostik betrieben, um genau zu bestimmen, ob der Tumor beispielsweise empfänglich für eine hormonblockierende Therapie wäre.

Aber auch weniger schlimme Erkrankungen werden vom Pathologen untersucht: Hatte der entzündete Blinddarm eventuell schon einen Wanddurchbruch? Ist die vergrößerte Rachenmandel chronisch entzündet gewesen? Wurde bei der Sterilisation einer Frau so viel Eileiter entfernt, dass sie sicher nicht mehr schwanger werden kann? Denn wenn eine sterilisierte Frau nach der OP trotzdem schwanger werden sollte, könnte sie den Operateur auf Schadensersatz verklagen.

Die Pathologie ist also Dreh- und Angelpunkt, was die Diagnostik von Krankheit betrifft. Deswegen wollte ich in die Tiefen der Pathologie einsteigen.

Rein logistisch war das als frisch approbierte Ärztin kein Problem, denn die Pathologie befindet sich ja meistens in den unterirdischen Katakomben eines Krankenhauses. Am ersten Tag wurde ich dann von der Oberärztin herumgeführt. Wir betraten den Obduktionssaal, wo dem Präparator vor Schreck über den ungeplanten Besuch beinahe sein gekochtes Ei aus der Hand fiel. Der kräftige, ältere Mann mit den gutmütigen Augen legte sein Salamibrot in die Tupperbox und das Ei daneben, kam uns entgegen und drückte mir freundlich die Hand. Im Hintergrund wartete schon eine Leiche darauf, dass man sich ihr widmen möge. Und so zeigte er mir, wo ich mich umziehen konnte. Ich schlüpfte in die Arbeitskleidung, legte Plastikschürze und Gesichtsschutz plus Handschuhe in doppelter Ausführung an, und der Präparator erklärte mir die Grundlagen der Obduktion.

»Präparator« ist keine geschützte Berufsbezeichnung. Doch ohne einen solchen ist eine Obduktion eine langwierige und schwierige Angelegenheit, denn er macht die Grobarbeiten, nämlich die Eröffnung des Leichnams und die Entnahme der Organpakete.

Man stellt es sich ja immer so sauber in einem menschlichen Körper vor, aber das Gegenteil ist der Fall. Die Organe liegen eng gepackt neben- und aufeinander, dazwischen Mengen von weiß-grauem Bindegewebe, gelbem Fett und Schmierflüssigkeit, nennen wir das alles der Einfachheit halber Schlonz. Die Organe kleben so dicht beieinander und sind durch Blutgefäße und besagten Schlonz verbunden, dass man sie nicht einzeln herausnehmen kann wie bei einem Körperpuzzle für Kinder. Oh, eine Leber! Zack, entfernt.

Deshalb werden die Organe als Pakete entfernt: so Herz,

Lunge, große Gefäße und das Halspaket inklusive Luft- und Speiseröhre mitsamt Kehlkopf und Zunge. Vorher muss man mit einer Art Geflügelschere den Thorax öffnen. Das Oberbauchpaket beinhaltet die Leber, die Bauchspeicheldrüse, die Milz, das Duodenum (Zwölffingerdarm) und den Magen. Der Darm wird als Ganzes entnommen, der Länge nach aufgeschnitten, im Wasser gereinigt und untersucht. Dann folgen die Nieren mitsamt Harnleiter, Blase. Bei der Frau schließt das Gebärmutter und Eierstöcke mit ein. Beim Mann die Prostata und die Samenbläschen. Zum Schluss werden – und das ist jetzt die Stelle, an der die Männer ganz stark sein müssen – die Hoden durch den Leistenkanal gezogen. Weil der Leistenkanal sehr schmal und die Hoden eher groß sind, ist beim Herausziehen ein charakteristisches »Plopp« zu hören.

Zu guter Letzt wird das Gehirn entnommen, und dafür muss die Kopfschwarte gelöst und (Achtung, empfindsame Gemüter sollten den Teil überlesen) nach vorne über den Kopf geklappt werden. Anschließend wird der Kopf aufgesägt, das götterspeisenartige Gehirn entnommen und in Formalin eingelegt, denn das Gehirn ist so weich, dass es im frischen Zustand nicht untersucht werden kann. Formalin fixiert das Gewebe, sodass dann Proben entnommen werden können.

Sind nun alle Organe draußen, werden sie vermessen, gewogen und für die Proben nach einem bestimmten Muster aufgeschnitten. Während die Untersuchung eine ärztliche Tätigkeit ist, begibt der Präparator sich daran, den Leichnam wiederherzustellen. Die leere Bauch- und Brusthöhle wird gefüllt, die Schnitte vernäht und alles gereinigt. Auch die Haare werden gewaschen. Schließlich wird der Verstorbene aufgebahrt, sodass Angehörige ihn sehen und Abschied nehmen können.

Das alles ohne Präparator zu erledigen ist eine extrem langwierige Arbeit. Ein guter Pathologe muss natürlich wissen, wie man diesen Job ohne helfende Hand tut. Doch ich war neu.

Sehr neu. Und nach der ersten angeleiteten Obduktion ging der Präparator leider in den Krankenstand und konnte nicht wiederkommen. Die Vertretung war auch eher sporadisch da, und so mussten erfahrene Ärzte mit mir an die Autopsie-Front, was ihnen wiederum zusätzliche Arbeit machte.

Wenn nun jemand denkt: »Was soll da passieren, die Leute sind ja schon tot?«, dem muss ich vor Augen halten, dass eine vergeigte Obduktion eine richtige Diagnose null und nichtig machen kann. Oft hängt an einer solchen der Seelenfrieden der Angehörigen, manchmal auch eine Berufsunfähigkeitsversicherung oder einfach nur das Wissen, das man in der Klinik weitergibt. Um andere Menschen korrekt behandeln zu können und ihnen eventuell das Leben zu retten, sind fein säuberlich durchgeführte Untersuchungen essenziell.

Wer einmal einen Menschen obduziert hat, bekommt eine unglaubliche Demut und großen Respekt vor dem Lebewesen Mensch (beim Tier wäre es genauso). In welcher Komplexität es aufgebaut ist, wie es funktioniert, wie plötzlich alles Leben aus dem Menschen weichen konnte und was von ihm übrig bleibt, wenn die Seele sich auf und davon gemacht hat. Eine verlassene Hülle. Man denkt mit einem Mal sehr viel darüber nach, was einen Menschen ausmacht.

Durch meine Zeit in den Katakomben weiß ich, wie Tumore aussehen. Wenn ich radiologische Bilder sehe, habe ich das Bild aus der Pathologie vor Augen. Ich habe sie angefasst, die harten, unerbittlichen Metastasen einer durchsetzten Leber. Die Überwucherung des Körpers, als wäre eine feindliche Armee über den Menschen plündernd und raubend hinweggezogen. Ich weiß auch, wie ein schlappes Herz aussieht, das vergrößert und ausgeleiert mit letzter Kraft seine Pumpfunktion aufrechterhielt. Oder wie eine kaputte Niere klein und schrumpelig in der Hand liegt und fast nichts wiegt. Wie wabbelig ein Gehirn im nicht fixierten Zustand ist und trotzdem alle unsere Gedanken und Gefühle enthält. Götterspeisenwabbelige Gedanken. Matschige Gefühle. Unser Gehirn als instabile Kommandozentrale, in der in Sekundenbruchteilen Informationen ausgetauscht und umgesetzt werden. Da haben wir sie wieder, die Demut. Wie kann Götterspeise denken?

Natürlich hat die Medizin dazu die Antworten parat. Aber die Vorstellung, dass alles, was uns ausmacht, götterspeisengesteuert ist, verwundert schon ein wenig.

Ich habe die Schönheit eines Darms gesehen. Was? Wie bitte? Igitt, wie eklig ist das denn? Nein, im Gegenteil. Der saubere Darm und insbesondere seine mikroskopische Architektur sind wunderschön. Rasenartige Zotten, die unseren Körper am Leben erhalten. Darm kaputt, Mensch kaputt.

Natürlich musste ich mich an die Prozedur gewöhnen, aber nach einiger Zeit konnte ich alleine in den Keller geschickt werden. Alleine mit den Verstorbenen zu sein machte mir nie Angst. Ich genoss vielmehr die Ruhe und die Stille, das Arbeiten »so vor mich hin« und das Handwerkliche. Wenn ich auch aufgrund meiner eher kleinen und schmalen Statur gelegentlich an meine Grenzen kam.

Eines Tages sollte ich eine Dame obduzieren, die gut und gerne ihre 150 Kilogramm auf den Leichentisch brachte. Und diese 150 Kilogramm in Totenstarre musste ich nun auf den Autopsietisch bewegen.

Wer schon einmal eine Leiche in Totenstarre gesehen hat, der weiß, dass sie eher ziemlich (sehr) unflexibel ist. Und so schob ich den Leichnam auf dem Wagen zum Autopsietisch und stellte ihn direkt daneben ab, um mich hinter die Verstorbene zu stellen und zu schieben. Ich schob und schob, aber sie bewegte sich keinen Millimeter. Also flutete ich den Autopsietisch mit Wasser, um die Rutschfähigkeit des schweren Körpers zu erhöhen, und schob erneut. Mit mäßigem Erfolg: Ihr Oberkörper rutschte hinüber, aber durch die Leichenstarre kamen mir nun die Beine schwungvoll in einer Kreisbewegung entgegen und kickten mir in die Seite.

Schob ich aber nun wieder an den Beinen, rutschte der Oberkörper zurück. Eine Krux. Irgendwann hing die schwere Dame zwischen Sektionstisch und zum Glück fixierter Trage, und ich sah sie schon auf dem Boden landen. Panik stellte sich ein. Ich ging nun nach einiger Überlegung auf die andere Seite des Sektionstisches, beugte mich (gut beschürzt) komplett über den leeren Sektionstisch, griff mir den rechten Arm und das rechte Bein der Gewichtigen, stemmte mein rechtes Bein gegen den Sektionstisch und zog. Und zog und zog und zog. Flutsch machte es plötzlich, und mit einem Mal kam mir die Frau schwungvoll entgegen. Beinahe wäre die Frau auf meiner Seite vom Tisch gerutscht. Sie hätte mich unter sich begraben. Begraben in der Leichenhalle. Man beachte den Zynismus dieser Situation.

Als ich sie endlich auf dem Tisch liegen hatte, entschuldigte ich mich in Gedanken tausendmal bei ihr, denn es wäre mir unendlich respektlos erschienen, wäre sie auf den Fliesen gelandet. Nach einigen Minuten Verschnaufpause begann ich dann mit der Sektion.

Dass mein Weg mich dann in Richtung Pfirsichliebhaber, Antibiotikaauspendler und Reanimationsignoranten führen würde, dachte ich damals nicht.

Aber ich dachte auch nicht, dass ich so viele lebende Patienten in mein Herz schließen würde.

Begegnung mit dem Sterben

Weil ich gerade am Erinnern bin, fällt mir nun eine weitere berufliche Station ein, die Onkologie. Die Schicksale der Menschen dort sind mir immer sehr nahe gegangen. So nahe, dass ich die Medizin fast verlassen wollte.

In der Onkologie betreute ich klinische Studien. Das bedeutete: Menschen, die an einer Krebserkrankung litten, wurden nach strengen Protokollen mit neuen oder bewährten Medikamenten behandelt, zum Teil in neuen Kombinationen, oder sie wurden verglichen mit einem anderen Therapieablauf. Dafür wählte ich die Patienten nach Vorgaben aus, bestellte sie ein, untersuchte sie und betreute sie während des Studienverlaufs. Oft dürfen Patienten erst in klinische Studien aufgenommen werden, wenn sie alle etablierten Therapien schon hinter sich haben. Die Studien waren quasi der letzte Strohhalm für viele Menschen und schenkten ihnen manchmal einige Monate Lebenszeit. Das mag jetzt nicht nach viel klingen, aber im Bereich der Onkologie ist eine Verlängerung des Lebens in palliativen (nicht mehr heilbaren) Situationen um ein paar Monate oft ein großer Erfolg. Und genau diese Tatsache hat mich psychisch sehr belastet. Ich hatte immer das Gefühl, sie doch nicht retten zu können.

Es können heute mehr und mehr Menschen gerettet werden, weil die Medizin ständig besser wird. Aber manchmal hat man gegen den Krebs keine Chance. Onkologen begleiten die Patienten und sind wichtige Stützen im Leben der Erkrankten. Dafür war ich zu schwach.

Ich weiß nicht, wie viele Menschen ich schon habe sterben sehen. Ich habe meine Promotion in der Kinderonkologie geschrieben. Auch dort war ich immer wieder mit dem Tod konfrontiert. In der Pathologie ebenfalls. Mein Onkel Walter, der so sehr an mich glaubte, dass »etwas aus mir wird«, starb, als ich noch Kind war. Ich habe meiner Großmutter beim Sterben die Hand gehalten, ich habe meiner Mutter beim Sterben die Hand gehalten. Mir wurde ein Defibrillator eingebaut, und ich hatte selbst Angst zu sterben. Der Tod begleitet mein Leben schon lange.

Zwei sterbende Patienten aus meiner Krankenhauszeit sind mir sehr in Erinnerung geblieben: Ein hochbetagter Mann, etwa neunzig Jahre alt, wurde mit einer ausgeprägten Harnwegsinfektion ins Krankenhaus eingeliefert, die auch mit Reserveantibiotika nicht in den Griff zu kriegen war. Reserveantibiotika sind solche, die man erst verabreicht, wenn alle gängigen Antibiotika nicht mehr wirken. Die letzte verbliebene Waffe gegen ein Bakterium. Es handelte sich bei seiner Infektion, wie sich später herausstellte, um einen gegen alle Antibiotika resistenten Keim. Die Nieren versagten. Der Patient wurde Tag für Tag benommener, der Urin kam nur noch braunrot aus dem Katheter. Er war nicht mehr unter den Lebenden, er war aber auch noch nicht tot. Zusammen mit den Angehörigen besprachen wir, die lebensverlängernden Maßnahmen einzustellen. Der Tod kam quälend langsam, man konnte ihm bei seinem grausamen Werk zuschauen. Jeden Tag dachten wir, es sei sein letzter Tag, und jeden Tag schlug sein Herz weiter. Nach einer schier endlosen Zeit hatte er den Weg hinübergeschafft. Als es so weit war, dankte mir seine Tochter, dass ich jeden Tag da war.

Der zweite »Fall« war eine bis dato quietschlebendige und fitte Frau von fünfundsiebzig Jahren, die mit unstillbarem Erbrechen in die Notaufnahme kam. Sprich: Das Erbrechen konnte einfach nicht gestoppt werden. Ihre Laborwerte zeigten massiv erhöhte Leberwerte, also holte ich das Ultraschallgerät und wollte der Sache auf den Grund gehen. Bereits der erste Blick offenbarte die Tragödie: Die Leber war gigantisch groß, reichte bis in den Unterbauch und war von unzähligen Metastasen durchsetzt.

Die Patientin schaute auf den Bildschirm und sagte gefasst: »Jetzt sterbe ich also. Meine Mutter starb auch mit fünfundsiebzig an Krebs.«

Eine Woche später war sie verstorben.

In der Praxis herrscht das Leben, nicht der Tod. Aus diesem Grund bin ich gerne Landärztin: Ich habe das Gefühl, etwas Sinnvolles zu tun. Menschen helfen zu können, und wenn es manchmal nur durch meine Anwesenheit ist.

Wie geht es Ihnen eigentlich?

Erinnern Sie sich an die Geschichte von der Pflegekraft, die erschöpft und immer dünner werdend zu mir kam und irgendwann in die administrative Tätigkeit wechselte?

Als es ihr nach Wochen wieder gut ging, kam sie wegen einer Routineuntersuchung zu mir. Sie sah aus wie das blühende Leben, ihre Mimik verriet: »Mir geht es wieder gut.«

Ich freute mich sehr, dass sie die Wende geschafft hatte. Ich hingegen war an dem Tag ziemlich ausgelaugt. Die Grippezeit zollte ihren Tribut, und die Anstrengungen der letzten Wochen hatten mir einige Kilos geraubt. Nun bin ich von Haus aus nicht sehr gut gepolstert, und die verlorenen Kilos ließen mich nach Hungerhaken aussehen. Zudem ging gerade meine Ehe in ihre letzte Phase, und so harmonisch und friedlich das auch vonstattenging, so war diese nicht einfach. Wer heiratet denn, um sich irgendwann wieder scheiden zu lassen? Das stand nicht auf meiner Lebensagenda. Gleichwohl wir uns langsam und schleichend auseinandergelebt hatten und die Liebe der Freundschaft gewichen war, bedeutete die Trennung einen Einschnitt, der viel Kraft kostete.

Und so saß ich dann vor meiner Patientin und klickte mich durch das Vorsorge-Formular, als sie plötzlich leise fragte: »Wie geht es Ihnen denn überhaupt?« Ich erstarrte, wie vom Donner gerührt, und hörte auf, in die Tasten zu tippen.

Da stellen wir Ärzte diese Frage jeden Tag Dutzenden von Menschen. Aber wenn mit einem Mal ein empathischer und aufmerksamer Patient vor einem sitzt und diese Frage stellt, kann das eigene Gefühlsgerüst zusammenbrechen. Die Frau sah mich an. Hilfsbereitschaft, Mitgefühl, Für-den-anderen-da-Sein – das alles transportierte ihr Blick.

Ich musste mich beherrschen, nicht meine mühsam über die letzten Wochen antrainierte Fassung zu verlieren. Sie spürte das und insistierte nicht weiter. »Passen Sie auch auf sich auf!«, bat sie, und ich konnte nur nicken. Der Kloß in meinem Hals war zu groß.

Wir sind als Ärzte gewohnt, anderen zu »dienen«, ihnen zu helfen, sie zu heilen und unsere Gesundheit zu opfern. Das ist nicht immer sehr schlau, scheint aber eine Art angeborener Charakterzug bei vielen Medizinern zu sein. Altruismus wurde uns in die Wiege gelegt (Ausnahmen bestätigen die Regel).

Ich selbst hatte mich schon einmal an den Rand der Belastbarkeit gebracht, damals in der Notaufnahme. Es begann mit Kopf- und Magenschmerzen, die der Tatsache geschuldet waren, dass die tägliche Arbeit ein Kampf war. Gegen Kopf- und Magenschmerzen sollte man *kein* Ibuprofen nehmen, denn wie schon erwähnt, das Medikament schwächt die Schutzschicht des Magens vor der selbst produzierten Salzsäure, und langfristig tut man sich nichts Gutes damit. Aber wenn irgendwas schmerzt und man arbeiten muss, ist der Griff zum Schmerzstiller verlockend. Also nimmt man Ibuprofen und – ganz raffiniert – Pantoprazol oder einen anderen Säureblocker, um die

Ibuprofen-Schäden zu vermeiden. Arztlogik. Man vermeide nicht das auslösende Agens (den Stress), sondern arbeite mit Pillchen dagegen. Wozu hat man schließlich studiert.

Das funktionierte auch ganz gut – eine Zeit lang.

Dann wurden die Magenschmerzen schlimmer. Ich erhöhte meine Säureblocker auf zwei Tabletten à 40 mg am Tag, auf Ibuprofen hatte ich schlauerweise schon länger verzichtet.

Und dann stolperte es in meiner Brust. Einmal. Egal, hatte ich früher schon mal, das ist nix Schlimmes.

Es stolperte wieder. Alles gut, macht nichts, hat jeder mal. Extrasystolen sind harmlos. Mir wurde die Luft eng.

Es stolperte beim Arbeiten. Es stolperte beim Laufen. Es fühlte sich an, als sei das gesamte System instabil. Jeder Schlag war wie ein Stromschlag und schmerzte, als würde mein Herz verkrampfen.

Eine Woche später bekam ich einen Extradienst am Sonntag aufgebrummt. Als ich um neun Uhr morgens loslegte, war die Notaufnahme voll, und die RTWs standen Schlange. Das Stolpern wurde schlimmer.

Es stolperte beim Atmen, also atmete ich flach. Es stolperte beim Essen, also aß ich kaum noch. In der darauffolgenden Nacht konnte ich wieder nicht schlafen, weil jeder Extraschlag mich wach rüttelte. Eine Woche Schlaflosigkeit lag bereits hinter mir.

Am nächsten Tag ließ ich mich krankschreiben und saß beim Kardiologen. Die Kardiologin, eine Spezialistin auf dem Gebiet der Herzrhythmusstörungen, sah mich an und sagte mit weicher, aber bestimmter Stimme: »Wir müssen mal überlegen, wann Sie endlich Ihren Defi kriegen.« Ein Defibrillator mit fünfunddreißig? Ein kleines elektronisches Kästchen unter meiner Haut am Brustkorb, mit Kabeln zu meinem Herzen, die mich im Fall gefährlicher Herzrhythmusstörungen mittels Elektroschock zurückholen sollen. Ein Segen. Und dennoch nicht ohne Risiko. Stille legte sich über meine Gedanken. Ich würde für immer Patientin sein.

Ich holte mir eine Zweitmeinung ein, die exakt das Gleiche beinhaltete. Eine Woche später lag ich im Krankenhaus und wurde dem Eingriff unterzogen. Drei Wochen später arbeitete ich wieder. Keine Reha. Kein Ausruhen. Weiter im Programm. Immer weiter. Drei Monate später verließ ich endlich meinen Arbeitsplatz, die Klinik.

Inzwischen bin ich dankbar für mein elektronisches Tuning, denn ich fühle mich sicher damit. Mein Herz hat sich beruhigt, und Sport ist wieder bis zur Höchstbelastung möglich.

Ich bin sicher nicht die Einzige, die gesundheitlich unter unserem System sehr gelitten hat.

So viele Kollegen (ich rede von Ärzten und Pflegekräften) habe ich weinen sehen, vollkommen überfordert von den Massen an Patienten. So viele Kollegen habe ich gesehen, die ihre Gesundheit ruinierten, weil sie entweder gar nichts aßen, zu viel rauchten oder ihre Ernährung auf Cola-Basis aufbauten. So viele Kollegen fielen monatelang depressionsbedingt aus. So viele hatten kaputte Familien, weil die Anforderungen sich mit einem gesunden Familienleben nicht vertrugen. So viele sah ich nach der Arbeit zum Auto rennen, weil der Kindergarten gleich schloss und sie nicht mal wieder die Mutter oder der Vater sein wollten, die ihr Kind als Letztes abholten. So viele Oberärzte traten kräftig nach unten, weil sie die Verantwortung tragen mussten und auch keinen anderen Weg wussten. »Das Leben ist kein Ponyhof, Frau Doktor.« Danke. Schon mal gehört. Vielleicht ein Zuckerwatteland? Nein. Auch nicht. Schade.

Oft habe ich nachts wach gelegen, weil ich Angst vor dem nächsten Arbeitstag hatte. Habe meine Kinder angemeckert und gehetzt, weil sie morgens nicht schnell genug in die Gänge kamen. Habe meine schlechte Laune an meinen Lieben ausgelassen. Und oft habe ich mich gefragt, ob es das alles wert ist. Ich entschied mich, dass es das nicht wert ist. Ich wollte und will Ponyhof. Und Zuckerwatte.

Und die habe ich jetzt. Landarztzuckerwatte. Und private Zuckerwatte auch.

Frische Eier gegen ärztlichen Rat

Warum wird man Arzt? Angesichts der langen Ausbildung muss es ja einen guten Grund geben. Haben Ärzte alle ein Helfersyndrom? Ist es der soziale Status oder das liebe Geld? Vielleicht auch das Interesse an Medizin und die Arbeit mit den Menschen?

Für mich kann ich sagen: Die Arbeit mit Patienten und ihren Familien über viele Jahre hinweg erfüllt mich. Dazu gehört auch, dass ich immer Ärztin bin. Tags, nachts, am Wochenende. Ich kann es nicht abstellen. Ob im Zug, im Möbelhaus, vor der Haustür oder an meinem Küchentisch. Oder beim gemütlichen Wochenendausklang mit einer Freundin, mit der ich gerade auf ihrer Terrasse ein Glas Aperol trinke, die warmen Oktobersonnenstrahlen genieße und den Kindern beim Spielen mit den Hühnern zusehe. Ihr Mann grillt Würstchen, und ihr Vater kommt auf uns zugelaufen. »Uli«, sagt er, während wir uns zur Begrüßung umarmen. »Willst du ein paar Eier haben? Du hast mir doch neulich einen Rat gegeben.« Er hält in der Hand drei Eier seiner frei laufenden, glücklichen Hühner. Sie sind noch ganz warm. Keine Norm-Eier aus der Batterie, sondern drei unterschiedlich große aus Freilandhaltung.

Über diese kleine Aufmerksamkeit freue ich mich diebisch. Der Rat, den ich gab, war im Vorbeilaufen passiert, keine große

Sache. Nie würde ich dafür etwas erwarten. Aber nie würde ich etwas Essbares ablehnen.

Wir alle sitzen noch ein wenig zusammen. Das ist meine Idylle.

Der Schwund der Landärzte ist ein enormes Problem. Wo sollten die Menschen in den ländlichen Regionen hingehen, wenn Hausärzte fehlen? Die Politik muss sich bewegen. Es gibt Alternativen, beispielsweise Medizinische Versorgungszentren, rollende Arztpraxen und Genossenschaften, die Gemeinden vor der Arztlosigkeit schützen. Genossenschaften, die für die Praxen die gesamte Abrechnung übernehmen, sind für manche Ärzte die beste Lösung, doch nicht jeder möchte sich die Kontrolle aus der Hand nehmen lassen. Rollende Arztbusse sind gut für unterversorgte Landstriche, insbesondere für ältere Menschen, die nicht mehr über größere Strecken mobil sind. Diese Konzepte nehmen natürlich dem Beruf des Landarztes ein wenig den Charme: selbstständig, eigenverantwortlich, das Gehalt selbst kontrollieren können. Für jüngere Ärzte kann aber gerade das attraktiv sein, weil sie finanziell versorgt sind, sich nicht um Organisatorisches kümmern müssen und dennoch die Vorteile erleben, eigener Chef zu sein.

Aber auch flexible Arbeitszeiten für Eltern mit Kindern, die eine gleichberechtigte Aufteilung wünschen, würden Ärzte aufs Land locken können. Doch das funktioniert nicht in Einzelpraxen, weil diese natürlich nachmittags nicht unbesetzt sein können.

Letztlich darf der Beruf nicht schwinden. Landärzte sind die Allrounder, die es braucht, um Notaufnahmen und Fachärzte zu entlasten. Schwindet der Hausarzt, zerbricht die gesamte Gesundheitsinfrastruktur.

ÜBER KLEINE LANDARZTHELDEN

Wir sind diejenigen, die von Klinikärzten oft belächelt werden, weil wir am Freitagnachmittag komplizierte oder undurchsichtige Fälle ins Krankenhaus einweisen.

Wir sind diejenigen, die Husten, Schnupfen und Heiserkeit behandeln. Oder Magen-Darm-Grippe. Wir schreiben Menschen krank und Medizin auf.

Aber wir sind noch viel mehr: Wir sind der erste Ansprechpartner. Wir sind das Ohr der Bevölkerung. Wir sind der Wellenbrecher, der dafür sorgt, dass die Krankenhäuser nicht noch mehr überlastet werden. Wir sind Helden. Kleine Helden.

DANK

Wenn Sie dieses Buch durchgelesen haben, sind Sie die erste Person, der ich meinen Dank aussprechen möchte. Denn ohne Leser verliert das geschriebene Wort seine Bedeutung. Was wäre ich ohne Sie?

In einem meiner ersten Blogartikel schrieb ich von dem »Lebenspapier«, das sich jeder Mensch gestalten kann: Anfangs ist es weiß und glatt, aber im Laufe der Zeit füllt es sich mit Farbe. Manchmal kommen Menschen und knicken ein Eselsohr in unser Lebenspapier oder reißen das Blatt einmal durch. Manchmal wird es zerknüllt und weggeworfen.

Sie haben vielleicht registriert, dass mein Lebenspapier nicht mehr unversehrt ist. Es gab einige Hürden und schwere Zeiten. Und sie alle machten mich zu dem glücklichen Menschen, der ich jetzt bin. Voller Dankbarkeit für Menschen, die an meiner Seite waren und sind. Sie alle hier aufzuzählen würde den Rahmen einer Danksagung sprengen. Daher möchte ich an dieser Stelle meinen Freunden, meiner Familie und allen, die ich dazu zähle, von Herzen danken.

Einigen Menschen gebührt jedoch eine besondere Erwähnung.

Zuerst meinen Kindern. Ihr seid mein größtes Glück, mein Stolz und mein Herz. Für euch arbeite ich an der ersten Million, auch wenn ich sie wahrscheinlich nie erreiche. Lebt eure Träume!

Philipp, ich bin froh und dankbar, dass wir weiterhin gemeinsam Eltern sind.

Ingeborg Wollschläger, »Die Notaufnahmeschwester«, #Harte-Liebe, Zuhörerin, Wegbegleiterin, Schwester im Herzen. Als ich deinen Blog zum ersten Mal las, wusste ich, dass ich das auch will. Deine Art zu schreiben, deine Liebe zum Leben, dein offenes Herz und deine wunderbare, humorvolle Art haben mich inspiriert. Ohne dich würde ich nicht schreiben.

Und Jonas, meinem Samstagswunder, dem Mann an meiner Seite, meinem Seelenpartner, der unerschütterlich an mich glaubt. Der Moment auf dem Parkplatz hat mein Leben verändert, als ich es am wenigsten erwartet hätte.

Nun komme ich natürlich noch auf die Menschen zu sprechen, die das Buch erst ermöglicht haben. Ich fange bei der Praxis an, in der diese Geschichten passiert sind: Ihr seid wunderbare Chefs und großartige MFAs. Danke!

Laura Weber von der Rauchzeichen-Agentur fragte mich, ob ich nicht ein Buch schreiben wolle … Laura, du bist fantastisch, der Kaffee in Berlin in diesem Hipsterlokal war super.

Meinen Lektorinnen bei Droemer Knaur, Iris Forster und Stefanie Hess, sowie Regina Carstensen danke ich für die schöne Zusammenarbeit und nette, stundenlange Telefonate. Sie stärkten mir den Rücken. Dank ihnen ist das Buch eine gefühlvolle Sammlung von Herzensgeschichten und Erinnerungen an zehn Jahre als Ärztin geworden.

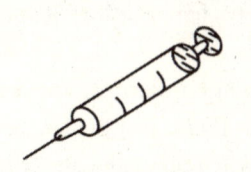